高等职业教育新商科系列教材 财务会计类专业系列

浙江省普通高校"十三五"新形态教材

U0646180

跨境电商会计

主　编◎丁慧琼　程国丽

副主编◎张秋莉　朱驰敏　张俊霞

参　编◎许　峰　许琮浩　方丽娜

KUAJING DIANSHANG KUAIJI

北京师范大学出版集团
BEIJING NORMAL UNIVERSITY PUBLISHING GROUP
北京师范大学出版社

图书在版编目(CIP)数据

跨境电商会计/丁慧琼,程国丽主编. —北京:北京师范大学
出版社,2024.6(2025.2重印)
(高等职业教育新商科系列教材·财务会计类专业系列)
ISBN 978-7-303-29920-1

Ⅰ. ①跨… Ⅱ. ①丁… ②程… Ⅲ. ①电子商务—商业会计
Ⅳ. ①F715.51

中国国家版本馆 CIP 数据核字(2024)第 098429 号

出版发行:北京师范大学出版社 https://www.bnupg.com
　　　　　北京市西城区新街口外大街 12-3 号
　　　　　邮政编码:100088
印　　刷:北京虎彩文化传播有限公司
经　　销:全国新华书店
开　　本:787 mm×1092 mm　　1/16
印　　张:14.25
字　　数:356 千字
版　　次:2024 年 6 月第 1 版
印　　次:2025 年 2 月第 2 次印刷
定　　价:42.00 元

策划编辑:包　彤　　　　　责任编辑:包　彤
美术编辑:焦　丽　　　　　装帧设计:焦　丽
责任校对:陈　民　　　　　责任印制:赵　龙

前　言

　　跨境电商贸易形式可以拓宽商品的销售渠道，降低商品跨境流动的成本，并且是"大众创新、万众创业"的最佳平台。跨境电商这一外贸新业态在国内的蓬勃发展，带来了相关企业会计核算内容、方法的变化。现有的关于跨境电商的教学内容偏重平台产品的推广、营销手段的应用，而涉及跨境电商业务流程的、高职层次的会计核算及管理教材当前市面上较少。

　　本书获得浙江省普通高校"十三五"新形态教材建设立项。本书以服务跨境电商企业为宗旨，根据跨境电商的行业特点和基本要求出发，力求将理论知识与实际操作相衔接，突出实用性、应用性、整体性。全书系统、全面地阐述了在跨境电商财务管理过程中，必须了解的基础理论，以及在国家信息化监管方式下，企业财务如何正确运用信息化手段，特别是针对在平台中可能出现的差错都做了归纳。在语言表达上，力求概念准确、层次分明、重点突出、深入浅出、通俗易懂。在保证理论知识够用的前提下，减少了与实际工作关联较小的部分理论知识的阐述。党的二十大报告对人才培养提出了更高的要求："落实立德树人根本任务，培养德智体美劳全面发展的社会主义建设者和接班人。"立德树人成为人才培养的重中之重。因此，本书增加了在企业中常见的违法案例作为课程思政内容。

　　本书在编写上体现了以下几个特点。

一、坚持立德树人，体现思政育人的价值引领作用

　　本书以习近平新时代中国特色社会主义思想为指导，坚持立德树人，德法并重。书中的重点项目都根据职业能力目标和典型工作任务设置"思政案例"模块，选取思政元素，将习近平法治思想、党的二十大精神、社会主义核心价值观等融入知识体系，培养学生的法治观念、价值认同和制度自信，培养学生德智体美劳全面发展，将跨境电商业务会计教学与思政教育深度融合，以此培养学生的职业能力和职业素养。

二、遵循职业教育规律，产教融合，突出教材的实用性

　　本书依据课程的教学目的、教学计划及企业实际岗位的要求编写，不仅有利于学生对课程内容的掌握，还有利于学生能够尽快适应企业的实际操作需要。在编写中，以跨境电商业务中所涉及的财务知识、国际贸易知识为学习基础，以会计核算职业能力培养为重点，注重会计应用与国际贸易相结合。本书的编写邀请了在行业一线的工作人员进行指导，同时将跨境电商实例加入教材，并提供了大量可供实践操作的具体实操技巧。

三、合理设计教学模块，体现教材的科学性

　　本书根据学生的认知水平，遵循引导思考、拓展知识、培养能力的教学规律，统一布局各项目的"职业能力目标""典型工作任务""相关案例导入""思政案例""相关链接"，以及"项目小结""项目训练"等栏目，有机融合知识、技能、素养等要素。本书内容深入浅出、循序渐进，突出重点、解析难点，既注重基础知识的讲解，又兼顾知识的拓展，充分体现以学生为中心，"教、学、做、思一体化"的课程设计理念。

每个项目中选取相关思政元素并有机融入教学内容中，着力培养学生的法治观念、法治思维、价值认同、制度自信、社会主义核心价值观等。

由于跨境电商会计所涉及的内容极为丰富，书中难以呈现所有知识。因此，针对各项目的重点和难点，录制若干微课视频，尽可能延展相关知识体系，有效弥补课上时间有限的不足，有助于学生课下巩固提高，从深度和广度上拓宽学生的知识领域。

四、紧跟法律法规调整，保持教材内容的先进性

近年来，跨境电商作为推动外贸转型升级、打造新经济增长点的重要突破口，我国对适用于跨境电商企业的增值税、消费税、企业所得税等进行了调整。我国财税政策的调整和社会对人才的需求，对高职高专相关专业的教学和教材内容提出不断更新的要求。本书依据《中华人民共和国电子商务法》《企业会计准则》等相关法律法规及其他有关政策编写。

本书突出产教融合，强调知识传授与技能提升并重，反映国内外最新研究成果，内容充实、新颖，既可作为高等职业院校财经商贸类专业，特别是经济贸易类、工商管理类等专业的教材，也可作为外贸等部门或企业人员学习或培训用书。

本书由浙江长征职业技术学院丁慧琼、程国丽担任主编，张秋莉、朱驰敏、张俊霞担任副主编，许峰、许琮浩、方丽娜参与编写。全书共分七个项目，执笔分工如下：丁慧琼编写项目一，张俊霞、许峰编写项目二，朱驰敏、许琮浩编写项目三，丁慧琼、方丽娜、许峰编写项目四和项目五，张秋莉、许琮浩编写项目六，程国丽编写项目七，案例素材由杭州城市大数据运营有限公司、杭州中云数据科技有限公司、浙江沃尔得商业经营发展有限公司提供。丁慧琼负责全书的统稿和定稿工作。

由于适用跨境电商发展的法律法规尚处于不断完善中，涉及的会计核算内容可能会有变化，我们将及时予以修改。由于编者能力和水平有限，书中难免存在不足之处，恳请广大读者批评指正。

编　者
2023 年 6 月

目　录

项目一
初步认识跨境电商会计

职业能力目标

1. 了解跨境电商企业的概念和种类。
2. 熟悉跨境电商会计的具体工作内容。

典型工作任务

1. 能够分析跨境电商企业涉及的业务类型。
2. 能够合理确定跨境电商会计具体从事的工作及工作流程。
3. 能够正确理解跨境电商的会计对象和科目设置。

相关案例导入

数字引擎催化 B2B 转型探索

据海关总署数据，2021 年 1 月至 7 月，我国外贸进出口、出口、进口规模分别为 21.34 万亿元、11.66 万亿元、9.68 万亿元（以人民币计，下同），均创历史同期新高。同比分别增长 24.5%、24.5%、24.4%，均为 10 年来新高。2020 年和 2021 年两年平均增速分别为 10.6%、10.9%、10.2%。

跨境电商 B2B 平台阿里巴巴国际站的数据显示，2021 年 1 月至 7 月，日均访问买家数、支付买家数、在线交易额同比均增长 60% 以上，访问买家数、交易买家数等均达历史峰值。

线上外贸正在释放贸易创造效应，越来越多的外贸企业尝到了线上交易的甜头，其订单未降反升，而且这种新的贸易形态流程更短、效率更高。跨境电商产业已经成为我国外贸发展的新引擎。

在跨境电商领域，得益于国家外贸政策红利和科技进步，一套数字化的服务贸易体系正在形成。过去出口收汇要 2 到 4 天，现在只要 2 小时；通关时间从 36 小时降到 1.8 小时；数字化单证使退税周期从 60 天降到 14 天；对中小企业减税降费，百万以内年收入所得税率从 5% 降到 2.5%。这些政策红利给民营企业的发展提供了广阔的空间，也推动了传统外贸向数字化新外贸的转型。同时，阿里巴巴国际站对外贸新业态、新模式的数字化实践将进一步深入，数字化的服务贸易体系将更加完善。越来越多的中小微企业将从中受益，实现数字化出海和高质量发展，更从容地参与全球市场的竞争。

跨境电商进出口对丰富国内产品供给、将中国制造推向世界，以及促进新业态、新模式发展，吸引消费回流，更好满足居民需求等方面均发挥了积极作用。

资料来源：夏旭田．新外贸指数：海外 B 类需求达历史峰值，贸易线上化迁移不可逆［EB/OL］．21 世纪经济报道，2021-08-24.（有修改）

思考：

(1)跨境电商的类型有哪些？

(2)外贸企业与跨境电商企业的业务有哪些区别？

▶ 任务一   了解跨境电商的相关知识

一、跨境电商的相关知识

(一)跨境电商的定义

跨境电商是跨境电子商务的简称，是指分属不同关境的交易主体，通过电子商务平台达成交易、进行支付结算，并通过跨境物流送达商品、完成交易的一种国际商业活动。简单来说，跨境电商就是指通过电商平台进行跨境贸易的一种商业形式。在我国，大量传统制造业企业和外贸企业借助跨境电商平台，从幕后生产转为直接面向客户，完成消费者线上订单签订，通过数字化跨境支付结算，完成线下物流交付。跨境电商作为外贸的新业态，以其数字化、多边化、便捷化，为国际贸易合作提供了广阔的空间。本书中的"跨境电商"交易主体，既包括转型的外贸公司，同时也包括从事跨境电商的企业。

(二)跨境电商的交易模式

根据交易对象(批发商、零售商、消费者)的不同，跨境电商通常分为 B2B(Business to Business)和 B2C(Business to Customer)两种主要的交易模式。其中，B2B 是指企业与企业之间的跨境贸易形式，B2C 则是指企业对最终个人消费者的跨境贸易形式。我国的跨境贸易更加偏向于企业与企业之间的交易。

据中国电子商务研究中心监测数据显示，在整个跨境电商业务中，B2B 占 90%以上的份额。我国跨境电商之所以呈现这样的结构，与我国的一般贸易特点相关。从进出口贸易的类型来看，我国进口的商品大多是加工型的贸易方式，在国内经过一个流转程序，最终转变为出口。因此，我国的跨境电商业务以出口为主。

(三)跨境电商的业务

跨境电商的实现，通常涉及跨境电商进口业务、跨境电商中介服务、跨境电商出口业务这三种不同的业务。在现实中，又有几种不同的情况。

1. 企业只从事跨境电商进口业务

企业通过跨境电商，从境外进口原材料，加工后在国内销售，如某些生产企业；或者通过跨境电商从国外进口商品，然后在国内销售，如某些进口贸易商。

2. 企业只从事跨境电商出口业务

企业自己将生产的产品通过跨境电商出口到境外，如某些有出口业务的生产型企业；或者通过跨境电商从事出口贸易，如一些外贸公司。

3. 企业从事双向跨境电商业务

一些大的公司通过电商的形式，既开展跨境的进口业务，也开展跨境的出口业务，如国内一些大型跨国公司。

4. 企业只提供跨境电商中介服务

有些企业自身既不生产商品，也不从事商品贸易，而是提供跨境电商的中介服务，如阿里巴巴、亚马逊等。

🎓 思政案例

中国外贸"负重前行"："一箱难求"略有缓解，直播短视频成商家新标配

2020年以来，跨境电商等线上贸易明显加速。在海外，无论是B2B还是B2C的消费者，都正在大规模转向线上，线下交易的线上化迁移成为不可逆的趋势。

在海外渠道尚未打通、缺少"2C"（to Customer）经验的背景下，大量原本就面向"B（Business）"端的外贸企业转向B2B跨境电商更为容易。其流程更为快捷，转型成本也更低。随着线上外贸物流、支付等基础设施的快速完善，外贸企业的线上迁移成本越来越低。

开拓海外市场面临着诸多不确定性，税务部门推行"极速退税"服务，使企业可以集中精力通过海外仓开拓新市场。

在公共海外仓散发出"勃勃生机"的同时，私人海外仓也展现出新的生命力。浙江特美新材料股份有限公司主要出口水松纸、锡箔纸。在国际物流链的暂时中断时期，很多外贸公司的货物不能运出国，但特美的海外仓出口同比增长了23％。

随着"一带一路"建设的不断推进，业内普遍认为，跨境电商市场会继续得到政策支持，即将迎来10年的黄金发展期。相信跨境电商的数量，以及跨境电商的商品交易额都将迎来进一步的快速增长。

资料来源：夏旭田. 新外贸指数：中国外贸"负重前行"："一箱难求"略有缓解，直播短视频成商家新标配［EB/OL］. 21世纪经济报道，2021-10-18.（有修改）

思考：对于跨境电商企业面临的困境，政府部门采取了哪些举措？

二、跨境电商的业务主体

目前来看，国内外从事跨境电商业务的主体主要包括以下几类。

(一)平台类企业

跨境电商平台类企业不直接从事商品的生产和跨境贸易，而只是为跨境贸易的对象提供第三方的服务平台。例如，提供B2B第三方交易服务平台的敦煌网，提供B2B信息服务平台的阿里巴巴国际站、环球资源网；提供B2C第三方交易平台的全球速卖通、亚马逊等；也有自营交易平台，如兰亭集势、环球易购等。

(二)综合服务类企业

综合服务类企业不仅为跨境贸易双方提供供需信息，而是提供一站式外贸综合服务平台。例如，国内的"世贸通"平台、小企业外贸综合服务平台"一达通"等。这些平台向贸易双方提供通关、退税、物流、融资、结售汇等综合服务。

(三)网络营销、代运营类企业

网络营销、代运营类企业主要是为 B2B、B2C 提供网络整合营销平台。例如，国内的网络解决方案提供商四海商舟等。

(四)物流类企业

物流类企业主要为跨境贸易双方提供货品的物流服务。例如，物流整合企业（出口易、递四方速递等）和纯物流服务企业（中国邮政、DHL、顺丰速运等）。

(五)金融类企业

金融类企业主要为跨境电商提供资金相关的服务，包括资金的融资、交易资金支付、保险等。国内外主要的资金支付企业有 Visa、MasterCard、PayPal、中国银行等。

三、跨境电商与传统国际贸易的区别

相对于传统的外贸企业，跨境电商在跨境贸易的各个环节都有着自己的特点。

(一)信息流、资金流、物流的融合程度

在传统国际贸易方式下，买卖双方之间磋商签约、货款结算与资金融通、物资流动，以及交易双方与保险公司、商检机构、海关、外汇、税务机关等部门的信息沟通多为分开进行的。而在跨境电商模式下，有关商品交易的信息流、资金流、物流在跨境电商平台上实现了高度融合，交易双方的沟通、签约、货款支付、物流追踪完全实现了网络化和电子化，更加高效、便捷。

(二)合同形式和采用的贸易术语

在传统国际贸易方式下，买卖双方通过交易磋商，按照 FOB、CFR、CIF 等术语成交，订立书面合同，买卖双方的风险划分地点为装运港船上，卖方以交单代替交货（象征性交货）。而在跨境电商模式下，交易是在跨境电商平台上完成的，买卖双方成交通常在交易平台上以买方下单（电子合同）、预付货款的方式表示，一般不约定贸易术语，也没有书面合同。

在跨境电商贸易实践中，卖方将货物送达买方指定地点后完成交货任务（实质性交货），买卖双方风险划分的地点为进口国买方指定地点，相当于传统国际贸易中的 DDP 术语。

(三)买卖双方承担的责任

在传统国际贸易中，无论是采用 FOB、CFR、CIF 术语，还是采用 FCA、CPT、CIP 术语，买卖双方承担的责任比较均衡。一般由出口商负责将货物交到装运港船上（或买方指定的承运人处）、负责办理出口清关手续，根据贸易术语的不同，卖方还有可能负责租船订舱或办理投保手续；进口商负责办理支付、进口清关及提货手续，根据贸易术语的不同，买方也有可能负责租船订舱或办理投保手续。但是，在跨境电商模式中，一般由出口商完成发货、托运、投保、进出口清关的全部程序，进口商只需要完成网上支付和指定地点接货的义务，而无须办理托运、投保、清关缴税等手续。也就是说，在跨境电商模式下，出口商承担的责任较多，进口商承担的责任较少。

(四)采用的运输方式

传统国际贸易多采用海洋运输，或是航空运输和铁路运输，一般需要出口商或货运代

理将货物自行运到装运港口或车站，再由承运人将货物运至目的港或目的地。而在跨境电商模式下，通常采用邮政小包、国际快递和跨境专线等运输方式，由承运人提供"门到门"的运送服务。

（五）采用的付款方式

传统国际贸易通常采用电汇、托收、信用证等支付方式，买方需要到当地银行办理汇款、托收和开证等付汇手续，卖方也需要按照相应的国际惯例提交有关单据来办理结汇手续，手续比较烦琐、耗时较长、银行费用较高。而在跨境电商模式下，买家一般在交易平台上通过电子支付将货款支付给第三方平台，待确认收货无误后，再由第三方将货款支付给卖家，支付手续更加简单、速度快捷，费用也较低。

📅 **相关链接**

借助互联网，去年 1.83 万亿元产品由我国销往世界各地

中央经济工作会议提出，"要加快培育外贸新动能，巩固外贸外资基本盘，拓展中间品贸易、服务贸易、数字贸易、跨境电商出口"。据海关测算，2023 年，我国跨境电商进出口总额 2.38 万亿元，增长 15.6%。其中，出口额 1.83 万亿元，增长 19.6%；进口额 5 483 亿元，增长 3.9%。跨境电商快速发展，既满足了国内消费者多样化、个性化需求，又助力我国产品通达全球，成为外贸发展的重要动能。

跨境电商依托灵活、高效、韧性的供应链，给全球贸易增长注入新动力。2023 年，国务院办公厅印发《关于推动外贸稳规模优结构的意见》文件。相关部门持续完善通关、税收、外汇等政策，创新监管模式，推动企业降本增效；支持跨境电商综试区、行业组织和企业等积极参与"丝路电商"、共建"一带一路"经贸合作，助力跨境电商出口行稳致远。

跨境电商链接不同产业，从服装、鞋帽、母婴产品到家具、家电等大件小件，各行各业都可以通过跨境电商链接到全球市场当中。同时，跨境电商带动传统制造企业和贸易企业转型，推动了新业态发展。

优化监管制度，释放跨境电商贸易新活力。随着跨境电商快速发展，中国生产的潮流服装、服饰箱包等"快时尚"零售商品在线订货消费模式广受海外消费者青睐，但由于快消品选购存在一定的退换货率，跨境购买"退货难"问题一度成为困扰消费者和跨境出口企业的难题。海关创新跨境电商出口退货一站式监管服务模式，允许企业将境外满足二次销售条件的出口电商退货商品退回综合保税区，在综保区仓库内一站式完成拆包、分拣、上架、存储、复出口等业务，解决跨境电商出口退货的难点、痛点。

资料来源：杜海涛. 借助互联网，去年 1.83 万亿元产品由我国销往世界各地——跨境电商出口增长 19.6%[N]. 人民日报，2024-01-22.（有修改）

（六）适用的国际法律与惯例

传统国际贸易一般都适用《联合国国际货物销售合同公约》《2020 年国际贸易术语解释通则》《跟单信用证统一惯例》等国际公约与惯例。而针对跨境电商的法律框架，有《联合国国际贸易法委员会电子商务示范法》、欧盟的《电子签名指令》、美国的《统一计算机信息交易法》等法律。其中，《联合国国际贸易法委员会电子商务示范法》是世界上第一个电子商务的统一法规，向各国提供一套国际公认的法律规则，以供各国法律部门在制定本国电子商务法律规范时参考，促进使用现代通信和信息存储手段。

正是由于跨境电商具有上述的诸多优势，从而吸引大量的传统企业投入到跨境电商的行列，也为广大消费者提供了更多的消费选择。通过促进跨境电商健康、快速地发展，用"互联网＋外贸"的形式实现优进优出，将有利于扩大消费、推动开放型经济发展升级、创造新的经济增长点。

▶ 任务二　熟悉跨境电商会计的工作内容

跨境电商会计根据企业不同的进出口业务核算账务，同时根据企业的类型进行纳税申报，涉及外币业务，在多个部门的管理下办理出口退税的申报及国际收支申报。

一、跨境电商会计的核算对象

会计的基本职能是核算和监督。跨境电商会计核算和监督的对象是跨境电商企业在进出口业务过程中的资金运动。跨境电商企业的主要资金运动是通过电商平台进行的进出口商品流通，包括 B2B 和 B2C 的出口业务与进口业务。

跨境电商企业与国内商品流通企业都从事商品流通活动，但业务范围有所区别。一是跨境电商企业从事的无论是进口业务还是出口业务，都要通过海关的检查；二是跨境电商企业使用人民币与外币，虽然在结算业务中可以采用人民币结算，但大多数进出口业务仍需要办理结汇与购汇。因此，在通过平台出口经营过程中（无论是通过平台进行客户搜索还是资金结算），企业最终都能收到由出口商品销售所得的外汇，按照国家规定与银行结汇。而在进口业务中，大多数情况下需要企业向银行购汇来支付货款，特别是在大金额的B2B 业务中，跨境电商企业在其资金循环过程中，本币与外币之间的不断转换，形成了资金运动的特殊性。

二、跨境电商会计的工作内容和特点

(一)跨境电商会计的工作内容

1. 核算进出口业务

跨境电商进出口业务的核算，是跨境电商会计最为主要的工作内容之一，具体包括出口业务的核算、进口业务的核算和加工业务的核算。出口业务的核算是指根据国家相关的规定，对跨境出口货物的相关账务进行处理。进口业务的核算是指根据国家相关的规定，对跨境进口货物的相关账务进行处理。加工业务的核算是指根据国家相关的规定，主要对来料加工、进料加工货物的相关账务进行处理。

2. 申报出口退税

根据国家的相关政策，部分符合国家出口退税的商品在出口后，企业可以向相关税务部门申请出口退税。出口退税的申报对于提供企业运营流动资金至关重要。

3. 统计国际收支

由于跨境电商涉及不同国家的货币计价，外汇管理局对企业实施动态分类管理的外汇管制，就需要跨境电商会计遵守国家相关外汇管理的规定。企业在办理贸易收汇业务的同时，办理国际收支网上申报。

(二)跨境电商会计的特点

在跨境电商进出口业务中，会涉及外币业务的核算、出口退税的申报及国际收支统计申报工作。跨境电商会计在核算过程中具备以下几个特点。

1. 在外币业务核算中设置外币账户

外币业务核算需要设置外币账户，采用复币式核算反映外币和人民币的增减变动。

2. 在账户中设置"汇兑损益"账户

不同外币折算发生的价差，以及汇率变动发生折合为记账本位币的差额。如果外币业务量多，可以直接设置一级会计科目"汇兑损益"；如果外币业务量少，也可以在财务费用科目下设置二级科目。

3. 企业计算换汇成本，确定出口业务是否盈利

企业出口业务中通常计算换汇成本，粗略确定业务是否有盈利。如果换汇成本小于外汇汇率，说明同样获得一外国货币，企业支付的代价小于同期银行公布的汇率，企业有盈利空间，就会接下该笔国外订单；反之，企业亏损，放弃订单。

4. 根据进出口业务不同，实施不同的税收政策

企业出口业务(包括进料加工、来料加工等加工贸易)实行退(免)税政策，及时办理单证备案。进口业务应当对照《中华人民共和国进出口税则(2022)》等资料查询进口商品税率。企业按其取得的海关完税凭证及时缴纳进口增值税、关税、消费税。

5. 跨境电商企业在经营过程中要遵守本国法律法规，维护国家和企业的利益

跨境电商企业面对国内、国际两个市场，在经营过程中既有人民币的收付，又有外币的收付，应正确反映和监督进出口业务贸易活动中的外汇收付情况。我国外汇管理的现行规定，企业只有办理国际收支申报才能办理各项外币收付。因此，跨境电商企业在运营过程中，不仅要遵守本国的法律法规，还要维护国家和企业的利益。

三、跨境电商的运营

跨境电商会计需要对跨境电商交易过程中发生的环节进行核算和监督。因此，必须先要了解其借助平台的资源开展的进出口业务的流程。根据业务发展的流程，明确跨境电商企业涉及政府监管下具体享受的税收政策。

(一)跨境电商出口流程

跨境电商出口的主要流程，见图 1-1。

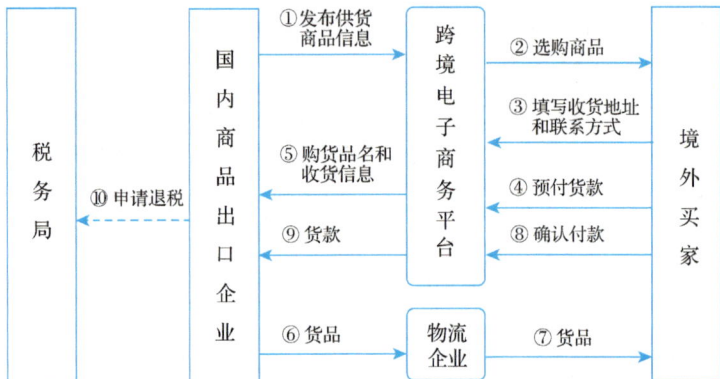

图 1-1　跨境电商出口流程示意图

在图 1-1 中，在跨境电商出口业务中，国内生产商或制造商在跨境电商平台上展示自家商品，外国客户(买家)选购商品并支付后，由跨境电商运营商(卖家)将商品交付物流公司递送。商品由物流企业经过出口清关检验和进口清关检验后送达客户，客户验收商品后确认付款给国内供货企业。对于符合国家出口退税政策的出口货品，国内商品出口企业可到税务部门申请出口退税。由于不是每种出口商品都能出口退税，所以图 1-1 中这一部分用虚线表示。

(二)跨境电商进口流程

跨境电商进口的主要流程，见图 1-2。

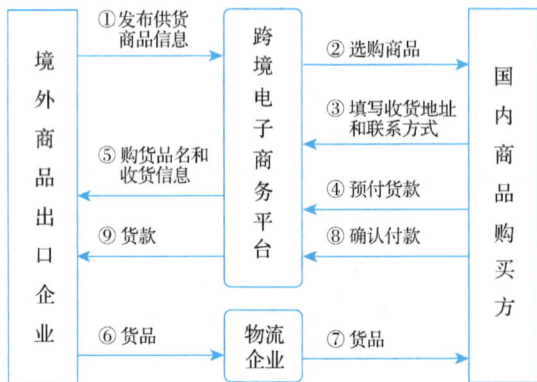

图 1-2　跨境电商进口流程示意图

跨境电商进口与出口的商品交易过程基本相同，只不过货品的买卖双方互换了位置。在图 1-2 中，国内消费者或商户在跨境电商平台上选购商品并进行支付，由平台合作物流公司办理物品的出境和入境清关手续(进口货物的增值税应当由纳税人按其取得的海关完税凭证作为增值税进项税额抵扣凭证，并向海关缴纳税款)，完成国际运输和国内配送，将商品送达国内消费者或商户手中。

四、进出口业务涉及的会计科目

跨境电商企业的会计科目设置分为资产类、负债类、(共同类)、所有者权益类、成本类和损益类。同时，结合企业的经营活动特点，还增加了一些必要的会计科目。跨境电商企业的会计科目设置，见表1-1。

表1-1 跨境电商企业的会计科目设置

编 号	名 称	编 号	名 称
	一、资产类	2241	其他应付款
1001	库存现金	2501*	长期借款
1002*	银行存款	2502	应付债券
1012	其他货币资金	2701	长期应付款
1101	交易性金融资产		**三、共同类（略）**
1121	应收票据		**四、所有者权益类**
1122*	应收账款	4001	实收资本
1123*	预付账款	4002	资本公积
1221	其他应收款	4101	盈余公积
1231	坏账准备	4103	本年利润
1401	材料采购	4104	利润分配
1402	在途物资		**五、成本类**
1403	原材料	5001	生产成本
1405*	库存商品	5101	制造费用
1501	持有至到期投资		**六、损益类**
1511	长期股权投资	6001*	主营业务收入
1601	固定资产	6051*	其他业务收入
1602	累计折旧	6061*	汇兑损益
1604	在建工程	6102	投资收益
1701	无形资产	6301	营业外收入
1901	待处理财产损溢	6401*	主营业务成本
	二、负债类	6402*	其他业务成本
2001*	短期借款	6403	税金及附加
2201	应付票据	6601	销售费用
2202*	应付账款	6602	管理费用
2203*	预收账款	6603*	财务费用
2211	应付职工薪酬	6711	营业外支出
2221	应交税费	6801	所得税费用
2232	应付股利		

注：常用科目编码及名称基本按照《企业会计制度》的规定编排。科目中带"＊"的表示根据跨境电商企业的业务特点，企业可以在财务软件中按企业管理要求自行添加下一级科目代码。

五、跨境电商账务处理流程

跨境电商 B2B 业务的出口量大，必须注重规范性和时效性。下面以 B2B 出口业务为例，描述财务处理流程，见图 1-3。①当企业货物报关出口后，企业当月开具普通发票，并确认当月的销售收入和成本；②报关出口货物依据购进货物的增值税专用发票结转成本；③单证收齐后办理出口退税；④报关出口货物一方面计提出口退税，另一方面根据收集齐全的信息和单证，及时办理出口退税网上申报，核对出口退税金额和网上数据是否一致，如有差额，应进行核查。

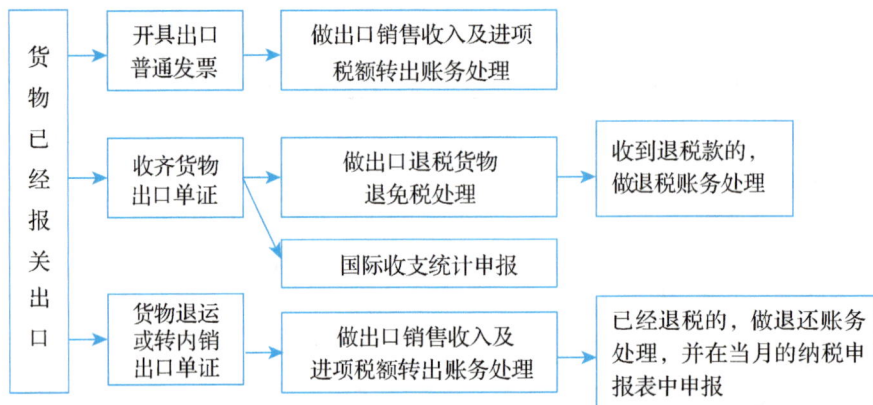

图 1-3　B2B 出口业务的财务处理流程示意图

跨境电商出口与传统外贸最大的区别是支付手段和营销手段，其实质是"互联网＋外贸"。B2B 和 B2C 相比，虽然 B2C 成交频繁，但按照成交金额占比跨境电商业务而言，B2B 电商业务占据绝对优势。为了更方便会计专业的学生对国际贸易中的业务进行会计核算，本书侧重讲解传统的外贸企业转型的跨境电商 B2B 和 B2C 进出口业务的核算，与一般商贸企业相同的内容从略。2015 年 5 月海关开始无纸化通关，但为了使学生更清楚地了解相关内容，本书仍使用原有的单据在案例中进行讲解。

六、与跨境电商出口业务有关的电子系统

跨境电商 B2B 出口业务在跨境电商进出口业务中占比较大。需要注意的是，只有在国家的监管下，依法、合规地使用四个电子系统——退税部门的企业出口退税申报系统、海关的电子口岸执法系统、外汇管理部门的国际收支申报系统及货物贸易业务系统，才能完成退税工作。四个电子系统既各自独立，又互相联系。

企业出口退税申报系统是在出口货物退税过程中使用的主要电子系统，出口货物退税申报的信息都是在这个系统里提交的。但出口企业要实现出口货物退税申报，需要录入报关单号、出口日期、出口货物的单位及数量等数据。这些数据需要在海关的电子口岸执法系统中查询，存档所用的报关单纸质资料需要在该系统中打印。出口货物的收汇要通过国际收支申报系统进行申报。外汇管理部门通过货物贸易业务系统来监测出口企业的出口收汇情况。如果贸易业务监测系统监测到出口收汇异常，就可能影响企业的出口退税。

(一)企业出口退税申报系统

企业出口退税申报系统是国家税务总局委托开发的出口业务退税专用的电子申报系统，也是对出口货物进行退(免)税申报时使用的最主要的系统。企业出口货物后的退(免)税申报需要提供的材料，都是通过这个系统来提交的。由于申报系统不断升级，退税率也在随着国家政策的变化而实时更新，所以出口企业申报退(免)税时要关注最新的政策。

(二)电子口岸执法系统

电子口岸执法系统是海关总署组织开发的、对企业出口货物的单证信息进行监管的电子系统。随着国家对出口收汇管理的放宽及出口退税管理工作的改革，电子口岸执法系统在出口退税中的作用也大大减弱。现在电子口岸执法系统的主要作用就是查询出口报关单信息数据，为出口退税申报系统的申报录入提供帮助。出口企业现在使用的主要就是出口退税子系统。操作模块主要有结关信息查询、数据报送、数据查询、数据下载、业务规范等。

(三)国际收支申报系统

国际收支申报系统是国家外汇管理局组织开发的、对企业出口货物收到的货款进行申报的电子系统。企业对收到的每一笔货款，不论是外汇还是人民币，都要通过本系统向外汇管理部门进行申报。企业的申报信息将通过本系统传送至退税主管部门和海关等单位，以便有关部门核对出口业务的收款情况。

(四)货物贸易业务系统

货物贸易业务系统是国家外汇管理局开发的对国际贸易信贷进行监管的电子系统。2012 年货物贸易外汇管理体制改革后，对出口企业的收汇或收款不再实行单笔核销，而是实行年度总量核查。这大大放宽了对企业出口业务收汇的监管政策，出口企业只要对超过规定期限的贸易信贷款项及融资等通过本系统向外汇管理部门申报，无须对收款业务逐笔申报。年终时，如果企业本年度的出口报关总金额与收款总金额基本保持平衡，即为正常；否则将被外汇管理部门列为重点监控企业，这样势必影响企业的出口退税工作。

货物贸易业务系统的主要操作模块有企业网上报告管理模块和企业信息管理模块。企业网上报告管理模块是企业进行申报时使用的模块，包括贸易信贷与融资报告、转手买卖收支时间差报告、出口收入存放境外报告、其他报告四个子模块。企业根据实际情况分别在有关模块录入申报内容。企业信息管理模块是关于企业的基本信息及企业出口报关与收汇情况对比监测的模块。如果企业数据异常，系统就会在此模块发出预警，外汇管理部门也会通过此模块对企业发出核查通知。企业信息管理模块包括企业管理状态查询、登记表签发情况查询、现场核查信息接收与反馈、外汇局公告信息查询、企业留言五个子模块。

项目小结

　　亲爱的同学，你已经完成了项目一的学习，相信你已经对外贸这一新业态——跨境电商有了一定的认识。《论语》里有一句名言："工欲善其事，必先利其器。"要想对跨境电商企业的会计业务进行正确的核算，会计人员必须能够区分其与普通的商品流通企业核算的不同点和跨境电商企业所特有的工作任务，以及会计科目核算要点与难点。

　　需要特别注意的是，随着跨境电商的发展，国家出台了一系列的法律和法规，如跨境电商企业必须"三流"(信息流、资金流、物流)一致。通过具体案例分析,加强对法律法规的了解,规范企业在发展管理过程的规范性操作,在四大电子系统中申报时遵守法律、法规,接受国家各职能部门的监管。

下面进入"项目训练",一方面巩固项目一所学内容,另一方面为后续课程的学习打下坚实的基础。

项目训练

一、单项选择题

1. 根据交易对象(批发商、零售商、消费者)的不同,电商进行跨境交易的具体方式包含 B2B 和 B2C 等。其中,(   )是指企业与企业之间的跨境贸易形式。

A. B2B   B. B2C   C. FOB   D. CFR

2. 根据我国跨境电商进出口交易的规模与结构可知,(   )业务处于主导地位。

A. 出口   B. 进口   C. 加工贸易   D. 进料加工

3. (   )是国务院有关部委将分别接管的进出口业务信息流、资金流、货物流等电子底账数据集中存放到口岸的公共数据中心,为各行政管理部门提供跨部门、跨行业的行政执法数据联网核查,并为企业与行政管理部门及中介服务机构联网办理进出口业务服务的数据交换平台。

A. 电子口岸执法系统   B. 海关

C. 外汇管理局   D. 商务部

二、多项选择题

1. 跨境电商会计需要具体完成的工作包括(   )。

A. 核算进出口业务   B. 申报出口退税

C. 申报国际收支统计   D. 签订购销合同

2. 跨境电商的"三流"是指(   )。

A. 物流   B. 资金流   C. 信息流   D. 销售流

三、判断题

1. 综合服务企业不仅为跨境贸易双方提供供需信息,还提供一站式外贸综合服务平台,向贸易双方提供通关、退税、物流、融资、结售汇等综合服务。   (   )

2. 企业对从境外汇入的每一笔货款,不论是外汇还是人民币,都要通过国际收支申报系统向外汇管理部门进行申报。企业申报信息将通过系统传送至退税主管部门和海关等单位,以便有关部门核对出口业务的收款情况。   (   )

3. 我国货物贸易外汇管理体制改革后,对出口企业的收汇不再实行单笔核销,而是实行年度总量核查办法。年终时,如果企业本年度的出口报关总金额与收款总金额基本保持平衡,即为正常;否则将被外汇管理部门列为重点监控企业,这样势必影响企业的出口退税工作。   (   )

四、案例分析题

2022 年 5 月,A 公司以跨境电商"1210"模式(保税跨境贸易电子商务模式)向 H 市海关申报进口硅凝胶（芭克）一批，以药品类申报，税则号列为 30059090。A 公司以硅凝胶（芭克）对皮肤损伤具有治疗和缓解功效，并且已在国家药监局完成产品注册及续证为依据，在其进口时作为医疗器械归入不涉消费税的税号 3005909000（其他软填料及类似物品，经药物浸涂或制成零售包装，供医疗、外科、牙科或兽医用）向海关申报缴纳关税。

2023 年 6 月 5 日，H 市海关判定 A 公司申报不实，致使漏缴进口环节消费税。经海关核查认定，硅凝胶（芭克）仅具有美化皮肤功能，根据归类总规则，应归入税号 33049900 "其他美容化妆品"，且该商品以克计重（15 克/支），进口完税价格约为 250 元/支。根据《财政部　国家税务总局关于调整化妆品进口环节消费税的通知》，进口完税价格在 10 元/毫升（克）以上的化妆品需征收消费税，税率为 15%。该商品单价约为 16.67 元/克，符合征收消费税条件。经海关计核，当事人漏缴进口环节消费税人民币 45 440.66 元。

随着海关监管力度不断强化，跨境电商进出口企业必须保证如实申报。化妆品分为普通化妆品和特殊化妆品。用于染发、烫发、祛斑、美白、防晒、防脱发的化妆品，以及宣称新功效的化妆品属于特殊化妆品。在进出口商品归类中并不属于医药类，而是要归入化妆品类并依法缴税。

根据《中华人民共和国海关法》第四十五条的规定："自进出口货物放行之日起三年内或者在保税货物、减免税进口货物的海关监管期限内及其后的三年内，海关可以对与进出口货物直接有关的企业、单位的会计账簿、会计凭证、报关单证以及其他有关资料和有关进出口货物实施稽查。"对于跨境电商企业来说，申报不实不仅会受到海关部门的查处，缴纳滞纳金和处罚金等，还会影响企业的信用级别，进而影响企业的出口退税申报。所以，跨境电商企业需要高度重视如实申报的重要性，尤其是货物申报的税则号列和价格，这两方面是海关稽查的重中之重。

分析：

(1)本案例中，A 公司构成哪些违法事实？

(2)查找相关法律法规，指出 A 公司的法律后果。

项目二
构建跨境贸易的基础知识

📖 职业能力目标

1. 熟悉国际贸易中常用的价格术语。
2. 掌握运费和佣金的计算方法。
3. 了解跨境结算的不同方式。
4. 熟悉结算单据和单据的具体作用。

🔍 典型工作任务

1. 能够对不同的价格术语进行转换和计算。
2. 能够正确计算佣金并进行账务处理。
3. 能够对 B2B 企业和 B2C 企业常见的贸易结算进行账务处理。

📠 相关案例导入

听，跨境电商的"生意经"

国际形势变幻，外贸发展环境日趋复杂，不少外贸人感到"并不轻松"。挑战之下，一批外贸企业借跨境电商发展的"东风"开拓国际市场。

2021 年年初开启速卖通官方旗舰店运营，是小猴科技品牌出海首站。他们选择以调研的方式直接听听海外消费者怎么说。数千海外用户参与了他们在速卖通平台上展开的问卷调查，帮他们找到了发力的三大方向：设计、品质、体验。当年的一次大促活动中，小猴科技的智能测距仪成为销售"黑马"，成交上万单，全年单品成交金额突破 60 万美元。这次调研经历，还让小猴科技团队发现，参与调查的买家大部分都是热爱科技和互联网的用户，受教育程度比较高，有一定的购买能力，愿意为优质的、体验好的商品买单。

国内厂家的生产供给和海外消费者的实际需求，中间"远隔山海"，但跨境电商却能让二者"面对面"沟通起来。凭借优性能、高颜值、小体积等优势，不少中国产小家电产品在跨境电商平台上快速走红，背后则是一批中国小家电企业集体推动自主品牌出海探路。

长期以来，中国小家电企业做代工的比较多，自主品牌相对较少，竞争力也相对较弱。但最近几年，伴随消费环境和理念的变化，企业更加重视自主研发，国内小家电市场迎来较快发展，海外市场成为品牌突围的重要突破口。产品的稳定输出不仅靠产品质量，还要有完整的供应链和履约能力。比如，通过入驻海外仓，大大提升了物流速度和经营效益。物流时效曾是跨境电商的一大痛点，而随着跨境电商海外仓的快速发展，越来越多的海外消费者能够体验到来自中国品牌的稳定服务，也更愿意为中国产品买单。

资料来源：李婕. 听，跨境电商的"生意经"[N]. 人民日报海外版，2021-11-01(06). （有修改）

思考： 在跨境电商贸易中，不同的成交方式如何转化？

▶ 任务一 了解国际贸易术语

一、贸易术语的含义

在国际贸易中，交易双方相距遥远，商品从销售方所在地运往购买方所在地的过程中，不仅买方或卖方要支付运费和保险费等多种费用，还要承担商品在运输中可能遭受的各种损失和风险，有时中间商还要索取佣金。因此，跨境电商从业人员了解国际贸易术语，既可以节省交易磋商的时间和费用，又有利于交易的达成和贸易的发展。

贸易术语可以确定由何方洽租运输工具、装卸货物、办理保险、申领进/出口许可证、报关等，以及在办理这些手续过程中费用的支付、运输过程中风险划分等问题。

贸易术语一方面说明进出口商品的价格构成，包括成本以外的主要从属费用，即运费和保险；另一方面确定交货条件，买卖双方在交接货物方面彼此所承担的责任、费用和风险。

现行的《2020 年国际贸易术语解释通则》（以下简称《2020 年通则》）是由国际商会于2019 年 9 月 10 日公布，2020 年 1 月 1 日开始在全球范围内实施。我国的国际贸易货物大都是通过海洋运输出口或进口的。海洋运输中最经常使用的贸易术语有 FOB（Free on Board，装运港船上交货）、CFR（Cost and Freight，成本加运费）和 CIF（Cost，Insurance and Freight，成本、保险费加运费）。我国的国际贸易合同中出口多以 FOB 价格成交，进口多以 CIF 价格条件成交。

二、常用的进出口贸易术语

《2020 年通则》中的术语主要有十一种，常用的有 FOB 贸易术语、CFR 贸易术语和CIF 贸易术语。

（一）FOB 贸易术语

FOB——装运港船上交货（指定装运港），是指卖方在指定装运港按约定日期将货物装上买方指定的船上完成交货，并承担货物装上船之前的费用和风险。在实务中，FOB 价格又称为离岸价格。应当注意的是，买方在卖方交货后承担货物灭失或损坏的一切风险。FOB 要求卖方办理出口清关手续，适用范围是海运或内河运输。

FOB 价格＝EXW 价格＋从卖方仓库到装运港的运费、保险费＋装船成本＋出口报关税费

📅 **相关链接**

EXW 贸易术语与出口退税

EXW 即工厂交货，是指在商品的产地或者所在地交货。此贸易术语与合同当事人所选择的运输方式无关，即使是多种运输方式也可以适用此术语。在此贸易术语下，卖方在约定交货地点将货物交给买方，并不参与将货物运至装运港或者出口通关地点，所以买方的原始凭证中常常不能体现境内运输的单据。在非国际快递运输方式下，卖方如果要取得备案单证的国际运输单据，需要与买方协商，从买方或者其代理人处取得；如果是在国际快递运输方式下，卖方留存的底单可以作为运输单据。

跨境电商企业采用 EXW 的方式出口货物，由于出口的运输和通关手续是由买家办理的，那么运输单据也由买方取得，作为出口退税申请的卖方，在取得运输单据方面存在一定的困难；同时，按照贸易术语的定义，清关手续也是由买方安排的。出口货物只要符合条件即可以享受出口退税的政策，与企业选择哪一种成交方式无关，自行选择成交方式是企业的权利，不代表交易的性质。

1. 买卖双方的基本义务

（1）FOB 方式下卖方的基本义务。在此贸易方式下，卖方的基本义务包括：①在合同规定的装运日期内，在指定装运港，将符合合同规定的货物装到买方指派的船上并及时通知买方货物已装船；②承担货物在装运港装上船之前的一切费用和风险；③取得出口许可证或其他官方证件，按时办理出口报关，缴纳相关税费；④提交商业发票、交货凭证（或具有同等效力的电子信息）及合同要求的证明交货符合合同的证件。

（2）FOB 方式下买方的基本义务。在此贸易方式下，买方的基本义务包括：①订立从指定装运港至目的港的货物运输合同，支付运费，并将船名、装船地点、日期和船舶预计到达装运港的时间及时通知卖方；②承担货物在装运港越过船舷为止的一切风险和费用，并自行决定是否购买国际货运保险；③接收卖方交付的结算单据，并对合格的单据按时付款；④取得进口许可证和其他官方证件，办理货物进口的一切海关手续，缴纳相关税费。

2. 风险划分的界限

"装上船"是 FOB 方式下合同买卖双方划分风险的分界线。"装上船"为货物从装运港装船，此时货物灭失的风险从卖方转移到买方。

（二）CFR 贸易术语

CFR——成本加运费（指定目的港），是指卖方在指定装运港将货物装船，自货物在装运港装上船起，与货物有关的风险转由买方承担，但卖方必须支付将货物运至指定目的港所需的运费。

CFR 价格＝FOB 价格＋从装运港到目的港的正常运费

与 FOB 一样，CFR 属于装运港交货，货物风险的划分为在货物被装上船时，与货物有关的风险转移。

1. 买卖双方的基本义务

（1）CFR 方式卖方的基本义务。在此贸易方式下，卖方的基本义务包括：①按通常条件订立运输合同，于规定的日期或期限内，在装运港将符合合同规定的货物装船，并及时通知买方货物已装船；②承担货物在装运港装上船之前的一切费用和风险，并支付将货物从装运港运至指定目的港所必需的运费；③取得出口许可证或其他官方证件，按时办理出口报关，缴纳相关税费；④提交商业发票、运输发票(或具有同等效力的电子信息)及合同要求的证明交货符合合同的证件。

(2)CFR方式买方的基本义务。在此贸易方式下，买方的基本义务包括：①承担货物在指定装运港装上船之后的一切风险，并在接到卖方的已装船通知后，根据具体情况自行决定是否购买国际货运保险，承担货物灭失或损坏的一切风险；②按合同规定办理货物进口的一切手续，收取卖方交付的货物，接受与合同相符的单据；③接收卖方交付的结算单据，并对合格的单据按时付款。

2. 风险划分的界限

按CFR条件成交时，在货物被装上船时，与货物有关的风险转移。

(三)CIF贸易术语

CIF——成本、保险费加运费付至指定目的港，是指卖方在指定装运港将货物装船，卖方即完成交货。卖方必须支付将货物运至指定的目的港所必需的运费，为买方的利益购买海运保险，但自货物在装运港装上船时起，与货物有关的风险转由买方承担。

CIF价格＝FOB价格＋从装运港到目的港的正常运费和最低险别保险费

1. 买卖双方的基本义务

(1)CIF方式下卖方的基本义务。在此贸易方式下，卖方的基本义务包括：①按通常条件订立运输合同，于规定的日期或期限内，在装运港将符合合同规定的货物装船，并及时通知买方货物已装船；②承担货物在装运港装上船之前的一切费用和风险，并支付将货物从装运港运至指定的目的港所必需的运费；③取得出口许可证或其他官方证件，按时办理出口报关，缴纳相关税费；④提交商业发票、运输发票(或具有同等效力的电子信息)及合同要求的证明交货符合合同的证件；⑤按合同约定，购买将货物运至指定目的港的货运保险，支付保险费。

📅 **相关链接**

《国际贸易术语解释通则》

为了便于当事人协商国际贸易合同的有关条款，降低误解和减少风险，明确各方责任，国际商会制定了《国际贸易术语解释通则》，主要明确买卖双方的权利和义务、货物的交付地点、货物风险转移、费用的分担方式。

自1936年国际商会出台第一版的国际贸易术语，再到《2020年国际贸易术语解释通则》(以下简称《Incoterms® 2020》)，《国际贸易术语解释通则》经过了8次修订，其中有些术语由于很少使用而删除，有些术语的缩写形式有了变化，有些术语的规定出现了调整，都是为适应国际贸易和国际运输发展的需要。不过各版本的《国际贸易术语解释通则》均有效，当事人可以选择相应的适用版本。

《Incoterms® 2020》延续了《Incoterms® 2010》的体系和框架，即按照运输方式的不同，将11种贸易术语分为适用水上运输方式的贸易术语和可适用任何运输方式的贸易术语两类。适用水上(海运及内河)运输方式的贸易术语有4种，主要为船边交货(FAS)，船上交货(FOB)，成本加运费(CFR)，成本、保险加运费(CIF)；适用任意一种或多种运输方式的贸易术语则有 7 种，分别为工厂交货（EXW）、货交承运人（FCA）、运费付至（CPT）、运费和保险费付至（CIP）、目的地交货（DAP）、目的地卸货后交货（DPU）、完税后交货（DDP）。

《Incoterms® 2020》在《Incoterms® 2010》的基础上进行了适当调整：一是删除了 DAT，增加了 DPU；二是明确了 CIP 术语保险险别；三是补充了 FCA 术语情况下买方背书卖方取得有装船提单及相应的费用承担；四是修改了卖方自行运输方式；五是修改了运输的安保要求等内容。

《Incoterms® 2020》规定了买卖双方通知义务，无论是在传统的贸易模式下，还是在当下数字化和全球化的商业环境中，通知义务都扮演着重要的角色。通知作为贸易双方合作的桥梁，是风险管理和成本控制环节的关键抓手。通过对《Incoterms® 2020》的解读，买卖双方得以深入理解各贸易术语下通知义务的细微变化及其对实际贸易操作的影响，同时应完善销售合同通知条款的约定，就发出通知的时间、通知的内容、未通知的不利后果等进行明确约定，以便于双方明确各自的义务及未履行的不利后果，履行各自合同项下的义务，保证合同的顺利开展。

（2）CIF 方式下买方的基本义务。在此贸易方式下，买方的基本义务包括：①承担货物在指定装运港装上船之后的一切风险，并在接到卖方的已装船通知后，根据具体情况自行决定是否加保更高险别的国际货运保险；②按合同规定办理货物进口的一切手续，收取卖方交付的货物，接受与合同相符的单据；③接收卖方交付的结算单据，并对合格的单据按时付款。需要注意的是，如果卖方不及时发出装船通知或者通知不清楚或者不发装船通知，致使买方不能及时加保更高险别的保险，卖方需赔偿买方因此而遭受的损失。

2. 风险划分的界限

按 CIF 条件成交时，由卖方安排运输并办理货运保险。CIF 属于象征性的交货，卖方装船后务必及时向买方发出装船通知，否则卖方应承担货物在运输途中的风险损失。

三、常用不同贸易术语的转换

价格术语填写在《中华人民共和国海关出口货物报关单》上的"成交方式"栏中，填写的形式有"FOB""CIF"和"CFR"。根据税务机关的要求，退税申报时不同的价格术语都要换算为 FOB 价格术语。

CFR＝FOB＋运费

CIF＝FOB＋运费＋保险费＝CFR＋保险费

（一）报关单只有一条记录

在 CIF 或者 CFR 价格条款下，运费和保险费直接由出口商品承担。

FOB＝CIF－运费－保险费＝CFR－运费

【工作实例 2-1】 甲公司出口袜子 10 000 双，成分均为 90％的棉、5％的氨纶提花。该公司收到海关无纸化放行报关单 1 份，显示 CFR 成交价格为 49 500 美元，运费为 2 100 美元。

要求：计算该批出口袜子的 FOB 价格。

解析：FOB＝CFR－运费＝49 500－2 100＝47 400（美元）

【课堂练习】　乙公司出口 A 商品 50 000 件。A 商品的 CFR 成交价格为 37 000 美元。乙公司收到海关无纸化放行报关单 1 份，显示运费为 3 500 美元。

要求：计算该批出口商品的 FOB 价格。

(二)报关单有多条记录

当运费和保险费不能够分清受益对象时，就要按照一定的分配标准(分配标准一般有重量标准、买价标准或体积标准)，确定出口报关单中不同的商品代码各自承担的费用。

运费的分配率＝运费÷分配标准之和

商品负担的运费费用＝商品运费的分配率×该商品的分配标准

【工作实例 2-2】　甲公司的出口报关单上有 2 条记录：第一条出口记录为 A 商品(展示架)10 000 个，A 商品 HS 编码(海关编码)为 94032000，重量为 22 560 kg，CFR 成交价格为 156 500 美元；第二条出口记录为 B 商品(LED 灯具)5 000 套，B 商品 HS 编码为 94054090，重量为 33 360 kg，CFR 成交价格为 33 000 美元。甲公司收到海关无纸化放行报关单 1 份，显示运费为 7 200 美元。已知该批货物的运费计算以重量为分配标准。

要求：分别计算 A 商品和 B 商品的 FOB 价格。

解析：

A 商品分摊的运费＝$\frac{22\ 560}{22\ 560+33\ 360}×7\ 200≈2\ 904.72$（美元）

B 商品分摊的运费＝$\frac{33\ 360}{22\ 560+33\ 360}×7\ 200≈4\ 295.28$（美元）

A 商品的 FOB 价格＝156 500－2 904.72＝153 595.28（美元）

B 商品的 FOB 价格＝33 000－4 295.28＝28 704.72（美元）

【课堂练习】　乙公司出口报关单上有 2 条记录：第一条出口记录为 A 商品 20 000 件，CIF 成交价格为 37 000 美元，重量为 15 260 kg；第二条出口记录为 B 商品 5 000 套，CIF 成交价格为 33 000 美元，重量为 16 420 kg。海关无纸化放行报关单上显示运费为 3 700 美元，保费为 1 200 美元。已知该批货物的保费和运费计算以重量为分配标准。

要求：分别计算 A 商品和 B 商品的 FOB 价格。

思政案例

一张报关单见证外贸飞速发展

在位于北京的中国海关博物馆内，收藏着一张特殊的报关单(见图 2-1)。它是 2021 年年底我国进出口货值突破 6 万亿美元的报关单，也是见证我国从外贸大国迈向外贸强国的标志性物品。

2021年12月28日，中海油国际货运代理有限公司向深圳海关所属惠州港海关申报，由中海油中石化联合国际贸易有限责任公司自我国惠州港向孟加拉国出口一票航空煤油，总价超过1 600万美元。这本是一票普通的申请，不承想却成为一张永载史册的报关单。

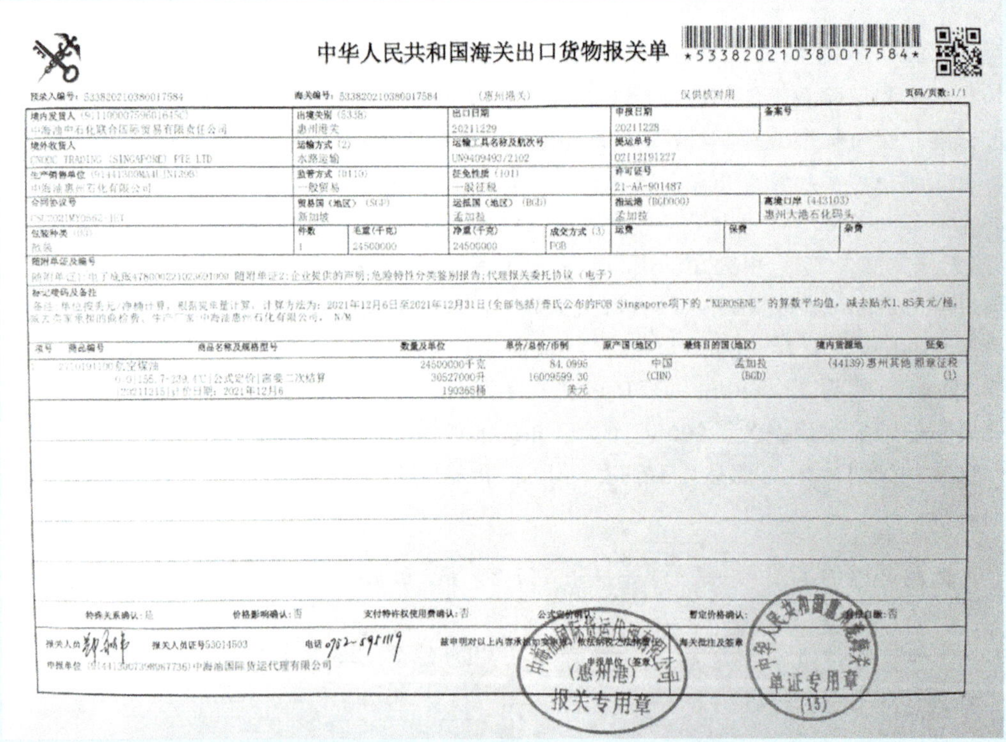

中华人民共和国海关出口货物报关单 *533820210380017584*

预录入编号：533820210380017584　海关编号：533820210380017584　（惠州港关）　仅供核对用　页码/页数：1/1

境内发货人（91110000759601645C） 中海油中石化联合国际贸易有限责任公司	出境关别（5338） 惠州港关	出口日期 20211229	申报日期 20211228	备案号
境外收货人 CNODC TRADING (SINGAPORE) PTE LTD	运输方式（2） 水路运输	运输工具名称及航次号 UN9409493/2102	提运单号 02112191227	
生产销售单位（91441300MA4UJN1398） 中海油惠州石化有限公司	监管方式（0110） 一般贸易	征免性质（101） 一般征税	许可证号 21-AA-901487	
合同协议号 CSU2021MY0562-1ET	贸易国（地区）（SGP） 新加坡	运抵国（地区）（BGD） 孟加拉	指运港（BGD000） 孟加拉	离境口岸（443103） 惠州大港石化码头

包装种类（00） 散装	件数 1	毛重（千克） 24500000	净重（千克） 24500000	成交方式（3） FOB	运费	保费	杂费

随附单证及编号

随附单证1：电子底账478000221023691000 随附单证2：企业提供的声明；危险特性分类鉴别报告；代理报关委托协议（电子）

标记唛码及备注

备注：单位按美元/净桶计算，根据提单量计算，计算方法为：2021年12月6日至2021年12月31日（全部包括）普氏公布的FOB Singapore项下的"KEROSENE"的算数平均值，减去贴水1.85美元/桶，减去买家承担的商检费、生产厂家：中海油惠州石化有限公司。N/M

项号	商品编号	商品名称及规格型号	数量及单位	单价/总价/币制	原产国（地区）	最终目的国（地区）	境内货源地	征免
1	2710191100	航空煤油 0|0|155.7-239.4℃|公式定价|需要二次结算|20211215|计价日期：2021年12月6	24500000千克 30527000升 190365桶	84.0995 16009599.30 美元	中国 （CHN）	孟加拉 （BGD）	（44139）惠州其他	照章征税 （1）

特殊关系确认：是　价格影响确认：否　支付特许权使用费确认：否　公式定价确认：　暂定价格确认：　自报自缴：否

报关人员 郑和声　报关人员证号53014503　电话0752-5951119　兹申明对以上内容承担如实申报、依法纳税之法律责任　海关批注及签章

申报单位（91441300739896773G）中海油国际货运代理有限公司　申报单位（签章）

中海油国际货运代理有限公司 （惠州港） 报关专用章

中华人民共和国惠州港海关 单证专用章 （15）

图2-1　2021年年底我国进出口货值突破6万亿美元的报关单

外贸是拉动经济增长的"三驾马车"之一。中国海关博物馆内收藏的6张标志性报关单，正是我国贸易高质量发展取得历史性成就的见证。2004年，进出口货值突破1万亿美元的报关单；2007年，进出口货值突破2万亿美元的报关单；2011年，进出口货值突破3万亿美元的报关单；2013年，进出口货值突破4万亿美元的报关单，以及2021年，进出口货值突破5万亿、6万亿美元的2张报关单。

每张报关单都是我国从外贸大国向外贸强国迈进的见证。从2017年至今，我国已连续五年保持世界货物贸易第一大国地位，充分体现了中国不仅是"世界工厂"，也是"世界市场"，在向全球市场提供物美价廉、琳琅满目商品的同时，也为各国提供了更广阔的中国市场发展机遇。

资料来源：丁飞．见证新时代：一张报关单见证外贸飞速发展[EB/OL]．央广网，2022-11-26.（有修改）

思考：结合你家乡的发展，列举外贸对家乡发展都有哪些贡献。

▶ 任务二　选择跨境货物运输方式

一、跨境电商物流的类型

跨境电商按货物交付的对象不同，物流的选择要考虑运输的体积、价格等多种因素。按照交易类型不同，跨境电商物流可以分为 B2B 物流运输方式和 B2C 物流运输方式。

(一)B2B 物流运输方式

1. 海洋运输

海洋运输是国际贸易中最主要的运输方式，我国绝大部分进出口货物都是通过海洋运输的。海洋运输具有运量大、运费低、不受道路或者轨道限制的优点，但速度慢、航行风险大、航行日期不准确。

根据不同的分类标准，常见的海洋运输有以下几种分类。

(1)按照船舶的经营方式不同，海洋运输可以分为班轮运输和租船运输。

①班轮运输。班轮运输又称定期船运输，是指按照规定的时间表，在一定的航线上，以既定的挂港顺序、有规则地从事航线上各港间货物运送的船舶运输。

在班轮运输实践中，班轮运输具有定航线、定船舶、定挂靠港、定到发时间、定运价五个特征。班轮运输能够满足零星小批量的件杂货和集装箱对运输的不同要求，及时、迅速地将货物在要求的时限内运达目的地。

②租船运输。租船运输是指船舶所有人与租船人通过洽谈，将船舶以光船或定期或航次租赁方式出租给租船人，根据租船合同规定来安排运输的船舶运输方式。租船运输的费用比班轮运输低廉，且可以选择直达航线，故大宗货物一般采用租船运输方式。

(2)按照货物外包装情况不同，海洋运输可以分为散装货运输和集装箱运输。

①散装货运输。散装货是指不需要包装，散装在甲板或船舱中的大宗货物，如煤、砂矿、石油等。

②集装箱运输。集装箱货物是指以集装箱为独立的运输单元装载运输货物。集装箱运输的规格统一，可以有效降低货物在运输过程中由于人为和自然因素造成的货损，也方便使用装卸工具进行装卸搬运作业和完成运输任务，实现货物"门对门"运输。

(3)按照货物的重量和体积不同，海洋运输分为重货运输和轻货运输。

①重货运输。重货是指重量较重、体积较小的货物。凡每立方米货物的重量大于 1 吨或每吨货物体积小于 1.133 立方米的为重货。

②轻货运输。轻货也称轻泡货、泡货及体积货物。凡每立方米货物的重量小于 1 吨或每吨货物体积大于 1.133 立方米的为轻货。

远洋运费惯例是以 1 立方米为计算标准，1 吨货物体积大于 1 立方米时，按货物体积计收运费；反之，则按货物重量计收运费。

2. 铁路运输

铁路运输的运量较大、速度较快，运输风险明显小于海洋运输，是一种重要的国际货物运输方式。

我国对外贸易运输包括国际铁路联运和对港澳地区的铁路运输。

(1)国际铁路联运。国际铁路联运是指两个或者两个以上不同国家铁路当局联合起来完成一票货物的铁路运输。发货人由始发站托运，使用一份国际铁路运单，铁路方面根据运单将货物发给站点的收货人。在由一国铁路向另一国铁路移交货物时，无须收货人和发货人参加。

(2)对港澳地区的铁路运输。对我国港澳地区的铁路运输按照国内运输办理，但又不同于一般的国内运输。货物由内地装车至深圳中转和中国香港卸车交货，为两票联运，由外运公司签发"货物承运收据"。京九铁路和沪港直达通车后，内地到中国香港的运输更加快捷。由于中国香港特别行政区系自由港，货物在香港进出，需要办理进出口报关手续。

3. 公路运输

公路运输与铁路运输同为陆地运输的基本方式，具有机动灵活、简洁方便的特点，但运输成本高，运输风险比较大。

报关单申报国际运输方式为"公路运输"的，主要有两种情况：一是将货物使用国内物流运至毗邻国家或地区接壤的口岸，在口岸报关，再与公路货运企业签订国际货运合同完成出口；二是在货物所在地报关，运用海关监管运输方式运至口岸，再通过海运或空运实际离境。

4. 航空运输

国际运输方式中的航空运输多用于非港口进出口贸易，体积较小而价值较高的货物运输，或者用于尾货、补货、退换货等，不适用于大宗货物。航空运输的优点是迅速，可以在短时间内送达货物，同时货损率较低，但运费十分高昂。在实务中，有的企业把大体积的精密机械、仪器等进行分拆，将精密机芯等价值高的部分单独包装空运至目的港，将机壳等相对结实的部分海运至目的港。

(二)B2C 物流运输方式

跨境电商 B2C 运输是指物品通过跨境电商平台，从供应地到不同国家地域范围的收货地的运输过程。目前，行业中比较常用的跨境电商 B2C 物流方式有邮政物流和国际快递等。

1. 邮政物流

邮政物流是指通过中国邮政的物流网络，将本地货品送交国外买家的运输体系。按照中国邮政的物流方式来分类，可以分为邮政航空小包、邮政航空大包、中国邮政航空物流特快、e 包裹、e 邮宝、e 速宝等。

邮政物流系统覆盖面特别广，世界上的大部分国家都加入了万国邮政联盟，联盟成员均承诺提供基础服务并只收取较为低廉的费用。其中，通邮范围最广的是中国邮政小包（又称中国邮政航空小包、邮政小包、航空小包），是指包裹重量在 2 千克以内，外包装长、宽、高之和小于 90 厘米，且最长边小于 60 厘米，通过邮政空邮服务寄往国外的小邮包。

2. 国际快递

国际快递是指在两个或两个以上国家（或地区）之间所进行的快递、物流业务，通过国家（或地区）之间的边境口岸和海关对快件进行检验后放行。目前，大型的国际快递公司分别是 DHL（敦豪航空货运公司）、UPS（联合包裹运送服务公司）、FedEx（联邦快递公司）和

EMS(中国邮政速递物流股份有限公司)。它们通过自有的团队和本地化派送服务,为买家和卖家提供良好的服务体验。由于国际快递的成本高昂,通常只是在寄送一些价值较高、时效性要求较高的货物时才使用。

二、跨境电商物流国外运费的计算

(一)适用于 B2B 班轮运费的计算

海洋运输是国际贸易中最主要的运输方式之一。一般出口企业与国际货运代理公司签订委托代理协议后,通常由货运代理公司代为租船订舱。货运代理公司向承运人询价,双方谈妥后,承运人发来订舱回执。回执标明船名、船期、提单号、场站名称等重要的装船信息。出口企业须按回执标明的信息,在规定的时间将合同项下货物运至货运场站,海关放行后即可装船。

1. 班轮运费的构成

班轮运费由基本运费和附加运费组成,计算公式为:

$$F = Fb + \sum S$$

式中:F 表示运费总额,Fb 表示基本运费额,S 表示附加费额。

B2B 物流采用"W/M"计费标准。"W"是指重量吨,按商品的毛重计算,以 1 000 千克为 1 重量吨。"M"是指尺码吨,按商品体积计算,以 1 立方米体积为 1 尺码吨。最终计费吨为重量吨与尺码吨中的较大值。"基本运价"与"计费吨"的乘积在数值上等于基本运费的数值。该数值是货物从装运港到目的港的物流费用,也是构成全程运费的主要部分。

2. 班轮运费的计算

(1)在没有任何附加费情况下的运费计算。在此情况下,班轮运费的计算公式为:

$$F = f \cdot Q$$

式中:f 表示基本运价,Q 表示计费吨。

【工作实例 2-3】 甲公司向西班牙出口超市货架 1 300 箱,每箱毛重为 20 kg,每箱体积为 20 cm×30 cm×40 cm。原对西班牙报价为每箱 FOB 35 美元,客商回电要求改报价为 CFR 西班牙瓦伦西亚。该货物对应的宁波北仑到西班牙瓦伦西亚航线的运价为 212 美元/运费吨,计费标准为"W/M"。

要求:计算该批货物的运费和 CFR 价格。

解析:该批货物从宁波北仑到西班牙瓦伦西亚,没有附加费,计费标准为取重量与体积较大者。

该批货物的毛重:$W = 20 \times 10^{-3} \times 1\,300 = 26$(吨)

该批货物的体积:$M = 20 \times 30 \times 40 \times 10^{-6} \times 1\,300 = 31.2$(立方米)(相当于 31.2 吨)

货物的体积大于毛重,因此运费吨(Q)为 31.2 吨。

该批货物的运费:$F = f \cdot Q = 212 \times 31.2 = 6\,614.4$(美元)

CFR 价格:$P_{CFR} = 35 + 6\,614.4 \div 1\,300 \approx 40.01$(美元)

(2)在有附加费且各项附加费按基本运费的百分比收取的情况下的运费计算。在此情况下,班轮运费的计算公式为:

$$F = f \cdot Q \cdot (1 + S_1 + S_2 + \cdots + S_n)$$

式中：S_1，S_2，…，S_n 为各项附加费的百分比。

【工作实例 2-4】　承接**【工作实例 2-3】**中的内容，另加收燃油附加费 8％、港口附加费 15％。

要求：计算该批货物的运费和 CFR 价格。

解析：该批货物从宁波北仑到西班牙瓦伦西亚，有燃油附加费与港口附加费，并且附加费均按基本费率的百分比计算，计费标准为取重量与体积较大者。

通过**【工作实例 2-3】**的计算，已知该批货物的体积大于毛重，运费吨（Q）为 31.2 吨。

该批货物的运费：$F_k = f \cdot Q \cdot (1+S_1+S_2)=212 \times 31.2 \times (1+8\%+15\%)$
$$\approx 8\,135.71(\text{美元})$$

CFR 价格：$P_{CFR}=35+8\,135.71 \div 1\,300 \approx 41.26(\text{美元})$

(3)在有附加费且各项附加费按绝对数收取时的情况下的运费计算。在此情况下，班轮运输的计算公式为：

$$F = (f+S_1+S_2+\cdots+S_n) \cdot Q$$

式中：S_1，S_2，…，S_n 为各项附加费的绝对数。

【工作实例 2-5】　承接**【工作实例 2-3】**中的内容，另加收燃油附加费 13 美元/运费吨、港口附加费 12 美元/运费吨。

要求：计算该批货物的运费和 CFR 价格。

解析：该批货物从宁波北仑到西班牙航线瓦伦西亚，有燃油附加费与港口附加费，并且附加费均按绝对数收取，计费标准为取重量与体积较大者。

通过**【工作实例 2-3】**的计算，已知该批货物的体积大于毛重，因此运费吨（Q）为 31.2 吨。

该批货物的运费：$F = (f+S_1+S_2) \cdot Q=(212+13+12) \times 31.2 = 7\,394.4(\text{美元})$

CFR 价格：$P_{CFR}=35+7\,394.4 \div 1\,300 \approx 40.69(\text{美元})$

【课堂练习】　乙公司向英国出口装箱货物 500 箱，每箱毛重为 35 kg，每箱货物的体积为 45 cm×40 cm×25 cm。原对英国伦敦报价为每箱 FOB 38 美元，现客户要求报价改为 CFR 英国伦敦。该批货物对应的上海到英国伦敦为航线的运价为 120 美元/运费吨，商品计费标准为"W/M"，并加收燃油附加费 20％、货币贬值附加费 10％。

要求：计算该批货物的运费和 CFR 价格。

特别需要注意的是，集装箱班轮运输中的滞期费是指在集装箱货物运输过程中，货主未在规定的免费堆存时间前往指定的集装箱堆场或集装箱货运站提取货物或交换集装箱，由承运人向货主收取的费用，实践中也称其为滞箱费或超期堆存费。滞期费按天计算。

(二)适用于 B2C 跨境物流运费的计算

1. 计算中国邮政航空小包物流运费

邮政航空小包是指包裹重量在 2 千克以内，外包装长、宽、高之和小于 90 厘米，并且长边小于 60 厘米，通过中国邮政空邮服务寄往国外的小邮包。

(1)平邮小包的运费计算。

运费＝标准运费计算×实际重量×折扣

【工作实例 2-6】　韩国客户 H 在全球速卖通网站上购买了 2 个款式的水晶挂件，重量为 20 g/件，选择中国邮政国际小包运输。

要求： 根据表 2-1 中的报价计算运费。

表 2-1 中国邮政国际小包的报价（部分）

代码	国名	计费区	自费标准/元·kg^{-1}	挂号费/元
RB	日本	1	62.00	8
HG	韩国	2	71.50	8
DG9	德国	3	89.00	8

解析： 如果直接去邮局寄，则邮寄的重量首重为 100 g，不到 100 g 的按 100 g 的计算，没有折扣。该小包的运费为 $\frac{100}{1\,000} \times 71.50 + 8 = 15.15$（元）。

（2）与国际货运代理合作的运费计算。如果选择与国际货运代理合作，则按货物的实际重量计算运费，不计算货物的首重，并且能够享受到一定的折扣（如 9.6 折）。但是，国际货运代理要求每天提供一定的订单量，发货的订单数决定了折扣的高低，挂号费没有折扣。

【工作实例 2-7】 韩国客户 G 在全球速卖通网站上购买了 2 个款式的水晶挂件，重量为 20 g/件，通过与国际货运代理合作选择中国邮政国际小包运输，运费折扣为 9.6 折。

要求： 根据表 2-1 中的报价计算运费。

解析： 该小包的运费为 $\frac{2 \times 20}{1\,000} \times 71.50 \times 0.96 + 8 \approx 10.75$（元）。

【课堂练习】 某日本客户 R 在全球速卖通购买了 2 个款式的太阳镜，重量为 40g/件，选择中国邮政国际小包运输。

要求： 根据表 2-1 中的报价计算运费。

2. 计算国际商业快递物流运费

当前，常用的国际快递有 DHL、UPS、FedEx 和 TNT，国际快递公司的计费单位都是千克。计费重量在 2 千克以下的包裹为国际小包，按照每 0.5 千克为计费单位。计费重量最小单位为 0.5 千克，不足 0.5 千克的按 0.5 千克计费，超过 0.5 千克不超过 1 千克的按 1 千克计费，依此类推。以第一个 0.5 千克为首重，以后每增加一个 0.5 千克为续重。通常，首重的费用比续重费用高。不同的公司和不同重量的货物，首重和续重也有可能按照不同的形式计费。不同快递公司寄送货物的价格与时效可能不同。

国际快递中（EMS 除外）的重量具体可以分为实际重量、体积重量和计费重量。**实际重量**是指货物包含包装在内的总重量；**体积重量**是指因运输工具承载能力即能装载物品体积所限，所采取的将货件体积折算成重量的重量；**计费重量**是将整票货物的实际重量与体积重量比较，取较大值的为计费重量。

相关链接

> 目前，国际快递体积重量的计算方法为：
> 体积重量＝长(cm)×宽(cm)×高(cm)÷5 000
> 不规则的包装则按照货物单边最长、最宽、最高点计算。
> 国际快递中体积重量大于实际重量的货件称为泡货。

航运公司和班轮公司会收取反映燃料价格变化的附加费。燃油附加费以每运输吨多少金额或者以运费的百分比来表示。所有的燃油附加费都可以通过官方网站查询。燃油附加费一般会同运费一起打折。

【工作实例 2-8】 法国客户 F 在网上定制一套西服，包裹重量为 430 g，包装尺寸为 21 cm×10 cm×8 cm，拟选用 UPS 商业快递邮寄。经查 UPS 的报价表中，中国到法国的报价为 260 元/0.5 kg，货物重量每增加 0.5 kg，运费增加 62 元。

要求：计算该笔交易的运费。

解析：计费重量取的是实际重量与体积重量中的较大值。

该批货物的体积重量＝21×10×8÷5 000＝0.336(kg)＝336(g)

由于该货物的毛重为 430 g，毛重大于体积重量，因此按照毛重计算。由于 UPS 要求货物首重为 0.5 kg，不足 0.5 kg 按照 0.5 kg 计算运费，因此货物的运费为 260 元。

> **【课堂练习】** 俄罗斯客户 E 在网上预定服装 1 套，包装尺寸为 25 cm×28 cm×21 cm，包裹重量为 450 g，拟选用 DHL 快递公司从上海邮寄至莫斯科。经查 DHL 的报价表中，中国到俄罗斯的包裹首重 0.5 kg 报价为 300 元，货物重量每增加 0.5 kg，运费增加 80 元。
>
> **要求**：计算该笔交易的运费。

三、跨境电商物流国外运费的账务处理

在 CIF 和 CFR 贸易方式下，出口方要负责联系货代公司。出口方在收到货代费用单据时，企业先行支付，待货物出运后客户一并收取包括货款、运费在内的款项，实质上是出口方为进口方办理托运收取的一笔"暂收款"。该款项是运输公司的营业收入。出口方的出口收入是按 FOB 来计价，因此企业负担的国外运费应冲减出口销售收入。

【工作实例 2-9】 甲企业在 2023 年 12 月 25 日的出口业务（业务编号：23RD050）中 CIF 销售收入为 210 000 元，预估 2024 年 1 月需支付运费 15 000 元。

要求：编制该笔业务的会计分录。

解析：为了符合权责发生制原则，正确核算出口当期的损益，在每季度结算或年终决算时，对已在财务上做了出口销售处理，但该销售收入相对应的尚未支付的境外运输费、保险费、应付的佣金等，分别预估入账。

借：主营业务收入——自营出口销售收入　　　　　　　　　　15 000
　　贷：应付账款——应付外汇账款——预估境外运输费　　　　　　15 000

【工作实例 2-10】 甲企业在 2024 年 1 月 15 日出口业务（业务编号：24RD015）中运费结算清单显示需支付 15 000 元。

要求：编制该笔业务的会计分录。

解析：

借：应付账款——应付外汇账款——预估境外运输费　　　　　　　15 000

　　贷：银行存款——××银行　　　　　　　　　　　　　　　　　15 000

【课堂练习】　乙企业在 2023 年 12 月 28 日出口业务（业务编号：23HW099）中 CIF 销售收入为 120 000 元，预估 2024 年 1 月需支付运费 7 000 元。

要求：编制该笔业务的会计分录。

▶ 任务三　支付国外保险费和佣金

在国际贸易中，国外保险费和佣金是价格谈判的基本内容之一。价格中包含的佣金直接影响实际价格，关系出口方、进口方及相关第三方的经济利益。

一、国外保险费的支付

(一)国外保险费的相关知识

我国出口货物一般采取逐笔投保的办法。按 FOB 或 CFR 术语成交的出口货物，卖方无办理投保的义务，但卖方在交货之前，货物自仓库到装船这一段时间内，卖方仍承担货物可能遭受意外损失的风险，需要自行安排这段时间内的保险事宜。按 CIF 或 CIP 等术语成交的出口货物，卖方负有办理保险的责任，一般应在货物装运仓库运往码头或车站之前办妥投保手续。

我国进口货物大多采用预约保险的办法，各专业进出口公司或其收货代理人同保险公司事先签有预约保险合同。签订合同后，保险公司负有自动承保的责任。

(二)保险金额的确定和保险费的计算

1. 保险金额的确定

按照国际保险市场的惯例，出口货物的保险金额一般按 CIF 价加 10％计算，这增加的 10％称为保险加成率，也就是买方进行这笔交易所付的费用和预期利润。保险金额计算的公式为：

保险金额＝CIF 价×(1＋保险加成率)

2. 保险费的计算

投保人按约定方式缴纳保险费是保险合同生效的条件。保险费率是由保险公司根据一定时期、不同种类的货物的赔付率，按不同险别和目的地确定的。保险费则根据保险费率表按保险金计算。保险费的计算公式为：

保险费＝保险金额×保险费率

(1)出口业务。在我国出口业务中，CFR 和 CIF 是两种常用的贸易术语。鉴于保险费是按 CIF 价为基础的保险额计算的，CFR 和 CIF 价格应按下述方式换算。

由 CIF 价换算成 CFR 价，计算公式为：

CFR 价＝CIF 价×[1－保险费率×(1＋保险加成率)]

由 CFR 价换算成 CIF 价，计算公式为：

$$CIF 价 = \frac{CFR 价}{1 - 保险费率 \times (1 + 保险加成率)}$$

（2）进口业务。在进口业务中，按双方签订的预约保险合同承担，保险金额按进口货物的 CIF 价计算，不另加减，保险费率按"特约费率表"规定的平均费率计算。如果以 FOB 方式进口货物，则按平均运费率换算为 CFR 货值后再计算保险金额。

以 FOB 方式进口货物，计算公式为：

$$保险金额 = \frac{FOB 价 \times (1 + 平均运费率)}{1 - 平均保险费率}$$

以 CFR 方式进口货物，计算公式为：

$$保险金额 = \frac{CFR 价}{1 - 平均保险费率}$$

【工作实例 2-11】　一批出口货物 CFR 价为 1 980 美元，现客户来电要求按 CIF 价加 20% 投保海上一切险。

要求：如果保险费率为 2%，计算保险金额是多少。

解析：

$$\begin{aligned}保险金额 &= \frac{CFR 价 \times (1 + 保险加成率) \times 保险费率}{1 - (1 + 保险加成率) \times 保险费率} \\ &= 1\,980 \times (1 + 20\%) \times 2\% \div [1 - (1 + 20\%) \times 2\%] \approx 48.69（美元）\end{aligned}$$

【课堂练习】　一批出口货物按 CFR 价为 250 000 美元，现客户要求改报 CIF 价加 20% 投保海上一切险。

要求：如果保险费率为 0.6%，计算保险金额是多少。

（三）跨境贸易的保险费的账务处理

在 CIF 贸易方式下，出口方要负责联系货代公司和保险公司，在收到保险公司提供服务发票时，出口企业先行支付，待货物出运后，出口方一并收取包括货款、保险费等在内的款项。因此，出口方支付的保险费直接冲减销售收入。

【工作实例 2-12】　甲公司于 12 月 25 日出口货物一批，合同中 CIF 销售收入为 210 000 元人民币，预估该合同需支付保险费为 3 200 元人民币。该批货物的运费为 4 500 元人民币。

要求：编制该笔业务的会计分录。

解析：为了符合权责发生制原则，当月出口的货物应及时确认收入，同时对已经发生的费用但尚未收到发票清单，则按实际发生的费用暂估入账（如运费、保险费等）。

```
借：应收账款——应收外汇账款                              210 000
    贷：主营业务收入——自营出口销售收入                          210 000
借：主营业务收入——自营出口销售收入                        7 700
    贷：应付账款——应付外汇账款——预估境外保险费                    3 200
        应付账款——应付外汇账款——预估境外运费                      4 500
```

【课堂练习】　浙江 WK 公司是中国（杭州）跨境电商综试区内的一家 B2B 企业。2023 年 7 月初，该公司销售给俄罗斯 M 女士摄像头 2 000 台，合同号为 22B003CIF，成交金额为 25 000 美元。订舱出运需支付保险费，当日汇率为 1 美元 = 6.7 元人民币。

要求：编制该笔业务的会计分录。

二、佣金的支付

(一)佣金的分类与支付方式

在国际贸易中，佣金(commission)一般是指代理人或经纪人、中间商等因介绍生意或代买代卖而收取的酬金。在价格条款中，对于佣金有不同的表示方法。通常，在规定具体价格时，用文字明示佣金率，也可以在贸易术语上加注佣金的英文字母缩写"c"和佣金的百分比来表示。

1. 佣金的分类

佣金可分为明佣、暗佣和累计佣金。

(1)明佣。明佣是指在买卖合同/信用证或者发票等相关单证中列示的金额。在单证中，佣金通常标注在贸易术语后面，如CIFC5％。

(2)暗佣。暗佣是指卖方(出口商)暗中支付给中间商的费用。暗佣的金额对真正的买主保密，一般不在发票等相关的单据上显示，等到卖方货款收妥之后，另行支付给中间商。在实务工作中，暗佣最为常见。

(3)累计佣金。累计佣金是指由出口企业国外包销、代理客户签订协议，在一定期间，按累计数额支付的佣金。由于不能认定到具体出口货物，累计佣金可直接计入"销售费用"账户。累计佣金对销售商具有一定的刺激作用，累计销售额越大，佣金额也就越高。累计佣金又可分为全额累进佣金和超额累进佣金。

2. 佣金的支付方式

(1)明佣的支付方式。由于明佣在合同价格条件中有明确的规定，并在出口发票中列明，明佣由国外客户在支付出口货款时直接扣除，因而出口企业不需另付。

(2)暗佣的支付方式。暗佣的支付方式分为议付佣金和汇付佣金两种。

①议付佣金。在出口结汇时，由银行从货款总额中扣留佣金并付给国外中间商。在该方式下，出口企业收到的结汇款为扣除佣金后的货款净额。

②汇付佣金。在出口结汇时，按货款总额收汇，结汇后另行到银行购买外汇，汇付给国外中间商。在实际工作中，汇付佣金比较常见，全额收到货款后再支付给中间商。

(二)佣金与累计佣金的计算

1. 佣金的计算

佣金＝含佣价×佣金率

净价＝含佣价－佣金

上述公式也可以写成：

净价＝含佣价×(1－佣金率)

假如已知净价，则含佣价的计算公式为：

$$含佣价＝\frac{净价}{1－佣金率}$$

【**工作实例 2-13**】　A商品的FOB价为100美元，佣金率为3％。

要求：计算FOBC3％含佣价。

解析：$FOBC3％价＝\dfrac{净价}{1－佣金率}＝100÷(1－3％)≈103.09(美元)$

【工作实例 2-14】 B 商品的 CFRC3％价为 1 200 美元。如果保持卖方的净收入不变，佣金率改为 5％。

要求：计算 CFRC5％含佣价。

解析：净价＝含佣价×（1－佣金率）＝1 200×0.97＝1 164（美元）

$$CFRC5\%价＝\frac{净价}{1－佣金率}＝1 164÷（1－5\%）≈1 225.26（美元）$$

【课堂练习】 W 商品的 FOB 价为 1 500 美元，佣金率 5％。

要求：计算 FOBC5％的含佣价。

2. 累计佣金的计算

（1）全额累进佣金。按一定时期内推销金额所达到的佣金等级计算佣金。

【工作实例 2-15】 甲公司的海外经销点的协议佣金以一年累计结付。2023 年，该公司海外经销点实际销售额为 350 万元，按照全额累进佣金结算方式。全额累进佣金结算表，见表 2-2。

要求：计算该公司 2023 年的佣金。

表 2-2　全额累进佣金结算表

等级	销售额/万元	佣金率
A 级	100 及以下	0.8％
B 级	100～200（含）	1.0％
C 级	200～300（含）	1.2％
D 级	300～400（含）	1.5％

解析：甲公司的海外经销点按 D 级计算佣金。佣金为 350×1.5％＝5.25（万元）。

【课堂练习】 2023 年，乙公司的海外经销点实际销售额为 240 万元，按照全额累进佣金结算方式。全额累进佣金结算表，见表 2-2。

要求：计算该公司 2023 年的佣金。

（2）超额累进佣金。各级的超额部分，按适用等级的佣金来计算，再将各级佣金累加起来，求得累进佣金的总额。

【工作实例 2-16】 丙公司的海外经销点的协议佣金以一年累计结付。2023 年，该公司海外经销点实际销售额为 350 万元，按照超额累进佣金结算方式。超额累进佣金结算表，见表 2-3。

要求：计算该公司 2023 年的佣金。

表 2-3　超额累进佣金结算表

等级	销售额/万元	佣金率
A 级	100 及以下	0.8%
B 级	100～200（含）	1.0%
C 级	200～300（含）	1.2%
D 级	300～400（含）	1.5%

解析：

A 级佣金：$100 \times 0.8\% = 0.8$（万元）

B 级佣金：$(200-100) \times 1\% = 1$（万元）

C 级佣金：$(300-200) \times 1.2\% = 1.2$（万元）

D 级佣金：$(350-300) \times 1.5\% = 0.75$（万元）

超额累进佣金：$0.8+1+1.2+0.75=3.75$（万元）

【课堂练习】　2023 年，丁公司的海外经销点实际销售额为 240 万元，按照超额累进佣金结算方式。超额累进佣金结算表，见表 2-3。

要求：计算该公司 2023 年的佣金。

(三)佣金的账务处理

1. 明佣的账务处理

明佣是在外销发票上注明的。采用明佣支付方式，出口商在销售发票上不但列明佣金率，还列明佣金及扣除佣金后的销售净额。企业在银行交单收汇时，应根据发票中列明的销售净额收取货款，不再另行支付佣金。明佣的账务处理如下：

借：应收账款——应收外汇账款

　　主营业务收入——出口收入（佣金）

　　贷：主营业务收入——出口收入

2. 暗佣的账务处理

暗佣又称发票外佣金，主要是指在贸易价格中未作规定，但在贸易合同中规定企业根据销售货款总额收取货款后，再另付的佣金。

(1)企业在向银行办理交单收汇时，应根据发票中所列的销售金额收取货款，同时根据贸易合同中所列的销售金额确认佣金，会计分录如下：

借：应收账款——应收外汇账款

　　贷：主营业务收入——自营出口销售收入

借：主营业务收入——自营出口销售收入

　　贷：应付账款——应付外汇账款（佣金）

(2)收到货款汇付佣金时，会计分录如下：

借：应付账款——应付外汇账款（佣金）

　　财务费用——汇兑损益

　　贷：银行存款

3. 累计佣金的账务处理

累计佣金是指由出口企业与包销、代销客户签订协议，在一定时间内推销一定数量或金额以上的某类商品后，按其累计销货金额和佣金率支付给客户的佣金。对于累计佣金，能具体认定到某笔出口销售收入的，如上述冲减分录作冲减销售收入处理；无法认定到具体某笔出口销售额的，则应列计入"销售费用"。累计佣金的账务处理如下：

借：销售费用

　　贷：应付账款——应付外汇账款（佣金）

【工作实例 2-17】 甲企业 2023 年 12 月 28 日的出口业务中（业务编号：23SD053），外销发票的销售收入折合 160 000 元人民币，明佣金额为 3 200 元人民币。

要求： 编制该笔业务的会计分录。

解析：

借：应收账款——应收外汇账款　　　　　　　　　　　　　　　156 800

　　主营业务收入——出口收入（佣金）　　　　　　　　　　　　3 200

　　　　贷：主营业务收入——出口收入　　　　　　　　　　　　160 000

【工作实例 2-18】 乙企业向西班牙 GJ 公司出口节能灯，发生以下经济业务。

(1) 2 月 15 日，签订合同并确认出口节能灯 200 箱，货款共计 50 000 美元。采用暗佣支付方式，佣金率为 2%。当日汇率为 1 美元＝6.75 元人民币。

(2) 2 月 18 日，收到货款并支付佣金。当日汇率为 1 美元＝6.58 元人民币。

要求： 根据以上经济业务，编制会计分录。

解析：

(1) 借：主营业务收入——自营出口销售收入　　　　　　　　　　6 750

　　　　贷：应付账款——应付外汇账款（USD 1 000×6.75）　　　　6 750

(2) 借：应付账款——应付外汇账款（USD 1 000×6.75）　　　　　6 750

　　　　贷：银行存款——外币存款（USD 1 000×6.58）　　　　　　6 580

　　　　　　财务费用——汇兑损益　　　　　　　　　　　　　　　170

【工作实例 2-19】 12 月 1 日，丙企业通过 CK 公司向西班牙 GJ 公司出口节能灯，FOB 净价为 476 000 美元，佣金率为 1.5%。12 月 15 日，丙企业与 CK 公司结算佣金并于当日支付，当日汇率为 1 美元＝6.55 元人民币。

要求： 根据以上经济业务，编制会计分录。

解析： 含佣价＝$\dfrac{净价}{1-佣金率}$＝476 000÷(1-1.5%)≈483 248.73（美元）

佣金＝含佣价×佣金率＝483 248.73×1.5%≈7 248.73（美元）

会计分录为：

借：销售费用　　　　　　　　　　　　　　　　　　　　　　　47 479.18

　　贷：应付账款——应付外汇账款（USD 7 248.73×6.55）　　　47 479.18

【课堂练习】 丁企业通过 A 公司向俄罗斯 E 公司出口节能灯，货款为 476 000 美元，采用暗佣支付方式，佣金率为 1.5%。当日汇率为 1 美元＝6.57 元人民币。

要求： 根据以上经济业务，编制会计分录。

▶ 任务四　选择结算方式

一、跨境结算的类型

跨境电商是互联网、电子商务在进出口贸易上的体现。跨境电商结算根据交易主体性质的不同，主要分为 B 端（企业）和 C 端（个人）两种结算类型。跨境结算可分为 B2B 结算和 B2C 结算两种类型。

（一）B2B 结算

B2B 结算是指企业（卖方）与企业（买方）在电子商务网站进行交易时，银行为其提供网上在线支付、资金结算服务的一种业务。B2B 结算在大宗商品交易中，为卖方和买方提供安全、快捷、方便的在线支付中介服务，保障资金流的畅通，加速卖方资金回笼，方便买方购物支付。B2B 结算业务以现汇支付为主，主要有汇款、托收和信用证三种支付方式。

（二）B2C 结算

B2C 结算是指企业（卖方）与个人（买方）在通过电子商务网站进行交易时，银行为其提供网上资金结算服务的一种业务。B2C 结算主要有汇款、货到付款、网上银行卡转账支付、第三方支付平台结算支付四种支付方式，目前最常用的是第三方平台结算支付。

二、跨境结算的单据

在出口业务中，企业的外销、进货、运输、收汇的过程涉及各种不同的出口单据，其流转环节构成了货物贸易的主要程序。特别值得注意的是，虽然业务信息的交换可以通过网络信息化处理，但国际结算本身固有的凭单结算的特征决定了进出口贸易交易离不开大量的纸质单据和电子单据。同时，很多的跨境电商企业最终都要申报出口退税，出口退税单证备案中涉及很多单证。

进出口业务涉及的单证主要包括：一是金融单证，如汇票、支票、本票；二是商业单证，如发票、装箱单、提单、保险单等；三是主要用于政府管制的单证，包括原产地证明书、商品检验证书等。

（一）国际结算中单据的作用

1. 履约证明

国际货物贸易中大多使用 FOB、CIF 和 CFR 等贸易术语。因此，对于出口商而言，只要能在规定的时间和地点将货物交付给承运人，并能提交符合合同或信用证规定的各种单据，就已经履行了交货义务。从这个角度来讲，单据就是出口商履约的证明文件。

2. 收付款的依据

特定贸易术语的使用决定了出口商要想收回货款，必须以提交符合要求的单据为前提条件。尤其是在跟单信用证结算方式下，开证行或被指定银行承付的依据就是受益人提交的符合信用证规定的单据。进口商必须承担付款的义务。

3. 提货的凭证

货物贸易的单据之所以能作为履约和收付款的证明文件，很大程度上取决于其中可以用来提货的运输单据，如提单、仓单等。

4. 获得融资的前提条件

银行给进出口商提供的贸易项下融资大多是要提供质押或担保的，如果单据中有代表物权的单据(如提单等)，不仅容易满足银行对出口商或进口商进行融资的必要条件，而且一定程度上减少了银行提供融资的风险。

(二)国际结算中的主要单据

1. 发票

在实际业务中，发票(invoice)主要有用以结汇的商业发票(commercial invoice)和形式发票(proforma invoice)。我国出口贸易中时常有不签订书面合同，由出口商提交形式发票给进口商的做法，此时形式发票起到了证明合同关系的作用。下面主要介绍商业发票。

(1)商业发票的概念。商业发票是出口商向进口商开出的所发货物的价目清单，载有货物名称、数量、价格等内容，也是卖方凭以向买方计收货款、清算账目的单据。它也是卖方结汇所需的单据之一，也是买方收货、付款及报关纳税的依据。

(2)商业发票的作用。商业发票的主要作用包括：①出口商的发货价目清单；②收付款双方记账与核算的凭证；③货物买卖双方办理报关、清关、纳税的依据；④进口商验收、核对货物数量、重量、规格等的依据；⑤代替汇票作为付款的依据；⑥出口商缮制其他单据的依据。

(3)商业发票的主要内容。商业发票的主要内容包括发票名称、号码、签发日期、出单人、抬头、唛头、货物描述、数量、单价和总值等。就单据功能而言，货物描述、单价和总值是最为重要的内容。

2. 包装单据

(1)包装单据的概念。包装单据(packing documents)是出口商向进口商签发的反映货物包装、重量和尺码情况的单据，是对发票内容的必要补充，也是常见的用以向银行提交以获得付款的单据。

(2)包装单据的作用。包装单据的主要作用包括：①便于进口商了解货物的包装细节；②海关清关时点货的依据；③商检机构验货的依据。

(3)包装单据的种类。常见的包装单据有装箱单(packing list，P/L)、重量单(磅码单)(weight list/memo)和尺码单(体积单)(measurement list)。

(4)包装单据的主要内容。包装单据的主要内容与发票比较接近，主要反映货物的包装细节，但不包括单价和总值。就其功能而言，货物的毛重(gross weight)、净重(net weight)和尺码(measurement)是其中最为重要的内容。毛净重均以 KGS(千克)表示，尺码以 CBM(立方米)表示。

3. 出口货物装货单

出口货物装货单是接受了托运人提出装运申请的船公司，签发给托运人的用以命令船长将承运的货物装船的单据。出口货物装货单是货物托运中的重要单据，不仅是货主用以向海关办理出口货物申报手续的主要单据之一，也是托运人向船方(或陆路运输单位)交货的凭证，还是海关凭以验关放行的证件。只有装货单在海关签章后，船方(或陆路运输单位)才能收货装船、装车等。因此，在实际业务中，装货单又称为关单、场站收据、下货纸。

4. 运输单据

出口货物运输单据是买卖双方货物交接、货款结算的最基本的单据。出口货物运输单据具体包括海运提单、航空运单、铁路运单、货物承运单据、邮政收据等承运人出具的货物单据，以及出口企业承付运费的国内运输单证。海运提单、运单或收据都属于运输单据，除海上运输的单据称作海运提单外，其他运输方式的单据称作运单或收据。

(1)出口货物运输单据的种类。

①海洋/海运提单。海洋/海运提单简称提单(Bill of Lading，B/L)，是指一种证明海上运输合同和货物已经由承运人接管或者装船，以及承运人保证据以交付货物的单据。提单是出口企业办理通关手续、海关放行后，由外运公司签出，供进口商提货、收汇所用的单据。进口海运货物时，进口商必须持正本提单、箱单、发票来提取货物。若是空运货物，则可以直接用提单、箱单、发票的传真来提取货物。

📅 **相关链接**

无单放货

无单放货又称无正本提单放货，是指承运人或其代理人(货代)或港务当局或仓库管理人在未收回正本提单的情况下，依提单上记载的收货人或通知人凭副本提单或提单复印件，加保函放行货物的行为。

我国是出口贸易大国，大部分企业的出口贸易约定 FOB 条款，即由国外买方负责租船订舱，与承运人订立国际运输合同，并支付海运费的方式。FOB 意味着买家指定承运人(通常是国外货代及其在中国的代理)，买家控制运输，货代往往听从买家甚至被买家控制。无单放货通常就发生在该种情形下。国内卖方即使持有全套正本提单，也会面临在货物到达目的港后被无单提走的风险，最终导致国内卖方索赔无果。无单放货一旦产生，将对出口企业造成严重损失，不仅货物被收货人提走，而且无法收回货物的尾款。

无论是各国法律还是国际交易惯例，凭正本提单交货是承运人的法定义务，无单放货行为破坏了海运秩序和货物交付秩序，影响了提单的信用度。在目前及将来的一段时间内，无单放货的现象将仍会存在于实际业务中，我国的相关企业及其法律人员必须非常清楚无单放货产生的原因及可能带来的各种风险，并采取相应的措施来应对，只有这样才能保障我国的出口业务顺利进行、保障我国出口企业的利益。根据《中华人民共和国海商法》的规定，向承运人要求赔偿的诉讼时效为 1 年。因此，如果发生无单放货的纠纷，卖方应当及时收集证据，在时效内主张自己的权利，避免超过时效。

②航空运单。航空运单是托运人和承运人之间就航空货物运输所订立的运输契约。航空运单是承运人出具的货物收据，不是货物所有权的凭证，不能转让流通。

③铁路运单。铁路运单是国际铁路运输中所使用的一种运输凭证，是铁路承运人与出口货物发货人之间的运输契约。铁路运单一式五联：第一联为运单正本，随货到达终点站时连同第五联和货物交给收货人；第二联为运行单，同第一联一样随货一起到达终点站，但并不交付收货人，是铁路办理货物交接、清算运费、统计运量和收入的原始凭证，由铁路留存；第三联为运单副本，由始发站盖章后交发货人，发货人凭此联次的运单办理货款结算和索赔；第四联为货物交付单，与货物一并到达终点站，由终点站铁路留存；第五联

为到达通知单，在终点站随货物交与收货人。

④货物承运收据。货物承运收据是托运人和承运人之间订立的运输契约，是我国内地运往港澳地区货物所使用的一种运输单据，是承运人出具的货物收据。货物承运收据上面载有出口发票号、出口合同号。其中，出口企业中的"收货人签收联"由收货人在提货时签收，表明已收到货物。

⑤邮政收据。邮政收据是邮政运输的主要单据，它既是邮局收到寄件人的邮包后所签发的凭证，也是收件人提取邮件的凭证。当邮包出现破坏或损失时，它还可以作为索赔和理赔的根据，但邮包收据不是物权凭证。

(2)出口货物运输单据的作用。

①承运人或其代理人出具的货物收据。提单是承运人签发给托运人，确认已按提单所记载的货物情况收到货物的证明。

②所载货物的物权凭证。提单代表货物，提单的转移代表货物所有权的转移，谁持有提单谁就有权向承运人主张物权。

③承运人和托运人之间订立的运输合同的证明。铁路运单不代表货物所有权，不能流通转让，不能凭此提取货物。其中，"货物交付单"随同货物到站，并留存到达站；运单正本、货物到达通知书随同货物到站，和货物一同交给收货人，该单上面载有出口合同号。

(3)出口货物运输单据的主要内容。提单的主要内容(正面)包括提单名称和号码、托运人、收货人、通知方、船名(航次)、收货地、起运地(港)和目的地(港)、交货地(或最终目的地)、包装件数、货物描述、唛头、货物毛净重、尺码、装船日期、运费、正本份数、签发日期和地点、签名等。

5. 保险单据

(1)保险单。保险单(insurance policy)是保险人和被保险人之间成立保险合同关系的正式凭证，因险别的内容和形式不同而有所不同。海上保险最常用的保险单有船舶保险单、货物保险单、运费保险单、船舶所有人责任保险单等。其内容除载明被保险人、保险标的(如是货物，须填明数量及标志)、运输工具、险别、起讫地点、保险期限、保险价值和保险金额等项目外，还附有有关保险人责任范围、保险人和被保险人的权利与义务等方面的详细条款。保险单是被保险人向保险人索赔或对保险人上诉的正式文件，也是保险人理赔的主要依据。保险单可以转让，是被保险人向银行进行押汇的单证之一。在 CIF 合同中，保险单是卖方必须向买方提供的单据。

(2)保险凭证。保险凭证是保险人签发给被保险人，证明货物已经投保和保险合同已经生效的文件。保险凭证上通常不列明保险合同条款，表明按照正式保险单上所载明的条款办理。保险凭证具有与保险单同等的效力，但在信用证规定提交保险单时，一般保险凭证无效，必须提供保险单。

三、跨境支付

跨境支付是指国际经济活动中的当事人以一定的支付方式偿还债务。跨境电商支付模式根据交易主体性质的不同，主要分为 B 端(企业)和 C 端(个人)两种支付模式。常见使用场景多用于传统 B 端，B 端项下的支付模式与传统的一般贸易支付模式较为类似，大都采用银行常规的(如电汇、托收、信用证等)国际结算模式。

(一)汇付

汇付又称汇款,是最简单的国际结算方式。在货物贸易下采用汇款方式结算时,出口商将货物发运给进口商后,有关货运单据由出口商自行寄交进口商,进口商则直接通过银行将货款汇给出口商,而银行不处理相关的货运单据。目前,汇款中最常见的结算方式为电汇。

1. 电汇的含义

电汇(telegraphic transfer,T/T)是指汇出行应汇款人(进口商)的申请,通过银行的联网功能,实施便捷、快速的汇款方式。作为传统贸易跨境结算的重要手段,电汇适合大额的交易付款。电汇属于商业信用,在货物准备好后,如果进口商将全部货款付清,出口商单证直接寄到进口商,则无须经过银行。

2. 电汇的分类

(1)前 T/T。通常为合同签订后,进口商先付一部分订金,一般都是 30%,出口商生产完毕,通知付款,进口商付清余款,出口商发货并交付全套单证。前 T/T 在欧美国家比较常用。这种付款方式在国际贸易中相对卖方而言,是最安全的贸易方式,因为卖方不需要承担任何风险。

(2)后 T/T。卖方收到订金,安排生产、出货,客户收到单证拷贝件后付余款,卖方收到余款后,寄送全套单证,发完货后,买家付清余款。一般情况下,后 T/T 是根据 B/L 复印件来付清余款的,其模式比较灵活。

3. 电汇的业务流程(见图 2-2)

电汇的业务流程包括:①汇款人(进口商)根据合同或经济事项将款项交付汇出行,并填写电汇申请书,委托汇款行汇出款项;②汇出行接受委托,将电汇申请书回执退给汇款人;③汇出行通过电讯工具委托汇入行解付汇款;④汇入行收到电讯通知,审核无误后,将汇款通知交付收款人;⑤收款人(出口商)持盖章后的汇款通知单向汇入行收取汇款。

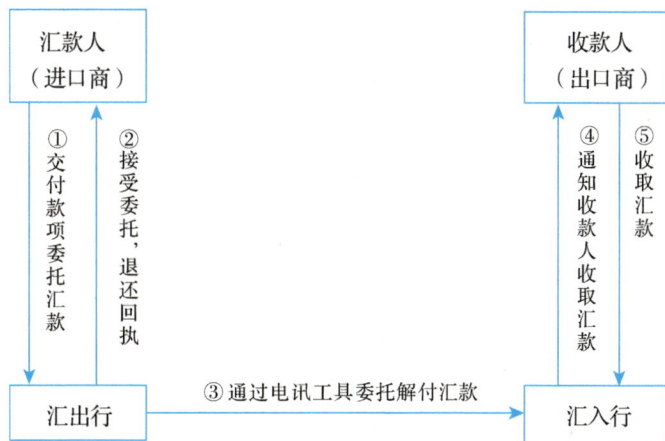

图 2-2 电汇业务流程示意图

4. 电汇的实际应用

由于世界经济一体化趋势增强,大型跨国公司为节省财务成本,加快国际货款的结算，采用汇款方式的比重日益增大。特别是长期往来的买卖双方，彼此相互了解、相互信任，由于托收和信用证结算手续比较复杂、银行费用较高、结算周期较长，因此双方选择汇款的方式进行货物贸易结算。同时，汇款业务本身不局限于货物贸易的结算，也适用于服务贸易项目及资本项目的国际结算，如资料费、技术转让费、佣金、手续费、直接投资和境外借款等。

5. 电汇的账务处理

(1)出口商(出口预收货款)的核算。出口商出口商品，要求进口商采取预付方式。在收到货款时，借记"银行存款"账户，贷记"预收账款——预收外汇账款"账户；销售发运货物时，借记"预收账款——预收外汇账款"账户，贷记"主营业务收入——自营出口销售收入"账户。

【工作实例 2-20】　8月17日，浙江沃尔得公司通过网上交易出口袜子一批，售价为40 000美元，该批商品成本为170 000元人民币。与西班牙客户签订的合同中规定，采取预收货款的方式。浙江沃尔得公司收到30%的前 T/T，现款项已收存入工商银行高新支行，出纳打印网上银行电子回单和外汇结汇水单。

要求： 根据以上经济业务，编制会计分录。（汇率为1美元＝6.37元人民币）

解析：

(1)收到客户30%的前 T/T(USD 12 000)，会计分录如下：

借：银行存款——美元户(USD 12 000×6.37)　　　　　76 440
　　贷：预收账款——预收外汇账款(USD 12 000×6.37)　　　　　76 440

(2)发出商品，根据报关单确认收入，会计分录如下：

借：预收账款——预收外汇账款(USD 40 000×6.37)　　　　254 800
　　贷：主营业务收入——自营出口销售收入(USD 40 000×6.37)　　254 800

(3)收到客户70%的尾款，会计分录如下：

借：银行存款——美元户(USD 28 000×6.37)　　　　178 360
　　贷：预收账款——预收外汇账款(USD 28 000×6.37)　　　178 360

(4)结转出口商品成本，会计分录如下：

借：主营业务成本——自营出口销售成本　　　　170 000
　　贷：库存商品——袜子　　　　170 000

【课堂练习】　8月10日，浙江沃尔得公司通过网上交易出口节能灯2 000只，售价为30 000美元，该批商品成本为120 000元人民币。与俄罗斯客户签订的合同中规定，采取预付货款的方式。浙江沃尔得公司收到50%的前 T/T，工商银行高新支行已收到该款项。

要求： 根据以上经济业务，编制会计分录。（汇率为1美元＝6.57元人民币）

(2)进口商(进口付款的)核算。进口商采取预付货款进口商品，在预付货款时，借记"预付账款——预付外汇账款"账户，贷记"银行存款"账户；销售发运货物时，仓库管理员办理验收入库手续，在收到商品提单和发票等单证时，借记"库存商品"账户，贷记"预付账款——预付外汇账款"账户。

【工作实例 2-21】　12月1日，浙江沃尔得公司向西班牙客户 X 购买新型电动榨汁机，发生以下经济业务。

(1)购买新型电动榨汁器 500 台，货款为 20 000 美元。签订的合同中约定，采用预付前 T/T 的方式支付 50% 的预付款。当日汇率为 1 美元 = 6.36 元人民币。

(2)收到 X 公司发来的商品，办理验收入库手续，并支付 50% 的后 T/T。

要求： 根据以上经济业务，编制会计分录。

解析：

(1)借：预付账款——预付外汇账款(USD 10 000×6.36)　63 600

　　　贷：银行存款——美元户(USD 10 000×6.36)　63 600

(2)借：预付账款——预付外汇账款(USD 10 000×6.36)　63 600

　　　贷：银行存款——美元户(USD 10 000×6.36)　63 600

　　借：库存商品——新型电动榨汁机　127 200

　　　贷：预付账款——预付外汇账款(USD 20 000×6.36)　127 200

【课堂练习】 6 月 15 日，浙江沃尔得公司向捷克客户 C 订购新型制冰机，发生以下经济业务。

(1)购买新型制冰机 100 台，货款为 15 000 美元。签订的合同中约定采用预付前 T/T 的方式支付 20% 预付款。当日汇率为 1 美元 = 6.76 元人民币。

(2)收到 C 公司发来的商品并验收入库，支付 80% 的后 T/T。

要求： 根据以上经济业务，编制会计分录。

(二)托收

1. 托收的含义

托收(collection)是在跨境业务中，由债权人(出口商)开立汇票，连同货运单据，委托托收行通过其在付款人所在地的分行或代理行向债务人(进口商)收取款项的结算方式。托收是典型的基于商业信用的结算方式。与托收有关的银行的责任仅限于为客户提供服务，不能保证付款人必然付款或承兑。托收有利于买方，买方的费用低、风险小。

2. 托收的种类

托收分为光票托收和跟单托收两种。

(1)光票托收(clean bill for collection)。卖方仅开立汇票而不附带任何货运单据，委托银行收款。一般来讲，光票托收用于收取货款尾数、代垫费、佣金、样品费、寄售费或其他贸易费用。在实际业务中，光票托收使用的金融票据以本票和支票居多。

(2)跟单托收(documentary collection)。由卖方开立跟单汇票(即汇票连同一整套货运提单一起)，委托银行代收货款。在跨境业务中，多采用跟单托收的方式。

根据交单条件的不同，跟单托收又分为付款交单和承兑交单。

①付款交单(documents against payment，D/P)。代收行必须在进口商付清款后，才能将货运单据交给进口商。

②承兑交单(documents against acceptance，D/A)。付款人承兑远期汇票后，代收行将货运单据交给付款人，付款人与汇票到期时，由付款人履行付款义务。

3. 跟单托收即期付款交单结算方式的业务流程(见图 2-3)

跟单托收即期付款交单结算方式的业务流程包括：①出口商按合同要求装运商品上

船；②出口商开出即期汇票，填写托收申请书，连同全套货运单据，送交托收行办理托收；③托收行将即期汇票连同全套货运单据邮寄给代收行；④代收行收到即期汇票，连同全套货运单据，向进口商提示付款；⑤进口商付清款项，赎回全套货运单据；⑥代收行收取款项后，将款项汇交托收行；⑦托收行通知出口商款项收妥入账。

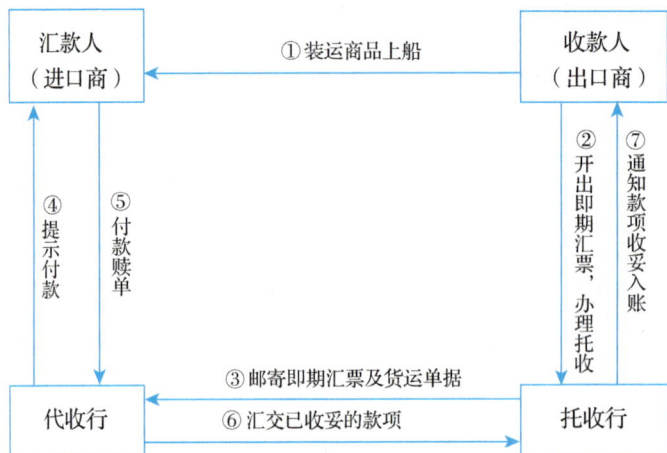

图 2-3 跟单托收即期付款交单结算方式流程示意图

📅 相关链接

托收的实际应用

托收在跨境贸易中是一种常见的支付方式，其主要用途有以下四个方面。

第一，托收保证支付安全。通过托收，出口商可以确保收到贸易交易的款项，并且托收银行会对收到的款项和文件进行检查，以确保交易的安全性。这对于双方来说都是一种保障。

第二，托收可以减少买卖双方的交易风险。对于买方而言，托收可以确保货物在支付之后才能提货，有效地防止货款支付之前买方退货的风险。对于卖方而言，托收可以确保在发货之后收到款项，减少买方不支付货款的风险。

第三，托收降低融资成本。通过托收，出口商可以从银行获得资金，提前收取货款，以便用于自身的经营资金周转。这可以降低出口商的融资成本，提高资金利用效率。

第四，托收提供贸易融资服务。对于买方而言，托收可以提供一定程度的融资服务。买方可以选择在货物运输期间延后支付货款，以便更好地管理现金流。同时，托收还可以帮助买方获得更优惠的融资条件，如贸易信用证的优惠付款期限等。

4. 托收的账务处理

（1）出口商的核算。出口商按照合同要求装运商品上船，在向银行办妥托收手续后，借记"应收账款——应收外汇账款"账户，贷记"主营业务收入——自营出口销售收入"账户；等收到货款时，借记"银行存款"账户，贷记"应收账款——应收外汇账款"账户。

【工作实例 2-22】 6月15日，浙江沃尔得公司通过网上交易出口商品袜子一批，售价为 40 000 美元。合同约定先发货，后托收。现商品已经装船，并向银行办妥跟单托收手续。当日汇率为1美元＝6.37元人民币。

6月30日，浙江沃尔得公司收到银行转来的客户支付的40 000美元收账通知。当日汇率为1美元＝6.34元人民币。

要求：根据以上经济业务，编制会计分录。

解析：

(1)6月15日，商品已经装船，确认销售收入时，会计分录如下：

借：应收账款——应收外汇账款(USD 40 000×6.37)　　　　　254 800
　　贷：主营业务收入——自营出口销售收入(USD 40 000×6.37)　　254 800

(2)6月30日，收到银行转来的客户支付的40 000美元时，编制分录如下：

借：银行存款——美元户(USD 40 000×6.34)　　　　　253 600
　　财务费用——汇兑损益　　　　　　　　　　　　　1 200
　　贷：应收账款——应收外汇账款(USD 40 000×6.37)　　254 800

> **【课堂练习】**　9月20日，杭州纳可公司向捷克客户J销售节能灯10 000只，货款为25 000美元，已经办妥跟单托收手续。当日汇率为1美元＝6.74元人民币。
>
> 10天后，杭州纳可公司收到银行转来的客户25 000美元的收账通知。当日汇率为1美元＝6.82元人民币。
>
> **要求：**根据以上经济业务，编制会计分录。

(2)进口商的核算。进口商收到银行转来的跟单托收付款交单结算凭证，在支付款项赎取全套货运单据时，借记"在途物资"账户，贷记"银行存款"账户。当进口商收到银行转来的跟单托收承兑交单结算凭证予以承兑，取得全套货运单据时，借记"在途物资"账户，贷记"应付票据——外汇票据"账户；等付清货款时，借记"应付票据——外汇票据"账户，贷记"银行存款"账户。

【工作实例2-23】　7月2日，浙江沃尔得公司向俄罗斯客户E购买新型电动榨汁机500台，收到工商银行转来的跟单托收付款交单凭证及全套货运单，货款共计20 000美元，已经支付完毕。当日汇率为1美元＝6.82元人民币。

要求：根据以上经济业务，编制会计分录。

解析：

借：在途物资——新型电动榨汁机　　　　　　　　　136 400
　　贷：银行存款——工商银行(USD 20 000×6.82)　　136 400

> **【课堂练习】**　11月10日，杭州纳可公司向西班牙客户X购买葡萄酒5 000瓶，收到银行转来的跟单托收付款交单凭证及全套货运单据，货款共计12 000美元，已经支付完毕。当日汇率为1美元＝6.9元人民币。
>
> **要求：**根据以上经济业务，编制会计分录。

(三)信用证

1.信用证的含义

在国际货物贸易中，买卖双方相距遥远，货物从准备到具体交接及货款的支付周期都很长，因此，商业信用就成了一道无形的壁垒。作为出口商，担心货物出运后，进口商不及时支付或拒付；作为进口商，担心付款后出口商无法按时交货或所交付的货物与合同不符。这种担忧虽然可以通过部分预付款、部分单到后或货到后支付来协商解决，但毕竟预付款的比例及余额能否全部安全、及时收回仍存在诸多问题。在此背景下，出现了信用证(L/C)方式。信用证有效解决了卖方担心不能及时收回货款或无法收回货款、买方不愿预付货款的问题。

信用证是指开证行根据开证申请人(进口商)的要求和指示，向受益人(出口商)开立一定金额，并在一定期限内凭规定的单据承诺付款的凭证。对于大额交易而言，信用证是一种较安全的结算方式。

2. 信用证的分类

(1)按开证行承担的责任不同，信用证可以分为可撤销信用证和不可撤销信用证。

①可撤销信用证。开证行无须取得受益人的同意，在议付行议付之前，可随时修改信用证内容或撤销信用证。由于开证行可以单方面撤销信用证，所以可撤销信用证对于出口商来说，是一个不确定的付款承诺，这样的信用证对出口商风险较大，因此在实务中极少被采用。

②不可撤销信用证。开证行对所开信用证未取得受益人同意，不得单方面撤销或修改所规定的各项条款。由于这种信用证对出口商有保障，因此在国际贸易中被广泛采用。按照国际惯例，信用证如未标注"可撤销"字样，即视为不可撤销信用证。

(2)按汇票支付的期限不同，信用证可以分为即期信用证和远期信用证。

①即期信用证。即期信用证是指开证行和议付行收到信用证条款规定的汇票和单据后，立即履行付款义务的信用证。即期信用证有利于迅速、安全收汇，在国际贸易结算中使用较多。

②远期信用证。远期信用证是指开证行或付款行收到符合信用证条款规定的汇票和单据后，不立即履行付款义务，待汇票到期时才支付票款的信用证。远期信用证对于出口商来讲，要先垫付款项，并承担汇票有效期限内汇率变动的风险，收汇的安全程度低于即期信用证。

相关链接

信用证中的不符点

不符点是指在对外贸易过程中，银行给出口商开出信用证，出口商没有按照信用证的要求出具单据内容。一旦出口商的单证跟信用证上有不相符的地方，即使一个字母或一个标点符号与信用证不相符，都记为一处不符点。一般每个不符点银行会处罚出口商50美元，并注明此单为不符点交单。这会造成信用证的银行信用为零，而转成客户的商业信用。出口商失去付款保证，进口商具有付款选择权。如果提单是记名提单，货物出港后，所有权转移到进口商。假如进口商拖着一直不付款，过了规定的时间后，银行就可以拍卖这批货物。进口商作为提单上的收货人，就有第一竞拍权，极有可能以很便宜的价格得到这批货物，对出口商来说损失很大。

3. 信用证结算方式的业务流程(见图 2-4)

信用证结算方式的业务流程包括：①进口商申请开立信用证，进口商应按照贸易合同规定，填写开出信用证申请书，并按信用证金额的一定比例交付押金或提供其他保证，请开证行开证；②开证行开立信用证，电传通知行，开证行根据申请书的内容，向受益人（出口商）开立信用证，并向进口商收取开证手续费，然后将信用证电传给通知行，请其转递受益人；③通知行将信用证转递受益人，通知行收到信用证，核对印鉴无误后，根据信用证的要求，将信用证转递给受益人（出口商）；④出口商备齐单据向议付行办理议付，出口商收到信用证，审核其所列条款与贸易合同相符后，按信用证的规定和要求装运商品，并备齐各项单据，签发汇票，连同信用证在有效期内送交当地议付行办理议付；⑤议付行向出口商垫付票款，议付行接受出口商交来信用证、汇票和各项单据，将信用证条款与单据核对相符，根据汇票金额，扣除利息和手续费后，将票款垫付给出口商；⑥议付行向开证行索偿，议付行将汇票和全部单据寄往开证行或开证行指定的付款行索偿；⑦开证行向议付行偿付，开证行收到议付行交来的单据后，经与信用证条款核对无误后，向议付行偿付；⑧开证行通知进口商付款赎单，开证行将款项拨付议付行后，应立即通知进口商付款赎单；⑨进口商付款赎单，进口商付清开证行垫付的票款，赎取单据，进口商凭货运单据提货，如果进口商发现所提商品的数量、规格等与贸易合同规定不符，不能向开证行提出赔偿要求，只能向责任人即出口商、运输公司或保险公司索赔。

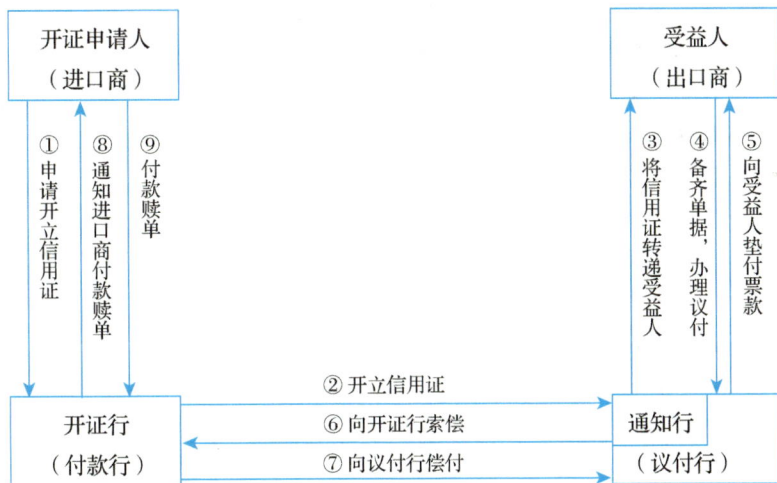

图 2-4 信用证结算方式流程示意图

📆 **相关链接**

信用证的实际应用

信用证结算促使进出口双方按合同履约，减少了贸易纠纷和摩擦，在保证出口方对出口货权和风险的控制、按时收款的同时，也保证了进口方收货安全和资金安全。信用证是开证行有条件的付款承诺，是一种独立于合同的自足文件，不以合同为依据。作为国际贸易中应用最广泛的支付手段之一，以银行信用取代商业信用，是比较安全的一种结算方式。

信用证为买卖双方提供了安全性保障。信用证实际上是单据的买卖，只以表面单据为准而不以货物为准，只要单单一致、单证相符，开证行就必须付款。同时，进出口双方均可以通过银行办理押汇起到融资作用，也为银行带来了较丰厚的利润。

信用证涉及的费用名目繁多，如通知费、修改费、审单费、不符点扣费、押汇费用、开证费用等，收费标准也较其他结算方式高。对我国的中小企业而言，信用证手续过繁、费用过高，增加了企业的成本，因此转而使用电汇等其他结算方式。

4. 信用证的账务处理

(1)出口商的核算。出口商在商品发运后，签发汇票，连同全套单据及信用证送交银行办理议付手续时，借记"应收账款——应收外汇账款"账户，贷记"主营业务收入——自营出口销售收入"账户。向银行支付的议付手续费列入"财务费用"账户。当收到银行转来的收汇通知时，借记"银行存款"账户，贷记"应收账款——应收外汇账款"账户。

【工作实例 2-24】 浙江沃尔得公司出口西班牙客户 W 袜子一批。7 月发生下列经济业务。

(1)7 月 2 日，商品已经装船，确认出口销售收入 20 000 美元。当日汇率为 1 美元＝7 元人民币。

(2)7 月 5 日，送交银行办理议付，手续费为 113 元人民币。

(3)7 月 15 日，收到银行转来的收汇通知，金额为 20 000 美元。当日汇率为 1 美元＝7.04 元人民币。

要求：根据以上经济业务，编制会计分录。

解析：

(1)借：应收账款——应收外汇账款(USD 20 000×7.00)　　　　140 000
　　　贷：主营业务收入——自营出口销售收入　　　　140 000

(2)借：财务费用——手续费　　　　113
　　　贷：银行存款　　　　113

(3)借：银行存款(USD 20 000×7.04)　　　　140 800
　　　贷：应收账款——应收外汇账款(USD 20 000×7.00)　　　　140 000
　　　　财务费用——汇兑损益　　　　800

【课堂练习】 跨境电商乙公司向捷克客户 J 销售节能灯一批。9 月发生下列经济业务。

(1)9 月 9 日，销售节能灯 10 000 只，货款为 25 000 美元，送交银行办理议付手续。当日汇率为 1 美元＝6.84 元人民币。

(2)9 月 10 日，支付银行开证手续费 215 元人民币。

(3)9 月 15 日，收到银行转来的客户 25 000 美元的收账通知。当日汇率为 1 美元＝6.82 元人民币。

要求：根据以上经济业务，编制会计分录。

(2)进口商的核算。进口商进口商品采用信用证结算，向银行申请开证。银行将根据进口商的信用等级，确定其交存保证金的比率。进口商按确定的比率向银行存入保证金时，借记"其他货币资金——信用证"账户。贷记"银行存款"账户，支付的开证手续费列入"财务费用——手续费"账户；进口商付款赎取单证时，借记"在途物资"账户，贷记"其他货币资金——信用证存款"账户和"银行存款"账户。

【工作实例 2-25】 跨境电商 J 公司向德国客户 D 购买新型电动榨汁机 1 500 台。8 月发生以下经济业务。

(1)8 月 5 日，向银行申请开立 30 000 美元信用证，按开证金额的 30％支付保证金 9 000 美元。当日汇率为 1 美元＝6.78 元人民币。

(2)8 月 6 日，支付开证手续费 210 元人民币。

(3)8 月 15 日，收到银行转来进口新型电动榨汁机的发票、提单等单据，金额为 30 000 美元。扣除已支付的 30％保证金外，当即付清全部款项。当日汇率为 1 美元＝6.78 元人民币。

要求：根据以上经济上业务，编制会计分录。

解析：

(1)借：其他货币资金——信用证(USD 9 000×6.78)　　　　　　　　　　61 020
　　　贷：银行存款(USD 9 000×6.78)　　　　　　　　　　　　　　　　　　61 020

(2)借：财务费用——手续费　　　　　　　　　　　　　　　　　　　　　210
　　　贷：银行存款　　　　　　　　　　　　　　　　　　　　　　　　　　　210

(3)借：在途物资——新型电动榨汁机　　　　　　　　　　　　　　　203 400
　　　贷：其他货币资金——信用证存款(USD 9 000×6.78)　　　　　　　　61 020
　　　　　银行存款(USD 21 000×6.78)　　　　　　　　　　　　　　　142 380

【课堂练习】 跨境电商丙公司向德国客户 H 购买葡萄酒一批。7 月发生以下经济业务。

(1)7 月 3 日，购买葡萄酒 5 000 瓶，向银行申请开立信用证 45 000 美元，按开证金额的 15％支付保证金。当日汇率为 1 美元＝6.85 元人民币。

(2)7 月 5 日，以银行存款支付银行开证手续费 170 元人民币。

(3)7 月 15 日，收到银行转来进口葡萄酒的发票、提单等单据，金额为 45 000 美元。当日汇率为 1 美元＝6.85 元人民币。

要求：根据以上经济业务，编制会计分录。

(四)其他支付方式

1. 常见的其他支付方式

(1)第三方支付。商户通常与取得跨境支付牌照的支付机构合作，通过绑定企业邮箱与商铺银行卡，可以在机构平台完成注册，开通线上支付业务。商户和消费者可以通过支付宝、微信、网易宝等第三方支付机构，直接在线上完成跨境支付。

第三方支付实现业务化零为整，主要应用 B2C 小额跨境支付。它能有效满足小额、高频的跨境电商支付的需求。相比银行电汇等传统跨境支付 3 天的到账时间和 3％左右的手续费，第三方跨境支付可实现实时到账，费率通常为 0～1％。

(2)国际信用卡。众多跨境电商平台可以通过与国际信用卡组织或直接与海外商业银行合作，使平台能够支持信用卡支付。该模式对拥有独立站的电商和独立性较强的跨境电商具有较强的吸引力。

国际信用卡是一种银行联合国际卡组织签发的可以在全球范围进行消费的卡片，可以透支消费，主要应用于线上交易。国际信用卡品牌主要有 Visa、MasterCard 等。

📋 **相关链接**

独立站收款的模式就是在自建站的后台配置信用卡付款，一般支持市场上的主流信用卡，如 Visa、MasterCard、American Express 等。买家可以通过在后台填写卡号、有效期、CVV 码进行支付，不需要填写密码。信用卡在欧美发达国家的普及率是极高的。因为信用卡付款的方便性，信用卡支付模式成为一些独立站的标配。

(3)西联汇款。西联国际是世界上领先的特快汇款公司，拥有全球先进的电子汇兑金融网络，代理网点数量众多，遍及全球主要国家与地区。

西联汇款拥有全球先进的电子汇兑金融网络。使用西联汇款进行支付，不需要开立银行账户，大概花费 15 分钟就可以汇到，简便快捷。

(4)PayPal。PayPal 是全球使用最为广泛的第三方支付工具之一。针对国际收款需求，PayPal 公司推出了安全的网络电子账户，通过使用 PayPal 进行便捷的外贸收款、提现与交易跟踪。PayPal 能够为企业和个人通过电子邮箱进行安全、简单、便捷的在线付款和收款服务。

通过 PayPal 可以进行国际采购与消费。PayPal 是一个提供在线支付服务的平台，类似国内的支付宝。通过 PayPal 支付一笔金额给商家或收款人，只要根据商家提供的 PayPal 账户，该笔款项就汇入商家的 PayPal 账户。如果收款人没有 PayPal 账户，网站就会发出一封通知电子邮件，引导收款人在 PayPal 网站注册一个新的账户；如果买家没有 PayPal，也可以在 PayPal 网站上进行注册。

2. 其他支付方式的账务处理

(1)出口商的核算。卖家通过在线平台店铺销售商品，商品发运后，收到买家来自第三方支付机构、国际信用卡、西联汇款、PayPal 等的款项，经卖家确认订单信息后发送物流，交易信息将通过银行、信用卡组织等进行审核，借记"其他货币资金"账户，贷记"主营业务收入——自营出口销售收入"账户。通过第三方支付平台、国际信用卡、西联汇款、PayPal 等账户收款或提现，均要产生一定的手续费，该费用列入"财务费用"。当商家需要将资金提现到其他国内的开户银行时，借记"银行存款"账户，贷记"其他货币资金"账户。"其他货币资金"账户可以根据资金的不同来源，增设相应的二级科目，如第三方支付、国际信用卡、西联汇款、PayPal 等。

【工作实例 2-26】　跨境电商甲公司在网站店铺销售袜子。6月发生以下经济业务。

(1)6月8日，通过平台出口袜子 300 双，共计售价 150 美元，平台交易佣金为订单总额的 6%，支付宝账户实际到账 141 美元。当日汇率为 1 美元＝6.57 元人民币。

(2)6月11日，甲公司将款项提现到支付宝人民币账户。

(3)6月12日，通过网银转账到公司基本账户(工商银行高新支行)。

要求：根据以上经济业务，编制会计分录。

解析：

(1)借：其他货币资金——平台——支付宝账户(USD 141×6.57)　　　926.37

　　　　财务费用——交易佣金(USD 9×6.57)　　　　　　　　　　　59.13

　　　　贷：主营业务收入——自营出口销售收入　　　　　　　　　　　　985.50

(2)借：其他货币资金——支付宝账户（人民币）　　　　　　　926.37

　　　贷：其他货币资金——平台——支付宝账户　　　　　　　　　926.37

(3)借：银行存款——工商银行高新支行　　　　　　　　　　　926.37

　　　贷：其他货币资金——支付宝账户（人民币）　　　　　　　　926.37

【课堂练习】　纳可公司在 B 平台向美国客户销售节能灯。5 月发生以下经济业务。

(1)5 月 1 日—10 日，共销售节能灯 1 000 只，货款 2 500 美元，平台收取 1% 的手续费，企业支付宝外币账户实际收取货款 2 475 美元。当日汇率为 1 美元＝6.84 元人民币。

(2)5 月 11 日，用支付宝人民币账户进行货款结汇。

(3)5 月 12 日，款项划转到公司基本账户（工商银行西湖支行）。

要求：根据以上经济业务，编制会计分录。

(2)进口商的核算。买家通过在线平台店铺选购商品、确定订单后，可以选择第三方支付、国际信用卡、西联汇款、PayPal 等支付方式。买家开户银行充值到平台资金账户，借记"其他货币资金"账户，贷记"银行存款"账户；支付平台订单，借记"在途物资"账户，贷记"其他货币资金"账户；通过第三方电子平台、国际信用卡、西联汇款、PayPal 等账户收款或提现，均要产生一定的手续费，该费用列入"财务费用"。"其他货币资金"账户根据资金的不同来源，分别相应的二级科目，如第三方支付机构、国际信用卡、西联汇款、PayPal 等。

【工作实例 2-27】　跨境电商乙公司在 A 平台向美国客户 D 购买新型电动榨汁机 10 台。6 月发生以下经济业务。

(1)6 月 17 日，通过国际信用卡支付款项，国际信用卡支付 2 700 美元。当日汇率为 1 美元＝6.83 元人民币。

(2)6 月 29 日，支付手续费 30 美元。当日汇率为 1 美元＝6.85 元人民币。

(3)6 月 29 日，收到信用卡结算单，当即通过工商银行高新支行付清全部款项。当日汇率为 1 美元＝6.85 元人民币。

要求：根据以上经济业务，编制会计分录。

解析：

(1)借：在途物资　　　　　　　　　　　　　　　　　　　　18 441

　　　贷：其他货币资金——国际信用卡（USD 2 700×6.83）　　　　18 441

(2)借：财务费用——手续费　　　　　　　　　　　　　　　205.5

　　　贷：其他货币资金——国际信用卡（USD 30×6.85）　　　　　205.5

(3)借：其他货币资金——国际信用卡　　　　　　　　　　　18 646.5

　　　财务费用——汇兑损益　　　　　　　　　　　　　　54.0

　　　贷：银行存款——工商银行高新支行（USD 2 730×6.85）　　　18 700.5

【课堂练习】　杭州纳可公司在 B 平台向美国客户购买葡萄酒 500 瓶。9 月发生以下经济业务。

(1)9 月 5 日，通过国际信用卡支付购买葡萄酒的价款 3 600 美元。当日汇率为 1 美元＝7.00 元人民币。

(2)9月7日，支付手续费20美元。当日汇率为1美元＝6.98元人民币。

(3)9月25日，收到信用卡结算单，当即通过工商银行西湖支行付清全部款项。当日汇率为1美元＝7.05元人民币。

要求： 根据以上经济业务，编制会计分录。

思政案例

2021年10月8日，湖北省黄冈市公安局收到省厅经侦总队下发的李某等人涉嫌洗钱犯罪线索，经过研判发现李某等人是一个涉嫌以跨境电商公司名义非法经营地下钱庄的犯罪团伙。2021年12月29日，省公安厅将此案指定黄冈市公安局管辖。

2022年6月8日至10日，专班民警30余人远赴广东深圳开展第一批收网行动。在当地警方的配合下，成功摧毁一地下钱庄窝点，抓获李某、江某、赵某等犯罪嫌疑人6名。

经查，2016年10月至2019年5月期间，以犯罪嫌疑人江某等人为首的非法经营团伙通过非法买卖外汇进行牟利。江某等人使用他人的身份信息在境内开设公司，以公司名义与国内多家第三方支付结算机构签订跨境支付合作协议，再寻找目标客户，使用该团伙控制的公司帮助客户进行非法买卖外汇交易。完成交易后，江某等人则按照一定的比例收取手续费。现已查明该团伙非法向境外转移资金高达20余亿元，江某等人从中非法获利数百万元。目前，李某、江某等6名犯罪嫌疑人已全部被采取刑事强制措施。

最高人民法院、最高人民检察院联合发布《关于办理非法从事资金支付结算业务、非法买卖外汇刑事案件适用法律若干问题的解释》，规定实施倒买倒卖外汇或者变相买卖外汇等非法行为，扰乱金融市场秩序，情节严重的，以非法经营罪定罪处罚。

资料来源：平安湖北．地下钱庄非法向境外转移资金20余亿元，6名犯罪嫌疑人被抓[EB/OL]．搜狐网，2022-06-30．（有修改）

思考： 根据本案例的内容，结合司法解释，谈谈你对依法通过第三方支付的认识。

项目小结

亲爱的同学，你已经完成了项目二的学习，相信你已经对进出口业务中经常使用的价格术语FOB、CFR和CIF有了一定的了解。价格条款是买卖合同中必不可少的合同条款。合同成交价格是以商品的进出口成本为基础，无论是离岸价、到岸价还是其他价格，都需要按照买卖合同价格予以结算并办理收付款。

商品的进出口成本中包含物流费用、佣金、保险费等，费用的高低决定了企业的进出口业务的盈利能力。目前，跨境电商B2B适用的物流方式主要有海洋运输、铁路运输、公路运输和航空运输。跨境电商B2C适用的物流方式主要有邮政物流、国际快递等。不同物流运输方式的费用也不同。

根据不同的企业类型和业务类型，企业选择不同的结算方式。跨境电商B2B适用的结算方式包含电汇、托收和信用证，跨境电商B2C适用的结算方式主要有汇款、网上银行转账、货到付款和第三方支付。

下面请进入"项目训练"，一方面巩固项目二所学内容，另一方面为后续课程的学习打下坚实的基础。

项目训练

一、单项选择题

1. 跨境电商 B2B 在出口合同中，采用成交方式最多的是（　　）。

A. FOB　　　　　　B. CIF　　　　　　C. CFR　　　　　　D. FAS

2. 跨境电商 B2B 在实际业务操作中，在 FOB 贸易方式下，买方常委托卖方代为租船、订舱，其费用由买方负担。如到期订不到舱，租不到船，则（　　）。

A. 卖方不承担责任，风险由买方承担

B. 卖方承担责任，风险由买方承担

C. 买卖双方共同承担责任和风险

D. 买卖双方均不承担责任，合同停止履行

3. 中国邮政小包适合 B2C 运输，包裹重量一般不超过（　　）。

A. 1 kg　　　　　　B. 2 kg　　　　　　C. 2.5 kg　　　　　　D. 1.5 kg

4. 在国际贸易中，中间商的收入称为（　　）。

A. 服务费　　　　　　B. 收益　　　　　　C. 佣金　　　　　　D. 折扣

5. T/T 是指（　　）。

A. 提单　　　　　　B. 电汇　　　　　　C. 信用证　　　　　　D. 银行保函

6. 跨境电商 B2B 出口货物后申请出口退税，备案单证应在出口退（免）税后（　　）天内办理单证备案。

A. 7 日　　　　　　B. 15 日　　　　　　C. 21 日　　　　　　D. 5 年

7. 累计佣金无法认定到具体某笔出口销售额的，则应计入"（　　）"账户。

A. 应收账款　　　　B. 销售费用　　　　C. 主营业务收入　　　D. 应付账款

8. 在跨境电商 B2B 业务中，（　　）支付方式有利于买方，买方的费用低、风险小。

A. 信用证　　　　　　B. 托收　　　　　　C. 电汇　　　　　　D. 国际信用卡

9. 在 CIF 贸易方式下，出口方收到国外客户的货款中包含保险的费用，实际支付的保险费用在账务中冲减（　　）。

A. 出口销售收入　　B. 营业费用　　　　C. 财务费用　　　　D. 应收账款

10. 跨境电商 B2B 物流主要采取海洋运输中的（　　）运输方式，计费标准为"W/M"。

A. 租船运输　　　　B. 班轮运输　　　　C. 国际快递　　　　D. 邮政物流

二、多项选择题

1. 跨境电商海洋运输出口合同中的成交方式包括（　　）。

A. FOB　　　　　　B. CIF　　　　　　C. CFR　　　　　　D. EXE

2. 按照货物外包装情况，可以分为（　　）运输和（　　）运输。

A. 散装货　　　　　B. 集装箱货物　　　C. 班轮　　　　　　D. 租船

3. 国际货物运输跨境 B2B 运输，运输方式主要有（　　）。

A. 海洋运输　　　　B. 铁路运输　　　　C. 公路运输　　　　D. 航空运输

4. CIF 贸易方式下包括(　　　)。

　　A. 成本　　　　　　B. 保险费　　　　　C. 运费　　　　　　D. 城建税

5. 我国对外贸易铁路运输包括(　　　)。

　　A. 国际铁路联运　　　　　　　　　B. 对港澳地区的铁路运输

　　C. 公路运输　　　　　　　　　　　D. 航空运输

6. 跨境物流的国外运费账务处理涉及的会计科目主要有(　　　)。

　　A. 主营业务收入　　B. 应付账款　　　C. 银行存款　　　　D. 营业费用

7. 佣金分为(　　　)。

　　A. 明佣　　　　　　B. 暗佣　　　　　C. 累计佣金　　　　D. 议付佣金

8. 传统跨境 B2B 贸易中,实际操作中常用的现汇结算的支付方式包括(　　　)。

　　A. 汇款　　　　　　B. 托收　　　　　C. 信用证　　　　　D. 第三方支付

9. 跨境电商 B2C 业务通过(　　　)完成资金收付。

　　A. 第三方支付　　　B. 西联汇款　　　C. 国际信用卡　　　D. PayPal

10. 出口货物运输的单据主要有(　　　)。

　　A. 海运提单　　　　B. 航空运单　　　C. 铁路运单　　　　D. 货物承运收据

三、判断题

1. 在 B2B 进出口业务中,进口以 CIF 贸易方式成交的最多。　　　　　　　(　　　)

2. 以 CIF 出口一批货物,途中船舶触礁导致货物灭失,买方可以不付款。　(　　　)

3. 汇款方式是一种对买卖双方均有较大风险的支付方式。　　　　　　　　(　　　)

4. 计费标准为"W/M"的货物,按货物的重量吨和体积吨二者择大者计费。　(　　　)

5. 托收需要借助银行才能实现货款的收付,属于银行信用。　　　　　　　(　　　)

6. 信用证方式能够保证销售方安全收款,在跨境 B2B 大额支付场景中使用较多。

　　　　　　　　　　　　　　　　　　　　　　　　　　　　　　　　　(　　　)

7. 信用证的标的是单据,可以说在信用证方式下,银行与受益人从事的是单据买卖活动。　　　　　　　　　　　　　　　　　　　　　　　　　　　　　　　　(　　　)

8. 用净价计算含佣价,其中的净价一定是 FOB 价。　　　　　　　　　　　(　　　)

9. 暗佣的支付方式有议付佣金和汇付佣金有两种。在实际工作中,以汇付比较常见。全额收到货款后再支付给中间商。　　　　　　　　　　　　　　　　　　　(　　　)

10. 包装单据的主要内容有货物的毛重(gross weight)、净重(net weight)和尺码(measurement)。毛净重以"CBM"表示,尺码以"KGS"表示。　　　　　　　(　　　)

四、业务核算题

1. 我国甲公司采用跨境电商 B2B 方式出口 LED 灯,成交方式为 CFR 含佣 2%。该批货物的总值为 10 000 美元,运费为 700 美元。

　　要求:计算该笔交易的 FOB 价。

2. 我国乙公司的 A 商品对外报价为 CIF 纽约 1 500 美元/吨,外商要求改报 4%含佣价。

　　要求:在保证我方净收入不变的情况下,计算含佣价。

3. 两企业通过电商平台出口到 W 港口门锁一批,共计 100 箱,每箱体积为 20 cm×30 cm×40 cm,毛重为 25 kg。燃油附加费为 30%,港口拥挤附加费为 10%。门锁属于小五金类,计费标准是"W/M",等级为 10 级,基本运费为每运费吨 443.00 美元。

要求:计算该批货物的运费。

4. 丁公司的 B 商品对外报价为 CIF 西班牙马德里每箱 70 美元,国外客户要求改报 CFR 马德里,并给予 3% 佣金。已知保险费率为 1.03%,按发票金额的 110% 投保。

要求:计算该批货物 CFR 马德里含佣价。

五、案例分析题

2021 年 1 月 8 日,卢某以江西省 A 体育用品有限公司的名义,委托厦门 B 报关有限公司以一般贸易方式申报出口货物一批,报关单号为 371120210000006947,申报品名为休闲鞋,申报商品编号为 6403990090,申报数量为 11 295 双,申报总价为 135 540 美元。经厦门海关现场查验及理货,发现实际货为 LK 休闲鞋 2 664 双,其他休闲鞋 132 双,实际货值 33 552 美元。另有蚊香、菠萝包、宠物零食猫用慕斯罐头、摩托车配件等 218 项货物未申报,实际货值 353 304.08 元人民币。其中,蚊香、西洋参等 7 项货物需要提供《农药进出口登记管理放行通知单》《濒危物种允许出口证明书》等出口许可证件,货物价值 51 729.6 元人民币;菠萝包等 89 项货物系法定检验商品,货值 13 708 元人民币;宠物零食猫用慕斯罐头等 7 项货物应申报动植物产品检疫,货值 1 651.2 元人民币。上述行为影响国家出口退税管理,同时还导致该票货物中菠萝包等 89 项货物逃避进出口商品检验,宠物零食猫用慕斯罐头等 7 项货物未申报动植物检疫,瞒报蚊香等 7 项限制出境货物的行为构成走私。

分析:

(1)本案例中 A 公司构成哪些违法事实?

(2)查找相关资料,指出 A 公司违法犯法的法律后果。

项目三

折算外币业务

📖 职业能力目标

1. 了解外汇的不同分类方法。
2. 理解外币本位币的内容。
3. 掌握汇率的标价方法。
4. 掌握外汇管制的内容。
5. 掌握外币业务核算的内容。

🔍 典型工作任务

1. 能够结合行业特点和管理要求，在制度允许范围内选择外汇核算方法。
2. 能够计算具体外汇业务中的汇兑损益。
3. 能够对各种外汇收支业务进行账务处理。
4. 能够根据不同的业务范围选择适当的汇率并进行账务处理。

📨 相关案例导入

人民币贬值对企业出口的影响

随着跨境出口企业在海外市场不断拓展，外汇风险管理逐渐成为企业关注的重点。出口型企业从接订单到收到最后一笔尾款，往往要4~6个月的周期，包括采购原材料、生产、加工及最后成品运输等。从资金流向来看，跨境出口业务导致资金流入。例如，A跨境出口企业是主做出口业务，在国内以人民币采购原料及商品，出口海外后以外币形式收款，这就导致了海外子公司收到的外币除了支付一些本地物流、营销、人员管理等成本之后，要快速转移回国内，用于支付采购和其他各种费用。在这种模式下，外币资金在结汇过程中不可避免受到汇率波动的影响。

2022年1月至3月，人民币汇率总体稳定在6.35水平波动；4月至12月，受国内外复杂因素影响，人民币汇率经历了两轮快速贬值；4月至10月，人民币最低贬至7.33；11月至12月，人民币贬值至6.9附近。海关数据统计显示，2022年上半年，我国外贸出口总额为30 791.2亿美元，同比增长10.3%。

从进出口地区结构来看，我国2022年上半年外贸总额仍保持两位数增长，欧盟和"一带一路"合作伙伴表现亮眼。2022年上半年，前五大贸易伙伴依次为东盟、欧盟、美国、韩国和日本。从我国经济历史数据来看，外贸依然是拉动我国经济增长的重要引擎之一。随着越来越多的企业和产品走出国门，汇率对于企业利润的影响加大。

思考： 影响外汇汇率的因素有哪些？如何确定本币是贬值还是升值？

▶ 任务一　了解外汇的相关知识

一、外汇

（一）外汇的含义

《中华人民共和国外汇管理条例》第三条规定，本条例所称外汇，是指下列以外币表示的可以用作国际清偿的支付手段和资产，主要包括：①外币现钞，包括纸币、铸币；②外币支付凭证或者支付工具，包括票据、银行存款凭证、银行卡等；③外币有价证券，包括债券、股票等；④特别提款权；⑤其他外汇资产。

（二）外汇的分类

1. 自由外汇与记账外汇

按限制不同，外汇可以分为自由外汇与记账外汇。

（1）自由外汇。自由外汇又称现汇，是指不需要货币当局批准，可以自由兑换成任何一种外国货币或用于第三国支付的外国货币及其支付手段。换句话说，凡在国际经济领域可自由兑换、自由流动、自由转让的外币或外币支付手段，均称为自由外汇。

（2）记账外汇。记账外汇又称协定外汇，是指不经货币当局批准，不能自由兑换成其他货币或用于第三国支付的外汇。它是签有清算协定的国家之间，由于发生进出口贸易而产生的债权债务，不用现汇逐笔结算，而是通过当事国的中央银行账户相互冲销所使用的外汇。虽然记账外汇不能自由使用，但它也代表国际债权债务，往往签约国之间的清算差额也要用现汇进行支付。

2. 贸易外汇与非贸易外汇

按来源和用途不同，外汇可以分为贸易外汇与非贸易外汇。

（1）贸易外汇。贸易外汇是对外贸易中商品进出口及其从属活动所使用的外汇。商品进出口伴随着大量的外汇收支，同时从属于商品进出口的外汇收支还包括运费、保险费、样品费、宣传费、推广费，以及与商品进出口有关的其他费用。

（2）非贸易外汇。非贸易外汇是指除了进出口贸易和资本输出（输入）以外的其他各方面所收付的外汇。一般来说，非贸易外汇是一国外汇的次要来源与用途，主要包括：①劳务外汇、侨汇、捐赠外汇和援助外汇等；②旅游、旅游商品、宾馆饭店、铁路、海运、航空、邮电、港口、海关、银行、保险、对外承包工程等方面的外汇收支；③个人和团体（公派出国限于与贸易无关的团组）出国差旅费、图书、电影、邮票、外轮代理和服务所发生的外汇收支。

3. 即期外汇与远期外汇

按交割期限不同，外汇可以分为即期外汇与远期外汇。

(1)即期外汇。即期外汇是指外汇买卖成交后在 2 个工作日内交割完毕的外汇。交割是指本币所有者与外币所有者互相交换其本币的所有权和外币的所有权的行为，即外汇买卖中的实际支付。

(2)远期外汇。远期外汇是指买卖双方根据外汇买卖合同，不立即进行交割，而是在将来某一时间(在 2 个工作日以后)进行交割的外汇。远期外汇通常是由国际贸易结算中的远期付款条件引起的，买卖远期外汇的目的主要是避免或减少由于汇率变动所造成的风险损失。远期外汇的交割期限从 1 个月到 1 年不等，通常是 3~6 个月。

4. 居民外汇与非居民外汇

按管理对象不同，外汇可以分为居民外汇与非居民外汇。

(1)居民外汇。居民外汇是指居住在本国境内的机关、团体、企事业单位、部队和个人，以各种形式所持有的外汇。居民通常是指在某国或地区居住期达 1 年以上者，但外交使节及国际机构工作人员不能列为居住国居民。目前，我国境内个人结售汇实行每人每年等值 5 万美元的年度总额管理。购汇后提取现钞的，每日提钞限额为等值 1 万美元。

(2)非居民外汇。非居民外汇是指暂时在某国或某地区居住者(如外国侨民、旅游者、留学生、国际机构和组织的工作人员及外交使节等)以各种形式持有的外汇。

📅 相关链接

个人外汇管理

个人外汇业务按交易性质不同，可以分为经常项目和资本项目。经常项目下的个人外汇业务按照可兑换原则管理，资本项目下的个人外汇业务按照可兑换进程管理。

1. 个人经常项目下的外汇收支管理

个人经常项目下的外汇收支主要包括：旅游和商务、劳务收入和支出、学费和生活费、私人转账和其他收支。此部分需要按照国家外汇管理规定进行申报和结算，以保证外汇收支的合规性和合理性。

(1)旅游和商务是个人经常项目下外汇收支的主要部分，包括个人出国旅游、商务考察、参加国际会议等活动产生的外汇收支。

(2)劳务收入和支出主要包括个人在国外工作、提供劳务所获得的收入，以及个人在国内雇佣外籍人员、购买国外劳务所产生的支出。

(3)学费和生活费主要包括个人出国留学、进修、研究所产生的学费和生活费支出，以及个人在国内接受外国留学生、进修生、研究生所产生的学费和生活费收入。

(4)私人转账主要包括个人之间的资金转账，如亲属赠与、遗产继承、婚嫁礼金等。

(5)其他收支主要包括个人购买国外保险，支付国外医疗费用，购买国外版权、专利权等所产生的外汇收支。

个人外汇收支管理遵循经常项目可兑换的总体原则，立足于满足个人正当合理的用汇需求，采用额度管理的方式。目前，对于个人结汇和境内个人购汇实行年度总额管理，年度总额为每人每年等值 5 万美元，国家外汇管理局根据国际收支状况对年度总额进行调整。个人经常项目下外汇收支分为经营性外汇收支和非经营性外汇收支。对于个人开展对外贸易产生的经营性外汇收支，视同机构按照货物贸易的有关原则进行管理。

2. 个人资本项目下的外汇收支管理

个人外汇资本项目是指国际收支中因资本输出和输入而产生的资产与负债的增减项目，包括直接投资、各类贷款、证券投资等项目。随着近年来出国留学、移民人员的增多，境内个人在境外买房、投资等方面的需求增加，境外个人在境内买房、购买股权等行为时有发生。这些资本项目下的外汇交易行为按照资本项目的管理原则和相关政策办理。

(1)境内个人购买 B 股，进行境外权益类、固定收益类及国家批准的其他金融投资，应当按照相关规定通过具有相应业务资格的境内金融机构办理。

(2)境内个人向境内保险经营机构支付外汇人寿保险项下的保险费，可以购汇或以自有外汇支付。

(3)境内个人在境外获得的合法资本项目收入，经外汇局核准后可以结汇。

(4)境内个人对外捐赠和财产转移需购付汇的，应当符合有关规定并经外汇局核准。

(5)境内个人向境外提供贷款、借用外债、提供对外担保和直接参与境外商品期货、金融衍生产品交易，应当符合有关规定并到外汇局办理相应登记手续。

(6)境外个人购买境内商品房，应当符合自用原则，其外汇资金的收支和汇兑应当符合相关外汇管理规定。境外个人出售境内商品房所得人民币，经外汇局核准后可以购汇汇出。

(7)除国家另有规定外，境外个人不得购买境内权益类和固定收益类等金融产品。境外个人购买 B 股，应当按照国家有关规定办理。

(8)境外个人在境内的外汇存款应纳入存款金融机构短期外债余额管理。

(9)境外个人对境内机构提供贷款或担保，应当符合外债管理的有关规定。

(10)境外个人在境内的合法财产对外转移，应当按照个人财产对外转移的有关外汇管理规定办理。

【工作实例 3-1】　高某打算出国留学，每年需支付学费 65 000 美元、房租费 35 000 美元。考虑到每人每年的汇款总额是 50 000 美元，所以高某父母各自向高某的境外账户汇款 50 000 美元。

要求：试分析高某父母的做法是否符合规定。如不符合，应如何办理此业务？

解析：根据国家规定，购汇超过 50 000 美元时，不可以借用其他人的额度购汇。无论是将自己的额度借给他人还是借用他人的额度给自己，都是违规的，将被列入"关注名单"。对于存在分拆结售汇等违规行为的个人将被列入"关注名单"管理。列入"关注名单"后的当年及之后两年，将不享受年度便利化额度，相关信息依法纳入征信记录。因此，高某父母的做法不符合规定，不能拆分留学费用给高某汇款。

根据国家规定，对于留学、旅游、就医等外汇管理中的可兑换项目，只要按规定提供相关证明材料，在购汇时如实填写购汇用途就可以在银行办理购汇。高某只需如实填写购汇用途，就可以办理 100 000 美元的汇款。需要注意的是，如果购汇用途和实际用途不一致，银行审查时会影响资金的汇出。

【课堂练习】 2023 年 11 月，A 银行收到一笔境外 G 公司汇给境内个人朱某的汇款，金额为 49 900 美元。A 银行审核相关材料后，确认该笔款项为朱某的佣金，为其入账。

要求：试分析朱某收取的该笔佣金是否符合规定。如不符合，请说明理由。

(三)外汇管制

外汇管制有狭义与广义之分。狭义的外汇管制是指一国政府对居民在经常项目下的外汇买卖和国际结算进行的限制，广义的外汇管制是指一国政府对居民和非居民的涉及外汇流入和流出的活动进行限制性管理。授权有关货币金融当局(一般是中央银行或专门的外汇管理机构)，对国际结算、外汇收支和买卖及汇价等外汇业务活动实行控制与管理，可以有效地使用外汇，防止利用外汇投机，限制资本流出或流入，改善国际收支和稳定汇率。

外汇管制是国际经济关系发展到一定阶段的产物，当前世界各国为了平衡国际收支、应对国际金融领域中的不稳定因素，都不同程度地实行外汇管制。

1. 外汇管制的机构

我国外汇的主管机构是国家外汇管理局及其分支机构。国家外汇管理局根据企业外汇收支的合规性与其货物进出口的一致性，将企业分为 A、B、C 三类。

(1)A 类企业。进口付汇单简化，可凭进口报关单、合同、发票等任何一种能够证明交易真实的单据在银行直接办理付汇；出口收汇无须联网核查，银行办理收汇审核手续简单。

(2)B 类和 C 类企业。在单证审核、业务类型及办理程序、结算方式等方面实施审慎监管。B 类企业贸易外汇收支由银行实施电子数据核查，C 类企业贸易外汇收支需经外汇管理局逐笔登记后办理。

外汇管理局根据企业在分类监管内遵守外汇管理规定的情况，实施动态管理。A 类企业违反外汇管理规定，将被降级为 B 类或是 C 类企业；B 类企业在分类管理监管中合规性状况未见好转的，将延长分类监管或被降为 C 类企业；B 类、C 类企业在分类监管期内守法合规经营的，分类期满后可升级为 A 类企业。

2. 外汇管制的具体内容

(1)外汇管理局实行"贸易外汇收支企业名录"登记管理。具有真实货物贸易外汇收支业务需求的企业，需向所在地外汇管理局提交相关材料，申请办理名录登记。国家外汇管理局实行"贸易外汇收支企业名录"登记管理，统一向金融机构发布名录。金融机构不得为不在名录的企业直接办理贸易外汇收支业务。也就是说，只有登记在案企业，才能允许发生外汇收付行为。

(2)企业办理"贸易外汇收支企业名录"登记。企业人员登录国家外汇管理局数字外管平台，初次使用需要进行注册，单击"法人注册(政务服务业务)"，办理此业务。

相关链接

对电商企业的监管

外汇局监测系统中对电商企业的管理主要包括总量核查和明细核对。

(1)总量核查。核查一定时期内通过跨境电商"单一窗口"平台的进出口数据与外汇局监测系统中的跨境电商收付汇数据总量是否基本一致。实现总量核查，应以跨境电商"单一窗口"平台物流数据和资金流数据完备为前提条件，"单一窗口"平台应将跨境电商企业进出口物流数据实时传输给外汇局。

（2）明细核对。总量核查发现"单一窗口"平台物流数据与外汇局监测系统中"DS"收付汇数据偏离较大，或外汇局在日常监测中发现某一电商收付汇数据出现异常波动时，可就单个跨境电商企业开展明细核对。

（3）对经常项目外汇收支的管理。经常项目是指国际收支中涉及货物、服务、收益及经常转移的交易项目等。在经常项目下发生的外汇收支，就是经常项目外汇收支。

①经常项目外汇收支管理的一般规定。经常项目外汇收入实行意愿结汇制。经常项目外汇收入，可以按照国家有关规定保留或者卖给经营结汇、售汇业务的金融机构。经常项目外汇支出，应当按照国务院外汇管理部门关于付汇与购汇的管理规定，凭有效单证以自有外汇支付或向经营结汇、售汇业务的金融机构购汇支付，无须审批。经常项目外汇收支需有真实、合法的交易为基础。在坚持经常项目可兑换的基础上，把握"交易真实合法"的本质，建立"宏观审慎、微观合规"的货物贸易外汇管理原则。人民币经常项目可兑换后，对企业和个人经常项目下用汇的管理，主要体现为对外汇收支及汇兑环节的真实性审核。经营结汇、售汇业务的金融机构应当按照国务院外汇管理部门的规定，对交易单证的真实性及其与外汇收支的一致性进行合理审查。

②经常项目下的贸易外汇收支管理的其他规定。企业应当按照"谁出口谁收汇、谁进口谁付汇"的原则办理贸易外汇收支业务。企业应当根据贸易方式、结算方式及资金来源或流向，凭相关单证在金融机构办理贸易外汇收支，并按规定进行贸易外汇收支信息申报。金融机构应当查询企业名录和分类状态，按规定进行合理审查，并向外汇局报送贸易外汇收支信息。

跨境电商企业可以在"单一窗口"平台，实现数据"三流合一"的基础上，办理跨境电商出口业务资金结算。企业扣减出口货物在境外发生的仓储、物流、税收等费用后办理出口收汇。电商业务系统与外汇局货物贸易外汇监测系统相连，可查询外汇收支名录状态、企业网上办理货物贸易外汇业务报告及国际收支申报。银行可凭线上电子订单、物流等交易电子信息，为跨境电商主体提供结售汇及相关资金收付服务。

（4）对境内居民和非居民的外汇管理。

①对境内居民个人的外汇管理。境内居民个人是指居住在中华人民共和国境内的中国人、定居在中华人民共和国境内的外国人（包括无国籍人），以及在中国境内居住满1年的外国人及港澳台同胞。居民个人外汇收入主要包括经常项目外汇收入和资本项目外汇收入。居民个人从境外获得外汇收入，可以自由支配。如需兑换成人民币，需要提交有关证明材料。居民个人存放在国内或国外的外汇，准许持有和存入或卖给银行，但不准私自买卖。居民个人外汇支出主要包括经常项目外汇支出和资本项目外汇支出。居民因私兑换外汇需遵守有关规定。境内个人年度累计不超过50 000美元的，凭本人有效身份证件在银行办理，或通过网银提交《个人购汇申请书》直接购汇；超过50 000美元的，凭本人有效身份证件和有交易额的相关证明材料在银行办理。

②对境内非居民个人的外汇管理。境内非居民个人是指外国自然人（包括无国籍人）、

港澳台同胞和持中华人民共和国护照但已取得境外永久居留权的中国自然人。非居民获得境外汇入的外汇或携入的外币现钞，可以自己持有，也可以按照有关规定存入银行、提取外币现钞或办理结汇。非居民个人在境内银行开立外汇账户时，应遵循存款实名制原则。非居民个人需将现汇账户和现钞账户内的存款汇出境外时，直接到银行办理，并填写《非居民个人外汇收支情况表》。

(5)外汇管理局对金融机构和企业经营外汇业务的管理。

①银行落实"展业三原则"审查外汇业务，对业务真实性和合规性进行审核。外汇管理局要求银行按照"展业三原则"审查外汇业务。"展业三原则"是指银行开展业务时，要遵循"了解客户""了解业务""尽职审查"的原则，审查企业贸易收支是否真实、合法，审查企业的贸易(含转口贸易，下同)收付款是否具有真实、合法的进出口或生产经营交易基础。跨境电商企业不得虚构贸易背景，利用银行信用办理跨境收支业务。银行通常将"了解客户"要求和具体监管要求落实为四大类措施，即对客户的政策、对客户身份识别程序、交易监督和风险管理。

②银行配合外汇管理局对跨境电商企业贸易外汇收支分类管理。外汇管理局根据跨境电商企业遵守外汇管理规定的情况，将其分为 A、B、C 三类，实施分类管理。在分类管理有效期内，对 A 类企业的货物贸易外汇收支，银行适用便利化的管理措施；对 B 类和 C 类企业的货物贸易外汇收支，银行在单证审核、业务类型及办理程序、结算方式等方面实施审慎监管。

③银行、企业违反外汇管理条例，外汇管理局会加大处罚力度。外汇管理局会依照《中华人民共和国外汇管理条例》等法规对违规银行和企业给予不同处罚。跨境电商企业通过伪造、变造凭证和商业单据或重复使用凭证和商业单据从事虚假贸易，将外汇汇入境内的，以非法流入定性处罚；将外汇收入结汇的，以非法结汇定性处罚；骗购外汇的，以非法套汇定性处罚；将境内外汇汇往境外的，以逃汇定性处罚；构成犯罪的，依法追究刑事责任。

3. 货物贸易业务系统申报

国家外汇管理局对企业的贸易外汇管理方式由现场逐笔核销变为非现场总量核查。国家外汇管理局通过货物贸易外汇监测系统，全面采集企业货物进出口和贸易外汇收支数据，定期比对，评估企业货物流与资金流总体匹配情况，对存在异常的企业进行重点监测，必要时实施现场核查。

国家外汇管理局通过账户系统或跨境资金监测系统获得收汇企业或个人收汇数据，通过货贸系统样本组获得自行收汇企业客户的收汇数据，对自行收汇客户总量数据与外综服企业报送的出口数据进行核算分析。对总量差额大于 50 万美元且总量差额率低于−20%或高于 20% 的自行收汇企业开展明细核对。

4. 国际收支统计申报

国际收支统计数据是编制国家国际收支平衡表和国际投资头寸表的重要数据来源，是国家进行宏观经济决策的重要依据，同时也为地方政府了解和掌握涉外经济现状、分析和预测发展趋势、作出正确决策等提供依据。进行国际收支统计申报是我们每个公民应尽的义务。《国际收支统计申报办法》中规定，任何单位和个人通过境内银行发生的涉外收付款，都应当通过银行向外汇管理部门逐笔申报其交易内容，履行国际收支申报义务。

📅 **相关链接**

国际收支网上申报流程

第一步：在外汇管理局网站找到"国际收支申报"页面，开始办理业务。

第二步：打开并登录"国家外汇管理局应用服务平台"。

第三步：单击"国际收支网上申报系统（企业版）"，进入"申报信息录入列表"。

第四步：单击待申报业务条目的申报号码，进入业务申报信息录入页面。

第五步：在录入页面，除了系统自动生成的页面外，外贸企业需自行填写付款人常驻国家（地区）代码或名称（即为进口商所在国家名称）、本币交易是否为保税货物项下收入（统一选"否"）、交易编码（统一选择"一般贸易收入"）、相应币种及金额（"币种"是系统自动生成的，企业只需填写合同金额）、交易附言（统一填写"一般贸易收入"）等信息。

第六步：单击"保存"，如果信息无误的话，系统会提示"国际收支网上申报已提交"，随后该业务也将在申报信息录入列表中消失。

国际收支申报系统是一个由国家外汇管理局开发的，与货物贸易业务系统共用国家外汇管理局网上服务平台的电子系统。国际收支申报系统主要操作模块有"申报单管理""基础档案管理""公共数据查询""工作日查询"等。其中，"申报单管理"模块是对出口收入进行申报的工具模块，每一笔出口收入都要在本模块录入后向外汇管理局进行申报。申报单分为涉外收入申报单与境内收入申报单，企业根据收入的途径分别进行申报。

📅 **相关链接**

国际收支申报

按照国家相关管理要求，跨境电商企业在办理外汇业务的同时，需要进行国际收支统计申报，发生对外付款的企业可委托银行代为申报。申报的时间应在解付银行解付之日，或结汇中转行结汇之日后五个工作日内。

国际收支网上申报是国家外汇管理局为实现国际收支平衡、履行管理信息系统的数据采集功能、促进申报主体自主申报而推出的一种国际收支申报形式。在实际申报过程中，由于平台功能复杂、企业软硬件设备各异等原因，跨境电商企业财务人员可能会遇到一些操作细节问题，下面选取部分关键问题进行说明。

在使用前，应当确保计算机软硬件能与平台正常配合，确保网络流畅，对浏览器进行必要的相关设置。企业如果在使用"数字外管"平台进行国际收支网上申报时，遇到"重定向次数过多""不能正确地重定向""无法显示此页面"等提示，以及页面显示空白、不全、单击"保存"无反应、下拉框无法使用、国别代码无法自动带出等问题，企业需对操作网页浏览器进行设置。具体设置可参考"国家外汇管理局数字外管平台"登录首页公告《关于试用浏览器一键设置工具的通知》，下载附件进行调试。

国际收支网上申报系统（企业版）部署在国家外汇管理局网上服务平台（见图3-1）。在首页右侧"用户登录框"中，依次输入机构代码（统一社会信用代码第9～第17位）、用户代码和用户密码后登录系统。

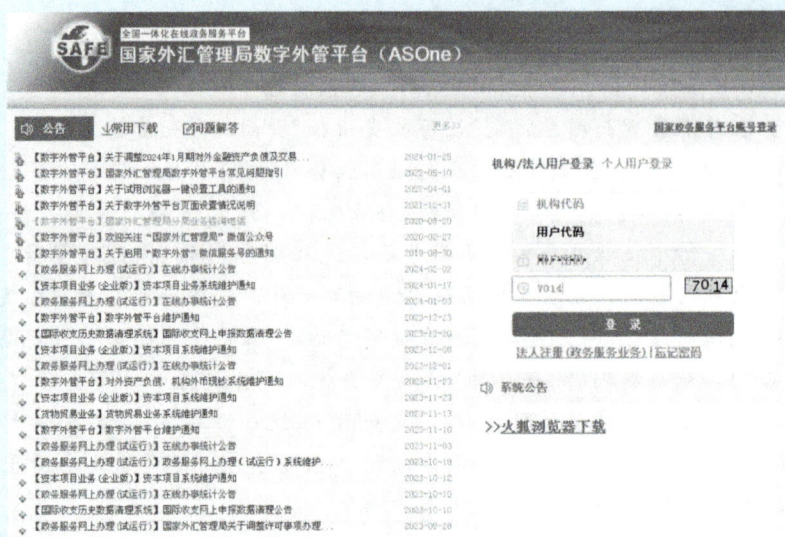

图 3-1 "国家外汇管理局数字外管平台"登录页面

如遇忘记密码等问题，可通过联系管理员进行重置。企业在该平台的管理员和业务操作员忘记密码，企业可登录自身管理员账号，为业务操作员重置密码。企业遗失其管理员密码，应向任意一家经办银行申请重置密码。企业开通网上申报功能后，使用银行提供的初始密码登录管理员，系统提示密码错误，出现这种原因可能是企业曾开通过该平台的网上业务（如货物贸易外汇业务），并且修改过管理员登录密码，则应使用修改过的密码登录系统。

当企业已在 A 银行开通网上申报功能，后通过 B 银行收到涉外收入款项，无须到 B 银行开通网上申报功能，直接可以通过该平台办理国际收支网上申报。

在国际收支网上申报系统申报涉外收入，企业通过平台随时跟踪查看单笔申报记录（见图 3-2），也可以选择查看近期的申报记录，以免申报有遗漏。

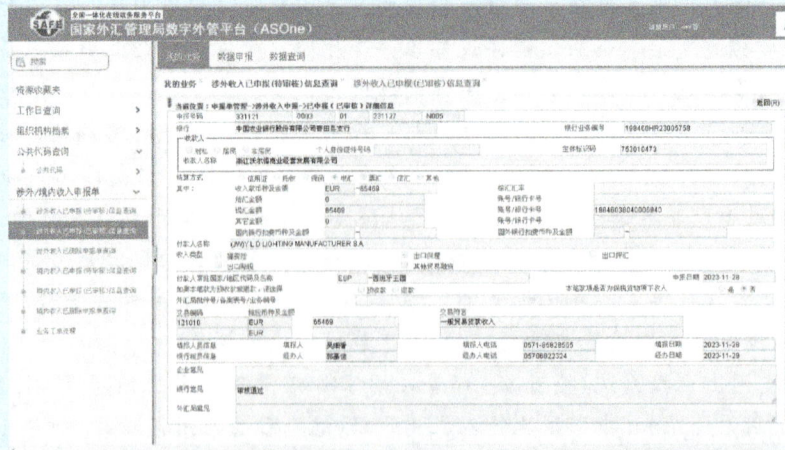

图 3-2 单笔申报查询

二、汇率

(一)汇率的含义

汇率又称汇价,是两国货币的相对比价,也就是用一国货币同另一国货币兑换的比率。例如,USD/CNY 6.82,表示1美元等于6.82元人民币,在这里美元是单位货币,人民币是计价货币。

外汇牌价是外汇指定银行外汇兑换牌价,是各银行根据中国人民银行公布的人民币市场中间价及国际外汇市场行情,制定的各种外币与人民币之间的买卖价格。外汇牌价实时变动,可能同一天中牌价也有所不同。

(二)汇率的种类

1. 根据银行买卖外汇的汇率分类

(1)买入汇率(买入价)。买入汇率是指银行向客户买入外汇时所使用的汇率。我国在采用直接标价法报价时,银行报出的外币的两个本币价格中,前一个价格就是买入价。

(2)卖出汇率(卖出价)。卖出汇率是指银行向客户卖出外汇时所使用的汇率。我国在采用直接标价法时,银行报出的外币的两个本币价格中,后一个价格是卖出价。

📅 相关链接

常见的外汇牌价

在我国,外汇牌价采取人民币直接标价方法,即以一定数量的外币折合多少人民币挂牌公布。每一种外币都要公布四种牌价,即现汇买入价、现汇卖出价、现钞买入价、现钞卖出价。现汇买入价是银行买入现汇时的牌价,现汇卖出价是银行卖出现汇时的牌价,现钞买入价是银行买入外币现钞时的牌价,现钞卖出价则是银行卖出外币现钞时的牌价。

通常,银行的现汇买入价比现钞买入价要高一点。客户把现汇卖给银行,就是客户将在国外银行的外汇存款卖给银行,也就意味着客户将外汇存款转移到银行的名下,银行只要做相应的账务处理就可以得到这笔在国外银行的外汇存款,并可以马上开始计算利息。

银行买入现钞后要承担更高的成本费用。银行买入现钞后不能在交易的当地流通使用,需要把现钞运往国外。所以在这种方式下,银行不仅不能立即获得存款和利息,还要支付保管现钞的费用。等到现钞积累到足够的数量,银行才能把这些外币现钞运送到国外,存放在国外的银行里。直到此时,银行才能获得国外银行的外汇存款并开始获得利息。银行收兑外币现钞需要支付的费用包括现钞管理费用、运输费、保险费和包装费等。

(3)中间汇率(中间价)。中间汇率是买入汇率与卖出汇率的算术平均数。我国企业内部的会计核算要求使用中间价,报刊、电台、电视通常报告的也是中间价。它常被用作汇率分析的指标。

企业通常在进行外币交易时采用即期汇率进行折算。即期汇率是指中国人民银行公布的当日人民币外汇牌价的中间价。企业发生的外币兑换业务或者涉及外币业务的交易事项,应当按照交易实际采用的汇率(即银行买入价或卖出价)。

此外，银行在对外挂牌公布汇率时，另注明外币现钞汇率，这主要是针对一些对外汇实行管制的国家。外币现钞在本国不能流通，需要把它们运至国外才能使用，在运输现钞过程中需要花费一定的费用。因此，银行购买外币现钞的价格要略低于购买外汇票据的价格，而卖出外币现钞的价格一般和外汇卖出价相同。

📇 **相关链接**

查找中间汇率

（1）中国人民银行官网查询。打开中国人民银行网站，单击"货币政策"栏，在出现的窗口中单击"人民币汇率中间价公告"，再单击出现的标题，即有人民币对其他货币的中间价。

（2）国家外汇管理局官网查询。打开国家外汇管理局官方网站，单击"统计数据"栏，打开"人民币汇率中间价"，下载各种货币对人民币汇率中间价文件。

2. 根据制定汇率的方法分类

（1）基本汇率（基础汇率）。基本汇率是指本国货币与基准货币（往往是关键货币）之间的汇率。基本汇率是本币与其他货币之间汇率套算的基础。

（2）套算汇率（交叉汇率）。套算汇率是指两种货币通过各自对第三国的汇率算出来的汇率，或者说是在基本汇率的基础上套算出的本币与非基准货币之间的汇率。

从基本汇率和套算汇率的分类可知，各国所制定的汇率是否合理，在很大程度上取决于关键货币的选择合理与否。因此，各国政府对关键货币的选择都非常慎重，一般来说遵循三条原则：第一，必须是该国国际收支中，尤其是国际贸易中使用最多的货币；第二，必须是在该国外汇储备中所占比重最大的货币；第三，必须是可自由兑换的、国际上普遍接受的货币。

（三）汇率的标价方法

1. 直接标价法

直接标价法也称应付标价法，是指以一定单位的外国货币（1、100 或 1 000 个单位）为标准，计算应付出多少单位的本国货币。也就是说，在直接标价法下，汇率是以本国货币表示的单位外国货币的价格。外币数额固定不变，汇率涨跌都以相对的本位币数额的变化来表示。一定单位的外币折算的本币减少，说明外币汇率下跌，即外币贬值或本币升值；一定单位的外币折算的本币增加，说明外币汇率上涨，即外币升值或本币贬值。目前，世界上大多数国家采用直接标价法，我国也采用直接标价法，如 1 美元＝6.491 3 元人民币。

【工作实例 3-2】 3 月 30 日，美元对人民币的汇率为 USD 100＝CNY 643.30。

要求： 假如 6 月美元对人民币贬值 5％，计算 6 月美元对人民币的汇率。

解析： 美元对人民币贬值后，美元对人民币汇率为 USD 100＝CNY 643.30×（1－5％）≈CNY 611.14。

【课堂练习】 1 月 31 日，美元对人民币的汇率为 USD 100＝CNY 675.25。

要求： 假定 2 月美元对人民币升值 3％，计算 2 月美元对人民币的汇率。

【工作实例 3-3】 跨境电商 NK 公司通过在线平台，向美国、日本出口小家电等商品。

5月1日，美元对人民币的汇率为 USD 100＝CNY 687.17，当月销售额为50万美元。客户因经营困难，提出延期至6月付款。假定6月预估美元对人民币升值3%。

要求：

(1)若当月收汇后直接结汇，计算人民币金额是多少。

(2)计算6月美元对人民币升值3%后，美元对人民币的汇率是多少。

(3)计算6月美元对人民币升值3%后，NK公司收汇后的结汇金额是多少。

(4)试分析美元升值、人民币贬值对出口企业的影响。

解析：

(1)5月结汇收到人民币＝500 000÷100×687.17＝3 435 850(元)。

(2)6月美元对人民币升值后，美元对人民币汇率为 USD 100＝CNY 687.17×(1＋3%)≈CNY 707.79。

(3)6月结汇收到人民币＝500 000÷100×707.79＝3 538 950(元)。

(4)美元对人民币升值3%后，NK公司结汇人民币增加＝3 538 950－3 435 850＝103 100(元)。

由计算结果可得，美元对人民币升值后，国内出口企业收汇后结汇的人民币增加了。可见，美元升值、人民币贬值增加了出口企业的货币资金，有利于企业出口。

【课堂练习】 跨境电商BS公司通过在线平台，向欧美地区出口小家电。6月1日，美元对人民币的汇率为 USD 100＝CNY 687.17，当月销售额共计30万美元。客户提出延期至7月付款。假定7月预估美元对人民币贬值2%。

要求：

(1)若6月收汇后直接结汇，计算人民币金额是多少。

(2)计算7月美元对人民币贬值2%后，美元对人民币的汇率。

(3)计算7月美元对人民币贬值2%后，该公司收汇后的结汇金额。

(4)试分析美元对人民币贬值，对出口企业货币资金带来的影响。

【工作实例3-4】 NK公司主要通过跨境电商平台进口奶粉。3月，该公司订购奶粉价值20万美元。3月1日，美元对人民币汇率为 USD 100＝CNY 643.30。该公司与进口商达成协议，约定付款期为3个月。假定预估6月美元对人民币贬值5%。

要求：

(1)若3月NK公司直接付汇，计算折合人民币金额是多少。

(2)计算6月美元对人民币贬值5%后，美元对人民币的汇率。

(3)NK公司将于6月付款，计算当月付汇折合人民币金额是多少。

(4)试分析美元对人民币贬值，对我国进口企业支付资金的影响。

解析：

(1)若3月NK公司付汇，需支付人民币＝200 000÷100×643.30＝1 286 600(元)。

(2)预估6月美元对人民币贬值5%，贬值后的美元对人民币汇率为 USD 100＝CNY 643.30×(1－5%)≈CNY 611.14。

(3)6月，NK公司付汇折合人民币＝200 000÷100×611.14＝1 222 280(元)。

(4)美元对人民币贬值5%后，企业进口支付的人民币减少＝1 286 600－1 222 280＝64 320(元)。

显然，美元对人民币贬值，使进口企业付汇人民币支出减少、资金支付压力减轻，有利于企业进口业务的开展。

【课堂练习】　跨境电商 BS 公司通过在线平台进口红酒。5 月，该公司订购红酒价值 25 万美元。5 月 1 日，美元对人民币的汇率为 USD 100＝CNY 643.30。该公司与进口商达成协议，约定付款期为 3 个月。假定预估 8 月美元对人民币升值 2.5%。

要求：

(1)若 5 月 BS 公司直接付汇，计算折合人民币金额是多少。

(2)计算 8 月美元对人民币升值 2.5% 后，美元对人民币的汇率。

(3)计算 8 月美元对人民币升值 2.5% 后，BS 公司付汇需支付人民币金额是多少。

(4)试分析美元对人民币升值，给进口企业资金支付带来的影响。

2. 间接标价法

间接标价法也称应收标价法或数量标价法，是指以一定单位的本币为标准，计算应收进多少单位的外国货币。在间接标价法下，本币的数额固定不变，汇率涨跌都以相对的外币数额的变化来表示。一定单位的本币折算的外币数量增加，说明本币的汇率上涨，即本币升值或外币贬值；反之，一定单位的本币折算的外币数量减少，说明本币的汇率下跌，即本币贬值或外币升值。目前，在国际外汇市场上，欧元、英镑、澳元等均为间接标价法。

【工作实例 3-5】　7 月 26 日，美元对澳元的汇率为 USD 1＝AUD 1.481。

要求：

(1)假定 8 月美元对澳元升值 5%，计算澳元对美元的汇率。

(2)假定 8 月美元对澳元贬值 5%，计算澳元对美元的汇率。

解析：

(1)美元对澳元升值 5% 后，美元对澳元的汇率 USD 1＝AUD 1.481×(1＋5%)≈AUD 1.555。经换算，1÷1.555≈0.643。8 月，美元对澳元升值 5% 后，澳元对美元的汇率为 AUD 1＝USD 0.643。

(2)美元对澳元贬值 5% 后，USD 1＝AUD 1.481×(1－5%)≈AUD 1.407，澳元折算为美元的汇率为 AUD 1≈USD 0.711。

【课堂练习】　10 月 4 日，USD 1＝AUD 0.885，预估 12 月美元对澳元贬值 3%。

要求：

(1)计算 10 月 4 日澳元对美元的汇率。

(2)12 月美元贬值后，计算澳元对美元的汇率。

3. 美元标价法

美元标价法又称纽约标价法，是指在纽约国际金融市场上，除英镑等极少数货币外，对一般货币均采用以美元为外币的直接标价方法。

4. 双向标价法

外汇市场上的报价一般为双向报价，即由报价方(银行或经纪商)报出自己的买入价和卖出价，由客户自行决定买卖方向。例如，EUR 1＝USD 0.675 2，EUR 是被报价币；

USD 1＝JPY 130，USD 是被报价币。

相关链接

跨境电商企业规避汇率风险的操作

由于各国的经济发展情况和速度各不相同，造成汇率的不稳定波动，从而出现了汇率风险。在贸易过程中如何规避汇率风险，已成为跨境电商企业必须了解的内容。

1. 妥善选择交易中的计价货币

在对外出口交易中，尽可能采用本币作为计价货币。在必须使用外币交易时，要选择在国际金融市场上可以自由兑换的硬货币，如欧元、英镑等。随着我国货币与单一美元"脱钩"，实行与一篮子货币挂钩的浮动汇率制度，选择非美元货币计价，这本身就是规避汇率风险的一种办法。价格谈判能力较强的企业，可以通过与贸易伙伴协商的方式，选择人民币作为计价货币，由此锁定成本。有些出口商品由于国际竞争激烈，贸易双方不可能在贸易谈判中取得主导地位，这时要从优选择计价货币。如果贸易双方对计价货币不能达成一致，则可考虑双方提出的计价货币在货物总值中各占一半，使得相关风险由双方共担。

2. 在合同中增加保值条款及汇率风险分摊条款

在签订合同时，增加保值条款，把汇率定下来，以后无论汇率发生什么变化，仍按合同规定的汇率付款。外汇风险分摊的方式就是在主约上附一个价格调整条款，允许汇率在某一上下的区域内调整。如果实际汇率波动超过此上下限，则超过部分所引起的差额由买卖双方平均分担。为规避人民币升值风险，在签订出口合同时，应在合同中设立相应条款来规避这一风险，最好的办法就是在价格条款上增加汇率变动损失分担的约定。金额较大的贸易订单可以在签订合同时设立相应的条款，协议当人民币升值或贬值时，相应地提高或降低出口价格。

3. 采取提前付款或延迟收款策略

以外币计价的应付账款或借款，如果该外币预期会升值，企业可采取提前付款的策略减少或避免外汇损失；反之，则可采取延迟收款策略。例如，某跨境电商企业在 6 个月后需偿付进口货款 100 万美元，同时该企业预计将在 3 个月后收到一笔 100 万美元的出口货款。由于 6 个月后美元对人民币的汇率水平存在很大的不确定性，为了规避汇率风险，该跨境电商企业可以在 3 个月后用收到的 100 万美元货款提前偿付债务。这样企业在 3 个月后和 6 个月后的外币净现金流量都为零，就不会因为汇率的不确定性而遭受经济损失。

4. 远期结汇锁定汇率

远期结汇业务是指外汇指定银行与客户协商签订远期结汇合同，约定将来办理结汇的外币币种、金额、汇率和期限。到期外汇收入发生时，即按照该远期结汇合同订明的币种、金额、期限、汇率办理结汇的业务。因为一旦合约签订，就必须按时、按价和按量进行交割。这样可以锁定汇兑成本，防止因本币汇率上升、外币汇率下跌而给出口企业带来风险和损失。例如，某企业预计 3 个月后将收到一笔美元货款，为规避人民币汇率上升的风险，该企业可以与银行提前签订远期结汇合同，锁定结汇汇率。3 个月后企业可按照约定的汇率，将美元货款结汇成人民币，以此降低汇率风险。

5．办理人民币与外币掉期业务

人民币与外汇掉期业务是指银行与客户协商签订掉期协议，分别约定即期外汇买卖汇率和起息日、远期外汇买卖汇率和起息日，客户按约定的即期汇率和起息日进行人民币与外汇的转换，并按约定的远期汇率和起息日进行反方向转换的业务。

6．充分利用结算方式中的融资便利

（1）出口押汇。在托收和信用证的结算方式下，出口企业用合同（或信用证）项下全套的货权单据作为抵押，向银行融通资金。在该业务下，外贸企业可以在国外债务人付款之前从银行得到预扣利息后的且保留追索权的垫款，加速企业的资金周转。

（2）票据贴现。出口企业用未到期的银行承兑汇票或商业承兑汇票向银行申请贴现，银行按票面金额扣除贴现利息后将余款支付给出口企业。

（3）保付代理。出口企业向银行授让其应收账款，银行向出口企业提供坏账担保、货款催收、销售分类账管理及贸易融资等金融服务。保付代理一般用在赊销等信用方式出口商品或服务的交易中。该方式锁定了进口商的信用风险，外贸企业将应收账款债权转让给银行后即可获得资金融通，提前获得应收外汇账款，办理结汇手续，达到规避汇率风险的目的。

（四）影响汇率的因素

1．国际收支

国际收支平衡表中的贷方项目构成外汇供给，借方构成外汇需求。一国国际收支赤字意味着外汇市场上的外汇供不应求，本币供过于求，结果是外汇汇率上升；反之，一国国际收支盈余意味着外汇供过于求，本币供不应求，结果是外汇汇率下降。

2．通货膨胀

国内外通货膨胀的差异是决定汇率长期趋势的主导因素。在不兑现的信用货币条件下，两国之间的货币比率是由各自货币所代表的价值决定的。如果一国通货膨胀高于他国，该国货币在外汇市场上就会趋于贬值；反之，则趋于升值。

3．利率

如果一国利率水平高于他国，就会刺激国外资金流入，增加外汇供给，促使外汇汇率下降和本币汇率上升；反之，如果一国的利率水平低于他国，则会导致资金外流，促使外汇汇率上升和本币汇率下降。

4．经济发展

经济增长的差异对汇率的影响是多方面的。经济的增长、国民收入的增加意味着购买力的增强，由此会带来进口的增加；经济的增长同时还意味着生产率的提高，产品竞争力的增加，对进口商品的需求下降。另外，经济增长还意味着投资机会的增加，有利于吸引外国资金的流入。从长期看，经济的增长有利于本币币值的稳中趋升。

5．市场预期

国际金融市场的游资数额巨大，这些游资对世界各国的政治、军事、经济状况具有高度敏感性，由此产生的预期支配着游资的流动方向，对外汇市场形成巨大冲击。预期因素是短期内影响外汇市场的最主要因素。

6. 货币管理当局

各国货币管理当局为了使汇率维持在政府所期望的水平上，会对外汇市场进行直接干预，以改变外汇市场的供求状况。这种干预虽然不能从根本上改变汇率的长期趋势，但对汇率的短期走势仍有重要影响。

▶ 任务二　核算外币业务

一、外币业务核算的相关知识

(一)外币业务

外币业务是指企业以各种外币进行款项收付、往来结算和计价等业务。在会计业务中，外币业务是指不以记账本位币作为计量单位的会计业务。需要注意的是，进出口业务与外币业务存在一定的联系，但并非所有的进出口业务都是外币业务。例如，我国的跨境电商 NK 公司是以人民币作为记账本位币，从澳大利亚进口一批奶粉准备销售，若以澳元计价结算，则是外币业务；但若是以人民币计价结算，则不属于外币业务。

(二)记账本位币

记账本位币是指企业经营所处的主要经济环境中的货币。我国境内的企业通常应选择人民币作为记账本位币。业务收支以人民币以外的货币为主的企业，可以按照规定选定其中一种货币作为记账本位币，但编报的财务报表应当折算为人民币。企业记账本位币一经确定，不得随意变更，除非企业经营所处的主要经济环境发生重大变化。企业因经营所处的主要经济环境发生重大变化，确需变更记账本位币，应当采用变更当日的即期汇率，将所有项目折算为变更后的记账本位币。

企业选定记账本位币，应当考虑下列因素：①该货币主要影响商品和劳务的销售价格，通常以该货币进行商品和劳务的计价和结算；②该货币主要影响商品和劳务所需人工、材料和其他费用，通常以该货币进行费用的计价和结算；③融资活动获得的货币及保存的从经营活动中收取款项所使用的货币。

二、外币业务的核算

(一)外币业务的分类

按照我国《企业会计准则》确定的基本会计要素，对企业的外币业务进行基本分类，见表 3-1。

表 3-1　外币业务的分类

类　　型	内　　容
外币兑换业务	一种货币兑换为另一种货币的业务
外币借款业务	从银行或其他金融机构取得外币借款，以及归还外币借款的业务
外币交易业务	以外币进行款项收付、往来结算的会计业务
投入外币资本的业务	投资人以外币作为资本投入企业的业务

续表

类　　型	内　　容
外币折算业务	把外币的金额表述为另一种货币的会计业务。进行外币折算，并不是实际发生了兑换或交易等外币业务，而仅仅是改变了原有的计量单位

(二)外币业务的记账方法

外币业务的记账方法有外币分账制和外币统账制两种。

1. 外币分账制

外币分账制也称为原币账法，是指企业对外币业务在日常核算时按照原币进行记账，分为不同的外币币种，核算其所实现的损益。外币分账制平时不进行汇率折算，也不反映记账本位币金额，编制报表时再折算为记账本位币。银行等少数金融机构采用外币分账制。

2. 外币统账制

外币统账制是指所有外币账户在业务发生时(相关外币账户的余额增减变动时)，企业应按照业务交易发生日的即期汇率(也可以按照系统、合理的方法确定的、与交易发生日的即期汇率近似的汇率)，将外币金额折算为记账本位币金额反映，期末时要将外币账户的期末余额按期末市场汇率折算为记账本位币，并将其与账面上的记账本位币之间的差额确认为汇兑损益。我国绝大多数企业采用外币统账制。

(三)外币账户的设置

跨境电商企业涉及记账本位币以外的业务，往往需要设置外币账户。企业需要设置的外币账户主要有外币现金、外币银行存款及用外币结算的债权债务账户，如银行存款、应收外汇账款及应付外汇账款。其明细账户按币种设置，日记账或明细账应采用复币三栏式，见表3-2。需要注意的是，企业外币业务都要采用复币记账，即对每一笔外币业务，除了要将其按一定的汇率折合为记账本位币之外，还要对原币的收付情况进行记录。企业发生外币业务时，除另有规定外，所有外币业务有关的账户，应当采用业务发生时的汇率折算，也可以采用业务发生当期期初的汇率折算。

表 3-2　复币三栏式明细分类账

日期	摘要	借方			贷方			借或贷	余额		
		外币	汇率	本位币	外币	汇率	本位币		外币	汇率	本位币

(四)外币的核算

外币核算内容主要分为外币收入的核算和外币支出的核算两种类型。

1. 外币收入的核算

企业取得外币收入，存入外汇账户后，可以根据企业的财务状况，作出结汇或不结汇的决定，并据以进行核算。

【工作实例3-6】　跨境电商BS公司按业务发生当日市场汇率作为记账汇率。9月10日，该公司向银行购汇10万美元，同时向银行支付手续费1 000元人民币。当日市场汇率为1美元＝6.471 3元人民币。

要求：根据以上经济业务，编制会计分录。

解析：

(1)购买外汇时，会计分录为：

借：银行存款——美元户(USD 100 000×6.471 3)		647 130
贷：银行存款——人民币户		647 130

(2)支付手续费1 000元人民币时，会计分录为：

借：财务费用——手续费		1 000
贷：银行存款——人民币户		1 000

【课堂练习】　跨境电商BS公司按业务发生当日市场汇率作为记账汇率。8月5日，该公司向银行购汇75 000欧元，同时向银行支付手续费650元人民币。当日汇率为1欧元＝7.783 7元人民币。

要求：根据以上经济业务，编制会计分录。

【工作实例3-7】　跨境电商BS公司按业务发生当日市场汇率作为记账汇率。4月1日，该公司从银行借入50 000美元。当日市场汇率为1美元＝6.7元人民币。

要求：根据以上经济业务，编制会计分录。

解析：

借：银行存款——美元户(USD 50 000×6.7)		335 000
贷：短期借款——美元户(USD 50 000×6.7)		335 000

【课堂练习】　跨境电商BS公司按业务发生当日市场汇率作为记账汇率。6月1日，该公司从银行借入60 000欧元。当日汇率为1欧元＝7.877 3元人民币。

要求：根据以上经济业务，编制会计分录。

【工作实例3-8】　9月22日，我国跨境电商甲企业向美国A公司出口一批玩具，货款共计100 000美元，尚未收到，当日汇率为1美元＝6.48元人民币。9月30日，甲公司收到该笔货款，保留现汇，当日市场汇率为1美元＝6.46元人民币。

要求：根据以上经济业务，编制会计分录。

解析：

(1)9月22日，发出商品时，会计分录为：

借：应收外汇账款——A公司——美元户(USD 100 000×6.48)		648 000
贷：主营业务收入		648 000

(2)9月30日，收到货款时，会计分录为：

借：银行存款——美元户(USD 100 000×6.46)   646 000

　　财务费用——汇兑损益   2 000

　　贷：应收外汇账款——A 公司——美元户(USD 100 000×6.48)   648 000

【课堂练习】   6月22日，NK公司通过跨境电商平台出口袜子，总价值为15万美元，货款尚未收到，当日汇率为1美元＝6.78元人民币。6月30日，NK公司收到该笔货款，保留现汇，当日汇率为1美元＝6.79元人民币。

要求：根据以上经济业务，编制会计分录。

2. 外币支出的核算

跨境电商企业进口商品需要以外币支付货款及劳务供应时，可以凭有效凭证直接从外汇账户中支付，也可以提供有效商业单据和凭证，向银行购入外汇后再予以支付。

【工作实例 3-9】   跨境电商W企业将1 000美元卖给银行，实收6 600元人民币。外汇账户的记账汇率和当日汇率均为1美元＝6.7元人民币。

要求：根据以上经济业务，编制会计分录。

解析：

借：银行存款——人民币户   6 600

　　财务费用—— 汇兑损益   100

　　贷：银行存款——美元户(USD 1 000×6.7)   6 700

【课堂练习】   跨境电商W企业将20 000美元卖给银行，实收13 400元人民币。外汇账户的记账汇率和当日汇率均为1美元＝6.75元人民币。

要求：根据以上经济业务，编制会计分录。

思政案例

最高检、国家外汇局联合发布惩治涉外汇违法犯罪典型案例

2023年12月，最高人民检察院和国家外汇管理局联合发布惩治涉外汇违法犯罪典型案例。该批典型案例是检察机关和外汇管理部门综合运用行政执法和刑事司法手段，强化行刑衔接，严惩涉外汇违法犯罪的显著成果。

该批典型案例共8件，主要涉及跨境对敲型非法买卖外汇案件，分别是：赵某等人非法经营案，郭某钊等人非法经营、帮助信息网络犯罪活动案，郑某东等人骗购外汇案，徐某悦等人非法经营案，李某杰非法经营案，章某虎、章某娴非法经营案，王某良等人非法经营案，张某群、吴某锐等人非法经营、骗取出口退税、虚开增值税专用发票案。

据悉，当前外汇违法犯罪呈现新的趋势和特点：一是资金跨境转移更加隐蔽。地下钱庄非法买卖外汇更多采取跨境"对敲"模式，境内划转人民币，境外划转外汇，境内外资金独立循环，有意逃避监管视线。二是资金交易更加快速庞杂。银行卡、POS机、网络支付等支付结算工具便捷、高效，不法分子在全国范围内多银行、多层账户间清洗、分散、聚合资金，虚拟货币等新型支付手段更增加了资金划转的隐匿性。三是非法信息

发布传播"社交媒体化"。社交网络、直播平台充斥大量信息，境外网站、聊天软件提供私密交流工具，不法分子通过公开和私密联络发布非法资金兑换招揽广告，对接非法交易，被打击封堵后，在极短时间内更换网址卷土重来。

国家外汇局管理检查司负责人表示，中央金融工作会议强调，坚持把防控风险作为金融工作的永恒主题。下一步，国家外汇局将切实落实中央金融工作会议部署和要求，严格执法、敢于亮剑，会同司法机关保持对非法跨境金融活动的高压打击态势。

最高检第四检察厅负责人表示，将以此次联合发布典型案例为基础，会同国家外汇局进一步加强执法司法协作，完善执法司法标准，依法惩治各类外汇违法犯罪活动，维护外汇市场健康秩序。同时，检察机关也将结合深入学习贯彻中央金融工作会议精神，以全面加强监管、防范化解风险为重点，进一步加强金融犯罪检察工作，为金融高质量发展提供更有力司法保障。

思考： 跨境电商企业因业务需要外汇，应如何解决？

▶ 任务三　核算汇兑损益

一、汇兑损益的含义与分类

（一）汇兑损益的含义

汇兑损益是指外币货币性项目，因资产负债表日的即期汇率与初始确认时，或前一资产负债表日的即期汇率不同而产生的汇兑差异。所谓货币性项目，是指企业持有的货币资金和将以固定或可确定的金额收取的资产或偿付的负债。汇兑损益实际上是外汇风险在会计上的具体表现。

（二）汇兑损益的分类

企业经营期间正常发生的汇兑损益，一般可以划分为交易外币汇兑损益、兑换外币汇兑损益、调整外币汇兑损益和换算外币汇兑损益。交易外币汇兑损益是指在发生以外币计价的交易业务时，因收回或偿付债权、债务而产生的汇兑损益；兑换外币汇兑损益是指在发生外币与记账本位币或一种外币与另一种外币进行兑换时产生的汇兑损益；调整外币汇兑损益是指在现行汇率制下，会计期末将所有外币性债权、债务和外币性货币资金账户，按期末社会公认的汇率进行调整而产生的汇兑损益；换算外币汇兑损益是指会计期末为了合并会计报表或为了重新修正会计记录和重编会计报表，而把外币计量单位的金额转化为记账本位币计量单位的金额，在此过程中产生的汇兑损益。

汇兑损益主要是由两种情况引起的：一是外币存款在使用时和外币债权、债务在结算时，由于入账时间和汇率的不同，折合为记账本位币时发生的差额，即外汇交易风险所发生的汇兑损益；二是不同货币之间进行兑换，由于实际兑换的汇率与记账汇率或账面汇率不同，折合为记账本位币时发生的差额，即外汇买卖风险所发生的汇兑损益。

二、汇兑损益的账务处理

(一)汇兑损益的折算方法

汇兑损益的折算方法主要有逐笔折算法和集中折算法两种。

1. 逐笔折算法

逐笔折算法即对每笔外币业务，采用交易发生日的即期汇率，也可以按照系统合理的方法确定的、与交易发生日的即期汇率近似的汇率，将外币金额折算为记账本位币金额，每结算一次或收付一次，依据账面汇率计算一次汇兑损益，期末（月末、季末、年末）再按市场汇率进行调整，调整后的期末人民币余额与原账面人民币余额的差额作为当期汇兑损益。在这种方法下，外币资产和负债的增加采用企业选用的市场汇率折合，外币资产和负债的减少选用账面汇率折合，其账面汇率的计算可以采用先进先出法、加权平均法等。

2. 集中折算法

集中折算法即对每笔外币业务，采用交易发生日的即期汇率，也可以按照系统合理的方法确定的、与交易发生日的即期汇率近似的汇率，将外币金额折算为记账本位币金额，在银行存款、债券、债务减少时，不注销原账户的账面汇率，除外币兑换业务外，平时不确认汇兑损益，待期末（月末、季末、年末）进行汇率调整后汇总确认汇兑损益。

逐笔折算法和集中折算法计算的结果是一致的。

(二)确认汇兑损益的原则

外汇风险所发生的汇兑损益需要通过会计核算来加以确认，这就产生了汇兑损益确认归属问题。确认汇兑损益的原则包括：①企业因采购、销售商品、提供劳务等业务发生的汇兑损益，计入当期损益；②为购建固定资产发生的汇兑损益，在固定资产达到预定可使用状态前发生的计入购建成本，在固定资产达到预定可使用状态后发生的计入当期损益；③为购入无形资产发生的汇兑损益，全部计入无形资产价值；④企业筹建期间发生的汇兑损益并入开办费，自企业投产营业之日起一次摊销计入损益；⑤对外投资及收回投资时发生的汇兑损益，计入当期损益；⑥企业支付投资者利润发生的汇兑损益，计入当期损益；⑦企业内部外币转账业务发生的折合记账本位币差额及外币现钞存入外币存款户，或从外币存款账户支取外币现钞发生的折合记账本位币差额，计入当期损益；⑧企业终止清算期间发生的汇兑损益，计入清算损益。

【工作实例 3-10】　我国跨境电商 NK 公司记账本位币采用人民币，记账汇率采用当日中间牌价，采用集中折算法确认汇兑损益。NK 公司各有关外币账户 12 月初的余额，见表 3-3。

表 3-3　NK 公司外币账户 12 月初余额

账户名称	外币金额/美元	账面汇率	人民币/元
银行存款——美元户	6 500	6.50	42 250
应收外汇账款——M（美元户）	5 000	6.50	32 500
应付外汇账款——N（美元户）	3 000	6.50	19 500

NK 公司 12 月发生以下外币交易。

(1)12 月 2 日，NK 公司向美国 M 公司出口产品一批，售价为 8 500 美元，货款尚未收到。当日汇率为1美元＝6.60元人民币。

(2)12月3日，收到M公司上月所欠5 000美元货款。当日汇率为1美元＝6.67元人民币。

(3)12月5日，从美国N公司进口价值7 000美元的材料，收到发票提货单，货款尚未支付。当日汇率为1美元＝6.68元人民币。

(4)12月10日，收到2日向M公司出口产品的货款，存入银行。当日汇率为1美元＝6.70元人民币。

(5)12月15日，以美元存款交付上月欠N公司的材料款4 000美元。当日汇率为1美元＝6.72元人民币。

(6)12月20日，支付外方经理工资2 000美元。当日汇率为1美元＝6.71元人民币。

要求：

(1)编制当月发生的与外币有关的会计分录。

(2)12月31日，计算外币账户汇兑损益并编制调整分录。当日汇率为1美元＝6.73元人民币。

解析：

(1)编制当月发生的与外币有关的会计分录。

①借：应收外汇账款——M(美元户)(USD 8 500×6.60)　　　　56 100

　　贷：主营业务收入　　　　　　　　　　　　　　　　　　　　　56 100

②借：银行存款——美元户(USD 5 000×6.67)　　　　　　　33 350

　　贷：应收外汇账款——M(美元户)(USD 5 000×6.67)　　　　　33 350

③借：在途物资　　　　　　　　　　　　　　　　　　　　　46 760

　　贷：应付外汇账款——N(美元户)(USD 7 000×6.68)　　　　　46 760

④借：银行存款——美元户(USD 8 500×6.70)　　　　　　　56 950

　　贷：应收外汇账款——M(美元户)(USD 8 500×6.70)　　　　　56 950

⑤借：应付外汇账款——N(美元户)(USD 4 000×6.72)　　　26 880

　　贷：银行存款——美元户(USD 4 000×6.72)　　　　　　　　　26 880

⑥借：应付职工薪酬——职工工资　　　　　　　　　　　　13 420

　　贷：银行存款——美元户(USD 2 000×6.71)　　　　　　　　　13 420

(2)月末各账户金额调整，见表3-4至表3-6。

表3-4　银行存款——美元户

日期	摘要	借方			贷方			余额		
		外币	汇率	本位币	外币	汇率	本位币	外币	汇率	本位币
12/1	月初余额							6 500	6.50	42 250
12/3	收回上月账款	5 000	6.67	33 350				11 500		75 600
12/10	收回2日货款	8 500	6.70	56 950				20 000		132 550
12/15	支付上月欠款				4 000	6.72	26 880	16 000		105 670
12/20	支付外方工资				2 000	6.71	13 420	14 000		92 250
12/31	月末汇率调整			1 970				14 000	6.73	94 220

12月31日，"银行存款——美元户"汇兑损益＝(6 500＋5 000＋8 500－4 000－2 000)×6.73－92 250＝1 970(元)(汇兑收益)

表3-5　应收外汇账款——M(美元户)

日期	摘要	借方			贷方			余额		
		外币	汇率	本位币	外币	汇率	本位币	外币	汇率	本位币
12/1	月初余额							5 000	6.50	32 500
12/2	销售产品	8 500	6.60	56 100				13 500		88 600
12/3	收回上月欠款				5 000	6.67	33 350	8 500		55 250
12/10	收回2日欠款				8 500	6.70	56 950	0		－1 700
12/31	月末汇率调整			1 700				0	6.73	0

12月31日，"应收外汇账款——M(美元户)"汇兑损益＝(5 000＋8 500－5 000－8 500)×6.73－(－1700)＝1 700(元)(汇兑收益)

表3-6　应付外汇账款——N(美元户)

日期	摘要	借方			贷方			余额		
		外币	汇率	本位币	外币	汇率	本位币	外币	汇率	本位币
12/1	月初余额							3 000	6.50	19 500
12/5	购入材料款				7 000	6.68	46 760	10 000		66 260
12/15	支付上月欠款	4 000	6.72	26 880				6 000		39 380
12/31	月末汇率调整						1 000	6 000	6.73	40 380

12月31日，"应付外汇账款——N(美元户)"汇兑损益＝(3 000＋7 000－4 000)×6.73－39 380＝1 000(元)(汇兑损失)

月末各账户汇兑损益总额＝1 970＋1 700－1 000＝2 670(元)(汇兑收益)

月末汇兑收益调整分录为：

借：银行存款——美元户　　　　　　　　　　　　　　　　1 970
　　应收外汇账款——M(美元户)　　　　　　　　　　　　1 700
　　贷：应付外汇账款——N(美元户)　　　　　　　　　　　　　1 000
　　　　财务费用——汇兑损益　　　　　　　　　　　　　　　　2 670

【课堂练习】　W公司是我国跨境电商B2B企业。7月末"应收外汇账款"账户余额为20 000欧元，期末汇率为1欧元＝9.87元人民币。8月该公司向欧洲A公司出口一批玩具，发生以下经济业务。

(1)8月20日，对外销售产品发生应收账款500 000欧元。当日汇率为1欧元＝10.30元人民币。

(2)8月22日，收到应收账款200 000欧元。当日汇率为1欧元＝10.27元人民币。

(3)8月31日，收到应收账款250 000欧元。当日汇率为1欧元＝10.28元人民币。

要求：

(1)根据以上经济业务，编制会计分录。

(2)计算该企业8月发生的汇兑损益。

项目小结

　　亲爱的同学，你已经完成了项目三的学习，相信你已经对跨境电商进出口业务中经常使用的汇率及其影响有了一定的了解。跨境电商企业需要及时了解汇率的波动变化，以便尽量减少汇率变化给进出口业务带来损失。同时，国家外汇管理局实行"贸易外汇收支企业名录"，只有登记在案的企业，才被允许发生外币的收付行为。金融机构不得为不在名录的企业直接办理贸易外汇收支业务。跨境电商企业会计人员必须熟悉国家外汇管理的政策措施。

　　多数跨境电商企业外币业务的记账方法采用外币统账制。外币业务包括跨境电商企业购买和销售以外币计价的货物或劳务、借入或借出外币资金、承担或清偿以外汇计价的债务等。跨境电商企业在进行外币业务核算时，因汇率的变化会形成汇兑损益。汇兑损益的折算方法有逐笔折算法和集中折算法两种。汇兑损益的确认原则、确认方法可结合行业特点和企业管理的要求，在制度允许的范围内进行选择确定。

　　下面请进入"项目训练"，一方面巩固项目三所学内容，另一方面为后续课程的学习打下坚实的基础。

项目训练

一、单项选择题

1. 以整数单位的外国货币为标准，折算为若干数额的本国货币的标价法是（　　）。
　　A. 直接标价法　　　B. 间接标价法　　　C. 美元标价法　　　D. 应收标价法

2. 国家外汇管理局（　　），统一向金融机构发布名录。金融机构不得为不在名录的企业直接办理贸易外汇收支业务。
　　A. 采用国际收支申报系统　　　　　　B. 采用货物贸易业务系统
　　C. 实行资本项目外汇收支的管理　　　D. 实行贸易外汇收支企业名录登记

3. 某企业根据规定开设外币现汇账户。按照现行会计制度的规定，该企业的下列外币业务中，无须在业务发生时就确认为汇兑损益的是（　　）。
　　A. 从银行借入外币　　　　　　　　　B. 将外币卖给银行
　　C. 从银行买入外币　　　　　　　　　D. 收回用外币结算的应收账款

4. 2020年4月至2021年4月，美元对人民币的汇率中间价由645.79走高至689.06，对我国对外经济造成一定的影响。若不考虑其他因素，下列推导正确的有（　　）。
　　A. 美元升值→中国商品在美国市场的价格下降→不利于中国商品出口美国
　　B. 美元贬值→美国商品在中国市场的价格上升→有利于中国商品出口美国
　　C. 人民币升值→中国企业在美国投资成本下降→有利于中国企业在美国投资
　　D. 人民币贬值→中国企业在美国投资成本上升→不利于中国企业在美国投资

5. 企业进行外币兑换时发生的汇兑损益，应计入当期损益，在（　　）账户中列支。
　　A. "盈余公积"　　　B. "管理费用"　　　C. "财务费用"　　　D. "营业外收入"

6. 企业发生的外币交易事项，应在设置的外币账户中进行核算。这类账户（　　）记载。
　　A. 只采用外币　　　　　　　　　　　B. 只采用记账本位币
　　C. 只采用人民币　　　　　　　　　　D. 采用复币式

7. 现行汇率法下，外币报表的折算差额应列示于（　　　）中。

　　A. 利润表　　　　　　B. 利润分配表　　　　C. 合并报表　　　　D. 资产负债表

8. 小企业进行外币交易核算时，应设置相应的外币账户。下列各项中，不属于外币账户的是（　　　）。

　　A. 外币库存现金账户　　　　　　　　B. 外币银行存款账户

　　C. 用外币结算的债权债务账户　　　　D. 外币实收资本账户

9. 跨境电商 A 企业外币业务采用发生时的市场汇率核算。3月初，该企业持有 30 000 美元，市场汇率为 1 美元＝7.30 元人民币。3月10日，该企业将其中的 10 000 美元出售给中国银行，当日中国银行美元买入价为 1 美元＝7.20 元人民币，市场汇率为 1 美元＝7.24 元人民币。A 企业售出该笔美元时应确认的汇兑收益为（　　　）元。

　　A. －1 000　　　　　B. －600　　　　　　C. －400　　　　　D. 0

10. 张某在网上看中了标价为 5 欧元的一件小饰品，当月 25 日的汇率为 1 欧元＝10 元人民币。1个月后，欧元升值了 5%。现在用人民币购买该商品，张某要比 1 个月前（　　　）。

　　A. 多支付 0.5 元人民币　　　　　　B. 少支付 0.5 元人民币

　　C. 少支付 2.5 元人民币　　　　　　D. 多支付 2.5 元人民币

二、多项选择题

1. 外汇的标价方法有（　　　）。

　　A. 直接标价法　　　B. 间接标价法　　　C. 未分配利润　　　D. 应付账款

2. 经过银行交易的外汇汇率分为（　　　）。

　　A. 买入汇率　　　　B. 卖出汇率　　　　C. 中间汇率　　　　D. 即期汇率

3. 外汇按来源和用途不同，可以分为（　　　）。

　　A. 贸易外汇　　　　B. 非贸易外汇　　　C. 即期外汇　　　　D. 远期外汇

4. 我国在外汇监测系统网上申报实行（　　　）办法。国家外汇管理局对企业的贸易外汇管理方式由（　　　）转为（　　　）。

　　A. 总量核查办法　　B. 现场逐笔核销　　C. 非现场总量核查　D. 其他

5. 关于外汇管理局"贸易外汇收支企业名录"登记管理，下列表述正确的有（　　　）。

　　A. 通过"货物贸易外汇监测系统"向金融机构发布全国企业名录

　　B. 将名录上的企业按 A、B、C 三类实施动态分类管理

　　C. 开展货物贸易外汇收支业务的企业或个人，按照规定办理名录登记手续

　　D. 不在名录的企业也可以直接办理货物贸易外汇收支业务

6. 下列关于个人对外贸易经营者从事货物贸易外汇收支的表述，正确的有（　　　）。

　　A. 需按规定以自然人身份进行

　　B. 需按规定以企业身份进行

　　C. 适用自然人的各类管理要求

　　D. 适用一般企业的各类管理要求

7. 关于外汇管理局要求银行按照"展业三原则"审查外汇业务，下列表述正确的有（　　　）。

A. 支付机构应了解客户

B. 支付机构应了解业务

C. 支付机构应尽职审查

D. 支付机构审查单据与支付的一致性

8. 下列各项中，企业在资产负债表日应按该日的即期汇率折算的有（　　）。

A. 外币银行存款　　　　　　　　B. 外币债权债务

C. 以外币购入的固定资产　　　　D. 外币长期借款

9. 当期末市场汇率上升时，下列账户中会发生汇兑损失的有（　　）。

A. "资本公积"账户　　　　　　　B. "应付账款"账户

C. "应收账款"账户　　　　　　　D. "短期借款"账户

10. 下列外币业务中，业务发生时就可能会产生汇兑损益的业务有（　　）。

A. 外币购销　　　　　　　　　　B. 外币借贷

C. 企业将外币卖给银行　　　　　D. 企业从银行买入外币

三、判断题

1. 在直接标价法下，汇率的上升意味着本币升值、外币贬值。（　　）

2. 如果名义汇率是以间接标价法给出的，则实际汇率的上升意味着本币贬值、外币升值。（　　）

3. 我国企业内部的会计核算要求使用中间价，报刊、电台、电视通常报告的是中间价。因此，中间价常被用作汇率分析的指标。（　　）

4. 2023 年 11 月，王某为偿还境外购房款，借用 18 名境内个人年度购汇额度，分拆购付汇，将 89.15 万美元转移至本人控制的香港账户。王某的行为是合法的。（　　）

5. 在资产负债表日，小企业应当对外币货币性项目和外币非货币性项目采用资产负债表日的即期汇率折算。（　　）

6. 在外币统账制下，小企业对外币交易金额因汇率变动而产生的损益在"财务费用"科目中核算。（　　）

7. 国家外汇管理局对企业的贸易外汇管理方式由现场逐笔核销转为非现场总量核查。（　　）

8. 国际收支申报系统与货物贸易业务系统共用一个电子平台，即国家外汇管理局网上服务平台。这两个系统是该平台的子系统。（　　）

9. 小企业对外币财务报表进行折算时，应当采用资产负债表日的即期汇率对外币资产负债表、利润表和现金流量表的所有项目进行折算。（　　）

10. 外汇管理是指一个国家授权国家的货币金融当局或者其他机构，对国际结算、外汇收支和买卖及汇价等外汇业务活动实行控制和管理。（　　）

四、业务核算题

1. 跨境电商 A 企业将 4 000 美元卖给银行，当天美元买入价为 1 美元 = 6.6 元人民币，美元卖出价为 1 美元 = 6.8 元人民币，实收 26 400 元人民币。A 企业采用的记账汇率为 1 美元 = 6.7 元人民币。

要求：

(1)把美元卖给银行，A 企业入账是采用买入价还是卖出价？

(2)根据以上经济业务，编制会计分录。

2. 跨境电商 B 企业选择确定的记账本位币为人民币，其外币交易采用交易日的即期汇率折算。3 月，该企业银行存款（美元户）的期初余额为 0。3 月 23 日，向银行购入 28 万美元，银行当日卖出价为 1 美元＝6.310 元人民币，中间价为 1 美元＝6.302 元人民币。3 月 31 日，银行中间价为 1 美元＝6.305 元人民币。

要求：计算该企业 3 月银行存款（美元户）所发生的汇兑差额，并编制相关会计分录。

3. C 企业期末外币账户余额，见表 3-7。假设期末汇率为 1 美元＝6.35 元人民币。

表 3-7　C 企业期末外币账户余额

账户名称	原币/美元	账面汇率	人民币/元
银行存款——美元户	6 500	6.50	42 250
应收账款——H 美元户	5 000	6.50	32 500
应付账款——W 美元户	3 000	6.50	19 500

要求：

（1）计算该企业期末外币账户的调整数据（列示计算过程）。

（2）编制按期末汇率调整的会计分录。

4. A 股份有限公司（以下简称"A 公司"）对外币业务采用发生时的汇率折算，按月计算汇兑损益。6 月 30 日，市场汇率为 1 美元＝7.25 元人民币。6 月 30 日有关外币账户期末余额，见表 3-8。

表 3-8　A 公司期末外币账户余额

账户名称	原币/美元	账面汇率	人民币/元
银行存款——美元户	850 000	7.25	6 162 500
应收外汇账款——美元户	500 000	7.25	3 625 000
应付外汇账款——美元户	300 000	7.25	2 175 000

A 公司 7 月发生以下外币业务（不考虑增值税等相关税费）。

（1）7 月 15 日，收到 S 外商投入的外币资本 500 000 美元，款项已由银行收存。当日汇率为 1 美元＝7.14 元人民币。

（2）7 月 18 日，进口一台机器设备，设备价款 400 000 美元，尚未支付。该机器设备正处在安装调试过程中，预计将于 11 月完工交付使用。当日汇率为 1 美元＝7.13 元人民币。

（3）7 月 20 日，对外销售产品一批，价款共计 200 000 美元，款项尚未收到。当日汇率为 1 美元＝7.15 元人民币。

（4）7 月 28 日，以外币存款偿还 6 月发生的应付账款 200 000 美元。当日汇率为 1 美元＝7.13 元人民币。

（5）7 月 31 日，收到 6 月发生的应收账款 300 000 美元。当日汇率为 1 美元＝7.13 元人民币。

要求：

（1）编制 7 月发生的外币业务的会计分录。

（2）计算 7 月发生的汇兑损益。

（3）编制期末记录汇兑损益的会计分录。

五、案例分析题

2023 年 9 月 6 日，人民币对美元即期汇率开盘跌破 7.31 关口，随后进一步跌破 7.32，刷新 2022 年 11 月初以来的盘中新低，随后，人民币对美元即期汇率又收复 7.32 关口。更多反映国际投资者预期的离岸人民币对美元汇率同样跌破 7.32 关口，盘中最低至 7.327 7，较前一交易日下跌超过 200 点。

2023 年以来，外汇市场运行总体平稳，人民币汇率在合理均衡水平上保持基本稳定。8 月，人民币对美元汇率呈现贬值态势，在岸、离岸人民币对美元汇率均跌破 7.3 元。数据显示，8 月 17 日，在岸人民币对美元汇率最低至 7.318 0，离岸人民币对美元汇率最低至 7.349 4，创 2022 年 12 月以来新低。伴随美元指数连日走强，此前央行宣布下调金融机构外汇存款准备金率时带来的人民币对美元汇率升幅已经抹去。

对于人民币对美元汇率走弱的原因，专家表示，主要是由短期压力导致，包括中美货币政策分化带来的利差变化、美元汇率阶段性走强等因素带给人民币汇率短期的阶段性压力。从中长期来看，人民币汇率继续在合理均衡水平上保持基本稳定，有坚实的基本面支撑。

"美元指数于 4 月中旬后持续走强，6 月以来虽有所回落但仍处高位，对人民币汇率形成被动贬值压力。近期人民币汇率在美元指数高位震荡的情况下明显承压。后续人民币企稳甚至转为升值的关键影响因素仍在于国内经济基本面的修复幅度和持续性，尤其是内需的修复。"业内人士表示。

分析：人民币汇率贬值的原因可能有哪些？对跨境电商企业有什么影响？

项目四
跨境电商出口业务的核算

📖 职业能力目标

1. 熟悉跨境电商 B2B 出口商品销售的种类和流程。
2. 掌握跨境电商 B2B 直接出口业务中的自营出口商品销售业务的核算。
3. 掌握跨境电商 B2B 出口海外仓业务的账务处理。
4. 掌握代理出口业务、进料加工和来料加工业务的核算。
5. 熟悉跨境电商 B2C 出口商品的业务流程。
6. 熟悉保税区内的备案手册管理。

🔍 典型工作任务

1. 能够正确核算跨境电商 B2B 出口销售业务。
2. 能够区分跨境电商 B2B 出口海关监管模式。
3. 能够核算跨境电商 B2B 出口海外仓业务。
4. 能够正确核算代理出口业务、进料加工业务和来料加工业务。

📎 相关案例导入

商务部大力推动外贸转型：鼓励传统企业发展"跨境电商＋产业带"

商务部出台相关措施以促进跨境电商成为外贸的新引擎，具体包括：一是出台了《拓展跨境电商出口、推进海外仓发展的若干措施》；二是提出并大力发展"跨境电商＋产业带"，鼓励传统外贸企业向跨境电商转型，支持龙头企业引领上下游供应链共同发展，同时依托各地的跨境电商产业园培育更多初创企业；三是加强行业交流培训，组织政府部门、行业代表和跨境电商企业代表共同参与跨境电商海外仓培训，加大培训力度；四是推动出台《跨境电商知识产权保护指南》，在跨境电商发展过程中，政府各职能部门要在头程、尾程、支付、营销、海外仓各环节都能保护知识产权。

在相关措施推动下，我国跨境电商得到了蓬勃发展。2024 年 1 月 26 日，商务部国际贸易谈判代表在国务院新闻办召开的新闻发布会上表示，2023 年我国跨境电商进出口总额达到 2.38 万亿元人民币，同比增长 15.6%，较全国进出口总额增速高出 15.4 个百分点。跨境电商主体规模持续扩大，初步统计显示，全国已有 64.5 万家外贸进出口实绩企业，其中跨境电商主体数量超过 10 万家，整体生态圈不断优化。截至 2023 年年底，海外仓数量已达 1 800 个，较 2022 年增加了 200 多个；全货机数量达到 255 架，较 2022 年增加了 32 架；我国已经注册的海外商标超过 3 万个，较 2022 年底增加了 1 万个。

思考：跨境电商出口海外仓的建设有哪些作用？

▶ 任务一　了解跨境电商出口销售业务的相关知识

一、跨境电商出口销售业务

(一)跨境电商出口销售业务的含义

跨境电商出口业务是指国内电商平台或企业将国内商品销售给国外的企业或者个人消费者，通过电商平台达成交易并支付结算，进而通过跨境物流送达商品、完成交易的商业活动。简而言之，跨境电商出口业务就是从国内出口产品到国外的电子商务过程。

(二)跨境电商出口销售业务的意义

跨境电商企业通过组织产品在国际市场上销售来取得外汇，而出口外汇是我国外汇收入的主要来源，为进口我国经济发展所需要的先进生产设备和用于提高人民生活水平的商品创造了条件。一个国家出口大于进口所表现的外汇收入顺差，构成了外汇储备的来源，是一个国家的支付能力和经济实力的标志。所以，跨境电商企业应积极拓展出口销售业务，加强出口销售业务的核算和管理，安全、及时收汇，努力降低出口成本。这对于提高人民生活水平，加快国民经济的建设和发展都具有重要意义。

思政案例

以数字经济为引擎，助力跨境电商出口

2021 年 1 月 14 日，海关总署发布的数据显示，2020 年我国跨境电商进出口额达到 1.69 万亿元，较 2019 年增长 31.1%。其中，出口为 1.12 万亿元，增长 40.1%；进口为 0.57 万亿元，增长 16.5%。在疫情冲击之下，跨境电商逆势增长对稳定我国外贸进出口起到了突出作用。

在出口电商中，庞大的海外市场需求及外贸企业转型升级的发展等因素都助推行业快速发展，吸引更多的企业纷纷"触电"。在目前经济整体下行的情况下，跨境电商平台帮助中国企业"走出去"，不仅有利于中国制造业的升级，也和国家的重大战略"稳外贸"是紧密相关的，是"稳外贸"的有力支撑点。

出口跨境电商 B2B 规模逐年增长，占据主流模式。但跨境电商交易规模已呈现出贸易模式高度复合化。为了充分反映消费者的个性化需求和制造业的智能化转型需要，B2B2C 模式日益凸显，成为一种重要的线上复合贸易形态。其既能匹配国际贸易成本降低的诉求，又能契合碎片化订单集聚的趋势。

网络零售作为跨境电商的重要支线，为"最后一千米"的消费者输送货物，能够感知消费者的个性化需求。网络零售与 B2B 之间通过大数据算法相联系，最终形成 B2B、B2C 和 B2B2C 三者共生并存的跨境电商模式新格局。

出口业务是跨境电商的基本业务之一。跨境电商借助移动互联网、智能物流等技术，围绕跨境电商产业，将诞生新的庞大经济链。通过平台直播等多种出口方式，打造新的经济增长点，是"互联网＋外贸"的具体体现，以此带动国内产业转型升级。这有助于我国企业的全球化运营进程，形成更加虚拟数字化的销售网络，降低生产者与全球消费者的交易成本，有助于树立中国全球化的品牌定位。

资料来源：王淑翠，王丹丹. 跨境电商背景下跨境出口零售规则的完善[J]. 国际商务研究，2022(1). （有修改）

思考：跨境电商出口业的发展对经济发展有什么作用？

二、跨境电商出口的分类

（一）按海关的监管模式分类

海关对不同的跨境电商出口业务采用不同的监管措施和不同的监管代码。

1. 一般贸易进出口（海关监管方式代码"0110"）

一般贸易是指我国境内有进出口经营权的企业单边进口或单边出口的贸易，企业可以自行或委托报关企业办理进出口货物的报关纳税等海关手续，并随附委托书、合同、发票、提单、装箱单等单证。

海关按照监管方式代码"0110"监管的进出口货物，无论交易主体是否采用跨境电商的营销模式，与传统一般贸易进出口的监管要求没有差异。在海关增列跨境电商监管方式代码后，监管方式代码"0110"逐步被专门用于跨境电商的海关监管方式代码"9710""9810"等取代。

2. 特殊区域出口（海关监管方式代码"1210"）

特殊区域出口又称保税备货出口，该模式依托于综合保税区等海关特殊监管区域开展，跨境电商企业享受入区即退税政策（保税区除外），提高企业资金利用率的同时降低物流成本。

3. 跨境电商 B2B 直接出口（海关监管方式代码"9710"）

海关总署公告 2020 年第 75 号《关于开展跨境电子商务企业对企业出口监管试点的公告》增列海关监管方式代码"9710"，全称为"跨境电子商务企业对企业直接出口"，简称"跨境电商 B2B 直接出口"。该模式适用于境内企业通过跨境电商平台与境外企业达成交易后，通过跨境物流将货物直接出口送达境外企业。

4. 跨境电商出口海外仓（海关监管方式代码"9810"）

境内企业先将出口货物通过跨境物流运达海外仓，再通过跨境电商平台实现交易后从海外仓送达境外购买者。作为跨境电商重要的境外节点，海外仓是实现对外贸易高质量发展的重要平台。

5. 跨境电商零售出口模式（海关监管方式代码"9610"）

跨境电商零售出口模式是指境外消费者下单付款后，相关企业将交易、收款、物流等电子信息实时传输给海关，海关审核该包裹的《申报清单》，查验后放行包裹，再通过国际运输、境外配送交予境外消费者。企业采取"清单核放、汇总申报"方式办理报关手续；跨境电商综试区内符合条件的跨境电商零售商品出口，可采取"清单核放、汇总统计"方式办理报关手续；对不涉及出口征税、出口退税、许可证件管理且单票价值在 5 000 元人民币以下的商品，企业可以按照 4 位税号简化申报（通常为 10 位）。

（二）按交易对象分类

1. 跨境电商 B2B 出口模式

跨境电商 B2B 出口是指跨境电商企业对境外企业出口，出口企业与外国批发商和零售商通过互联网进行产品展示和交易，然后在线下按一般贸易等方式完成的货物出口。企业通过跨境物流将货物运送至境外企业或海外仓。跨境电商 B2B 出口模式具体分为以下四种。

（1）市场模式。这种模式是在多家企业和多家企业之间进行交易。目前这种模式在我国的应用比较广泛。

（2）目录模式。这种模式目前主要在国外比较盛行，包括行业目录、商业目录及黄页模式。其主要特点是围绕企业网站方面的相关工作展开和推广。

（3）批发模式。批发模式以提供小额在线批发为主要经营模式。

（4）企业 B2B 模式。企业通过其网站平台开展的电子商务模式。在该模式下，营销更加个性化，有助于树立品牌形象。

跨境电商 B2B 出口将是全球贸易的主流。因为在该模式下，企业之间的商业行为组织规范，专业化程度高，订单交易量大，这都是 C 端交易所无法代替的。目前，企业在出口过程中，无论是跨境电商的出口还是传统外贸企业出口，税务总局对于出口退税的管理要求是一致的，随附的单证也相同，通关系统也相同；两者最主要的区别在于海关的监管方式，不同模式下的出口退税在报关方式上有一些区别。

2. 跨境电商 B2C 出口模式

跨境电商 B2C 出口模式是指跨境电商企业通过跨境物流将货物从境内运送至境外消费者或保税区，并通过跨境电商平台完成交易的出口形式。在 B2C 模式下，企业直接面对消费者，以销售个人消费品为主。广义的跨境电商 B2C 出口海关的监管模式主要为"9610"。

（三）按经营性质分类

由于大宗商品批发贸易涉及复杂的贸易环节，如支付、物流、报关、报检、退税、结汇等，目前该模式仅在营销和交付环节实现了在线化，其交易环节依然采取传统贸易的方式进行。在跨境电商 B2B 模式下，原有的外贸公司/工厂也转型成为跨境电商企业。有的外贸公司通过 B2B 平台进行接洽，把企业名录、商品目录放在网上做信息的交换；有的利用 B2B 平台实现包括支付和物流在内的整个交易流程。在 B2B 模式下，大多数企业/工厂运用电子商务以广告和信息发布为主，成交和通关流程基本在线下完成，本质上仍属于传统贸易。

传统贸易按其经营性质不同，目前主要分为自营出口、代理出口和加工贸易三种。

1. 自营出口业务

自营出口业务是指企业自己经营出口业务，通过平台或者以跨境网络直播经济为载体，自负出口贸易盈亏的业务。企业在取得出口销售收入、享受出口退税的同时，要承担出口商品的进价成本及与出口贸易业务相关的国内外费用和佣金，并且还要处理索赔、理赔、罚款等事项。

2. 代理出口业务

代理出口业务是企业代理国内委托方办理对外洽谈、签约、托运、交单和结汇等全过程的出口贸易业务，或者仅代理对外销售、交单和结汇的出口贸易业务。企业作为代理方仅收取一定比例的手续费。

3. 加工贸易业务

加工贸易是相对一般贸易而言，通过各种方式，进口原材料或半成品进行加工，然后利用本国的生产能力和技术，加工成成品后再出口，从而获得以外汇体现的附加值。

三、出口商品销售业务的主要流程

(一)准备工作

电商企业通过专业网站进行企业商品数据和信息的交换、传递，然后自愿地开展贸易活动的商业模式，冲破了国与国之间的障碍。跨境电商企业利用网络方便、快捷的特点，把企业的产品和服务通过 B2B 网站与客户紧密结合起来，形成一种交易通道，从而为客户提供更优质的服务，借助平台与国外客户充分接触、磋商，并对有意向的出口业务规划出口合同的签订，做好出口贸易的准备工作。

(二)签订出口贸易合同

企业通过线上交流洽谈并拟定合同条款。电子签订合同涉及实名认证、数字证书、合同转换、在线签署、存证保全等区块链技术的应用，任何一个环节的缺失，都会影响电子合同的法律效力。因此，企业通常与国外客户在线上仅进行磋商，对各方的权利和义务达成一致意见后，再选择传统的方式签订纸质书面贸易合同，而非直接签订电子合同。贸易合同通常是由出口商填制，经双方审核无误后签字执行。

(三)履行出口贸易合同

企业履行出口合同的步骤包括：①与国外客户洽谈，确定合同成交方式；②组织国内供应商准备出口货源；③催证或通知派船(公路运输、航空运输)；④同货代公司、物流公司办理托运手续；⑤同银行交单结汇(财务上确认收入)；⑥如出险，向保险公司索赔。

▷ 任务二　跨境电商 B2B 出口业务的核算

一、跨境电商 B2B 出口销售业务的相关知识

(一)自营出口销售业务的特点

跨境电商 B2B 自营出口销售业务是指跨境电商企业自主出口的销售业务。自营出口销售业务的销售对象各异，企业可以将货物出口给客户，或将货物通过整柜运输集中运送到境外仓库再进行分销。在自营出口的销售业务中，企业获得销售收入，承担出口商品的购货成本及与出口贸易业务相关的国内外费用和佣金，处理索赔、理赔、罚款等事项。总体而言，企业在该过程中自主经营、自负盈亏。

自营出口销售业务主要包括：企业以贸易方式自营出口和转口销售的商品，进料加工出口和来料加工出口，出售样品、小卖品等。

根据电商企业出口货物是否由企业直接生产，可将电商企业分为外贸企业和生产企业。根据电商企业的经营规模，企业可以分为一般纳税人和小规模纳税人。在本项目中提及的跨境电商企业主要是指外贸企业，并具有一般纳税人资格。

(二)自营出口核算的内容

自营出口业务核算的主要内容包括：①根据出口合同备货，财务部门与国内供货单位进行货款结算；②货物出口大多数是海洋运输、水路运输，及时确定买卖双方是由哪一方办理租船、订舱和出口货物海运保险；③货物报关出口，及时查询出口退税联网稽查系统，查询电子口岸退税数据；④支付国内各项费用，包括国内运费、货代费用、报关费用及保险费用等；⑤跟银行(或者第三方平台)办理出口结汇，保证出口货款的安全和及时收汇；⑥及时从电子口岸下载出口货物报关单信息、增值税专用发票勾选，比对退税信息。

(三)自营出口销售收入的确认和计量

1. 自营出口销售收入的确认

自营出口销售收入确认的标志是实物或所有权凭证的交付和销售发票的开出。在核算中，可以以交货时点作为入账时点的标志。至于货款的支付时间则与购销成立入账无关，预付和预收货款不能认为是购销成立而入账；反之，如货已交接而款尚未支付，则供货方已取得收款的权利，双方的债权债务关系成立，因而销售成立只有交货一个标准。货物所有权的转移可以仅以凭证的交付为准。这种凭证一般采取提货单的方式。海运、陆运、空运、出口均以出口企业取得正本提单、以全部单据向银行议付之日为销售收入的实现，并以此确定入账时间。

会计记录必须有合法的书面凭证为依据，因此必须有确定的入账原始凭证。会计上销售的标志是发票。虽然发票是自制凭证，但却是供货单位的正式发货通知单(如跨境电商结算中所用货币种类就要以发票上的币种为依据)，可以和运输单证及结算收款单证相脱离而独立证实销售。交单是指向银行提交全套商业单据，包括发票、运输单据，有时还有保险单据。

📅 相关链接

会计实践中的分界点：开出防税控发票——增值税普通发票(出口发票)

目前，浙江省使用的是两联版发票，第一联为记账联，是销售方的记账凭证；第二联是发票联，是购买方的记账凭证。在实务中，出口发票最好是在出口当月开具。有的企业是在单证收齐(收到电子口岸下载的报关单数据)后再开具发票，这样做不符合收入确认的定义。如果当月是在25日后报关，不能确定是当月出口还是下月出口的，可以在下个月开具发票，但汇率一定要用出口当月第1个工作日汇率的中间价。

目前，出口发票是税控系统开具的普通发票或数电发票普票，对于适用增值税退(免)税政策、增值税零税率政策和免税政策的出口货物劳务或服务，出口企业在开具增值税普通发票时，应选择"免税开票"选项；对于适用增值税征税政策的出口货物劳务或服务，出口企业应按规定缴纳增值税，在开具增值税普通发票时，不得选择"免税开票"选项，应选择"适用税率"选项。

出口货物劳务或服务开具增值税普通发票，相关项目的填写要求如下。

（1）购买方各栏次的填写。对于销售到境外的货物劳务或服务，购买方各栏次可用中文或外文填写，其中名称必须填写，纳税人识别号、地址、电话、开户行及账号可根据实际情况填写。对于销售到国内特殊监管区域的货物劳务或服务，购货单位各项目应完整填写。

（2）单价栏、金额栏应以换算成人民币后的金额填写。外币换算成人民币时使用的汇率应按照《中华人民共和国增值税暂行条例实施细则》第十五条的规定执行。一般情况下，出口企业应在"金额"栏填写 FOB 出口金额（人民币）。

（3）备注栏应顶格填写"出口业务"四个汉字，并注明出口销售总额（外币）及币种。若出口企业在出口发票金额栏填写的是 FOB 出口金额（人民币），应在备注栏填写"合同号：×××"；如果金额栏填写的是非 FOB 出口金额，应在备注栏填写"合同号：×××；FOB 出口金额（人民币）：×××"。

除了填写上述内容外，出口企业可根据自身需要，按上述格式自行在备注栏添加其他项目。

2. 销售收入的计量

对于出口业务来说，为了使销售收入的记账口径一致，不论出口成交采用的是哪一种价格条款，都以离岸价（FOB）为准（以出口销售的净收入为基础）。凡合同规定以到岸价格（CIF）成交的，先按到岸价作为出口销售收入入账，然后将商品离岸以后我方负担的以外汇支付的国外运费、保险费和佣金（连同以外汇支付的银行手续费）冲减出口销售收入。在 FOB 条款下，进口方负责租船订舱和投保运输险，因此，运费、保险费与出口方无关；在 CIF 和 CFR 条款下，虽然出口方负责联系运输和保险工作，但运费、保险费实质上是出口方为进口方办理海运托运及保险手续而收取的一笔暂收款，是运输公司和保险公司的收入，而不是产品出口企业的销售收入。因此，销售账户的入账基准都要统一采用 FOB 价。

📅 **相关链接**

记账汇率的确定

出口企业出口货物无论以何种外币结算，凡有中国人民银行公布的外汇汇率，均按财务制度规定的汇率折算成人民币金额登记入账。出口企业可以选择销售发生的当天或者当月 1 日（通常是指第一个工作日）的人民币中间价，确定后 1 年内不得变更。

（四）自营出口销售业务的账户设置和账务处理

1. 自营出口销售业务的账户设置

无论商品是直接出口到国外还是出口到海外仓，企业均通过线上寻找客户，组织供应商，出口客户自行收汇。会计核算不仅要全面反映出口销售过程中的经营成果，还要具体反映不同商品的销售收入、销售成本及其盈亏的明细情况。为此，企业应按会计制度的规定设置如下几个账户。

（1）"主营业务收入——自营出口销售收入"账户。"主营业务收入——自营出口销售收入"账户属于损益类账户。该账户的借方登记发生销售退回冲减收入数和以外汇支付的红字冲减收入的数额，如佣金、国外运保费；贷方登记企业实现的销售收入。期末将余额转入"本年利润"账户。

（2）"主营业务成本——自营出口销售成本"账户。"主营业务成本——自营出口销售成本"账户属于损益类账户，用以核算企业自营出口的销售成本。该账户的借方登记结转出口商品的销售成本及支付的增值税中不予退税部分转入，贷方登记销售退回而转回的成本。期末将余额转入"本年利润"账户。

（3）"待运和发出商品"账户。"待运和发出商品"账户属于资产类账户，用以核算企业已经发出库待运，尚未确认商品销售的数额。该账户的借方登记发往码头、车站的商品，贷方登记结转出口成本、办理退库数额。余额在借方，表示尚未确认销售的待运和发出商品数额。如果等待装运的时间不长，可以不设该账户。在办理交单时，直接冲减"库存商品——库存出口商品"。

（4）"其他应收款——出口退税"账户。"其他应收款——出口退税"账户属于资产类账户。该账户的借方登记出口企业销售出口货物后，按规定向税务局办理出口退税申报所计算得出的应退税额；贷方登记出口企业本期已收到的税务机关的退税款。出口企业办理出口货物退税时，从退税申报到收到退税款有一个业务审核和审批的过程，如不通过"其他应收款——出口退税"账户过渡，无法得知出口退税的资金数量及出口退税的进度。

（5）"应交税费——应交增值税"账户。"应交税费——应交增值税"账户属于负债类账户，在核算过程中通过"应交税费——应交增值税（进项税额）""应交税费——应交增值税（出口退税）"，以及"应交税费——应交增值税（进项税额转出）"等科目进行处理。企业申请出口退税时，借记"其他应收款——出口退税"科目，贷记"应交税费——应交增值税（出口退税）"科目，对于征税率与退税率之差计算的金额，借记"主营业务成本——出口商品"科目，贷记"应交税费——应交增值税（进项税额转出）"科目；收到出口退税款时，借记"银行存款"科目，贷记"其他应收款——出口退税"科目。

2. 自营出口销售业务的账务处理

（1）外贸企业采购货物，获得增值税进项发票。

借：库存商品
　　应交税费——应交增值税（进项税额）
　　贷：应付账款
　　　　银行存款

（2）销售货物出口至境外（CIF）。

借：应收账款——应收外汇账款
　　贷：主营业务收入

（3）收到海运费和保险费发票，支付款项。

借：主营业务收入——保险费
　　主营业务收入——运费
　　贷：银行存款

（4）结转成本。

借：主营业务成本

　　贷：库存商品

（5）按照规定的增值税退税率计算出口退税（退税金额＝出口金额×增值税退税率）。

借：其他应收款——应收出口退税

　　贷：应交税费——应交增值税（出口退税）

（6）将增值税征税率与退税率之差，通过"进项税额转出"账户结转至销售成本。

借：主营业务成本

　　贷：应交税费——应交增值税（进项税额转出）

（7）收到出口退税。

借：银行存款

　　贷：其他应收款——应收出口退税

需要注意的是，如果通过平台支付，就不需要应收外汇账款，可以直接通过"其他货币资金"账户处理，平台到账的时间比较及时，也不需要计提坏账准备。自2020年3月20日起，根据财政部、税务总局《关于提高部分产品出口退税率的公告》中的规定，所有出口产品不再有征退税率之差，即在出口货物以后没有征退税率之差。本项目中的工作实例均假设为2020年3月之前发生的业务，不同的征税率和退税率形成了进项税额的结转，方便练习成本核算。

二、自营出口销售业务的核算

（一）自营出口销售的核算

自营出口销售是指跨境电商企业经营出口销售，并自负盈亏的业务。

【工作实例4-1】 跨境电商W公司属于外贸公司，系增值税一般纳税人，以人民币为记账本位币，征税率为13%。W公司通过某平台联系客户并签订出口合同。5月该公司发生下列经济业务。

（1）5月3日，向国内M工厂购入甲商品，接到银行转来托收结算凭证和附件，专用发票上列明货款为10 000元人民币，由工厂负责送货到码头入库等待装运，款项已付。

（2）5月15日，甲商品全部对英国出口，价格条款为CIF伦敦，收汇方式为T/T，发票金额为2 000美元，当日银行美元买入价为6.82，根据外销出货报告单结转销售成本。

（3）5月21日，编制甲商品出口退税申请单，连同出口报关单等凭证向税务部门申请退税。该商品的代码为94032000（铁质），出口商品退税率为11%。

（4）5月28日，收到银行通知，甲商品出口应收货款已收妥结汇，凭银行结汇水单作收款分录，当日银行美元买入价为6.85。

（5）5月30日，收到税务部门退回税款，存入银行。

要求：根据以上经济业务，编制会计分录。

解析：

（1）5月3日，购入甲商品。

借：库存商品——甲商品　　　　　　　　　　　　　　　　　　　　10 000

　　应交税费——应交增值税（进项税额）　　　　　　　　　　　　 1 300

　　　贷：银行存款　　　　　　　　　　　　　　　　　　　　　　　　　11 300

借：待运和发出商品——甲商品   10 000

    贷：库存商品——甲商品   10 000

(2)5月15日，出口甲商品并结转销售成本。

①借：应收外汇账款(USD 2 000×6.82)   13 640

    贷：主营业务收入——自营出口销售收入   13 640

②借：主营业务成本——自营出口销售成本   10 000

    贷：待运和发出商品——甲商品   10 000

(3)5月21日，计提出口退税，并结转征税率与退税率之差。

借：其他应收款——应收出口退税   1 100

    贷：应交税费——应交增值税(出口退税)   1 100

借：主营业务成本——自营出口销售成本   200

    贷：应交税费——应交增值税(进项税额转出)   200

(4)5月21日，货款结汇。

借：银行存款(USD 2 000×6.85)   13 700

    贷：应收外汇账款(USD 2 000×6.82)   13 640

        财务费用——汇兑损益   60

(5)5月30日，收到退回税款。

借：银行存款   1 100

    贷：其他应收款——应收出口退税   1 100

【课堂练习】　跨境电商MK公司属于外贸公司，系增值税一般纳税人，征税率为13%，退税率为9%。1月该公司发生如下业务。

(1)1月3日，向义乌华丽工厂购入乙产品一批，增值税专用发票上列明货款为350 000元人民币，由工厂负责送货到码头入库等待装运，款项已付。

(2)1月15日，乙商品全部对英国出口，价格条款为CIF伦敦，收汇方式为T/T，发票金额为60 000美元，当日银行美元买入价为6.82，根据外销出货报告单结转销售成本。

(3)1月26日，编制乙商品出口退税申请单，连同出口报关单等凭证向税务部门申请退税。

(4)1月27日，收到银行通知，乙商品出口应收货款已收妥结汇，当日银行美元买入价为6.89。

(5)1月30日，收到退回税款，存入银行。

要求：根据以上经济业务，编制会计分录。

【工作实例4-2】　W公司向英国出口LED灯，海关监管模式为"9710"。该公司发生下列经济业务。

(1)储运部门开来出库单，列明出库LED灯200箱，金额为560 000元人民币，予以转账。

(2)收到业务部门转来销售LED灯的发票副本和银行回单，列明LED灯200箱，CIF价100 206美元，扣除3%的出口佣金，销售净额按照97 200美元计入。当日汇率为

1 美元＝6.42 元人民币。

(3)结转出口 LED 灯的销售成本。

(4)收到银行通知,上述应收外汇账款已收妥。当日汇率为 1 美元＝6.56 元人民币。

要求:根据以上经济业务,编制会计分录。

解析:

(1)借:待运和发出商品——LED 灯　　　　　　　　　　　　　　　560 000
　　　贷:库存商品——LED 灯　　　　　　　　　　　　　　　　　　　560 000

(2)借:应收外汇账款(USD 97 200×6.42)　　　　　　　　　　　624 024
　　　贷:主营业务收入——自营出口销售收入　　　　　　　　　　　624 024

(3)借:主营业务成本——自营出口销售成本　　　　　　　　　　　560 000
　　　贷:待运和发出商品　　　　　　　　　　　　　　　　　　　　560 000

(4)借:银行存款——美元户(USD 97 200×6.56)　　　　　　　　637 632
　　　贷:应收外汇账款(USD 97 200×6.56)　　　　　　　　　　　637 632

【工作实例 4-3】 假如【工作实例 4-2】中的佣金为暗佣。

要求:根据以上经济业务,编制会计分录。

解析:

(1)借:待运和发出商品——LED 灯　　　　　　　　　　　　　　　560 000
　　　贷:库存商品——LED 灯　　　　　　　　　　　　　　　　　　　560 000

(2)借:应收外汇账款(USD 100 206×6.56)　　　　　　　　　　657 351.36
　　　贷:主营业务收入——自营出口销售收入　　　　　　　　　　657 351.36

　　　借:主营业务收入——自营出口销售收入　　　　　　　　　　19 719.36
　　　贷:应付外汇账款(USD 3 006×6.56)　　　　　　　　　　　19 719.36

(3)借:主营业务成本——自营出口销售成本　　　　　　　　　　　560 000
　　　贷:待运和发出商品——LED 灯　　　　　　　　　　　　　　　560 000

(4)若暗佣采用汇付结算方式,收到货款时,当日汇率为 1 美元＝6.56 元人民币,会计分录如下:

　　借:银行存款——美元户(USD 100 206×6.42)　　　　　　　643 322.52
　　　贷:应收外汇账款(USD 100 206×6.42)　　　　　　　　　643 322.52

汇付佣金时,当日汇率为 1 美元＝6.56 元人民币,会计分录如下:

　　借:应付外汇账款(USD 3 006×6.56)　　　　　　　　　　　19 719.36
　　　贷:银行存款——美元户(USD 3 006×6.56)　　　　　　　　19 719.36

若暗佣采用议付结算方式,则收到货款时扣除暗佣,当日汇率为 1 美元＝6.56 元人民币,会计分录如下:

　　借:银行存款——美元户(USD 97 200×6.42)　　　　　　　　624 024.00
　　　　应付外汇账款(USD 3 006×6.42)　　　　　　　　　　　19 298.52
　　　贷:应收外汇账款(USD 100 206×6.42)　　　　　　　　　643 322.52

若采用累计佣金结算,无法确认到具体商品上的,会计分录如下:

借:销售费用
　　贷:应付外汇账款

【**课堂练习**】 W公司向英国出口LED灯，采用信用证结算方式。该公司发生以下经济业务。

(1)收到储运部门转来出库单(记账联)，列明出库LED灯200箱，每箱20 000元人民币，予以转账。

(2)收到业务部门转来销售LED灯的发票副本和银行回单。发票列明LED灯200箱，每箱CIF价为4 500美元，共计货款90 000美元。当日汇率为1美元=6.7元人民币。根据发票和出库单分别确认出口LED灯的销售收入并结转销售成本。

(3)支付运输公司将LED灯运送北仑港的运杂费2 350元人民币。

(4)支付LED灯的港口装船费1 540元人民币。

(5)收到远洋运输公司发票1张，金额为1 300美元，系国外运费，当即从外币账户汇付给对方。当日汇率为1美元=6.68元人民币。

(6)按LED灯CIF价的110%向保险公司投保，保费率为2.8%，从外币账户支付。当日汇率为1美元=6.6元人民币。

(7)根据出口LED灯2%的佣金率，将应付客户的暗佣入账。当日汇率为1美元=6.70元人民币。

(8)收到银行转来收汇通知，出口销售货款存入外币存款账户。当日汇率为1美元=6.60元人民币。

(9)将应付的暗佣汇付给中间商。当日汇率为1美元=6.70元人民币。

要求：根据以上经济业务，编制会计分录。

(二)支付国外运费、保险费的核算

跨境电商B2B出口贸易中，若以FOB成交，出口企业就不用承担国外运费和保险费；若以CFR成交，出口企业只承担国外运费；若以CIF成交，出口企业应承担国外运费和保险费。

【**工作实例4-4**】 跨境电商W公司向匈牙利出口LED灯150箱，发生以下有关经济业务。

(1)收到外轮运输公司发票1张，W公司当即用外币账户支付出口国外运费3 200美元。当日汇率为1美元=6.50元人民币。

(2)按LED灯销售发票金额90 206美元的110%向保险公司投保，保险费率为3%，签发转账支票，用外币账户支付。当日汇率为1美元=6.50元人民币。

要求：根据以上经济业务，编制会计分录。

解析：

(1)借：主营业务收入——自营出口销售收入　20 800

　　贷：银行存款——美元户(USD 3 200×6.50)　20 800

(2)借：主营业务收入——自营出口销售收入　19 349.2

　　贷：银行存款——美元户(USD 2 976.80×6.50)　19 349.2

【**课堂练习**】 浙江沃尔得公司出口销售给英国300箱LED灯，发生以下有关经济业务。

　　(1)3月2日，收到外轮运输公司发票1张，金额为2 500美元，系300箱LED灯的运费，当即用外币账户汇付对方。当日汇率为1美元=6.28元人民币。

　　(2)3月3日，按LED灯销售发票金额8 000美元的110%向保险公司投保，保费率为2%，签发转账支票，用外币账户支付。当日汇率为1美元=6.25元人民币。

　　要求：根据以上经济业务，编制会计分录。

(三)货物出口海外仓的核算

　　货物出口到海外仓，通常以海外仓管理人或出口企业在境外设立的分公司作为收货人，商品按出口报关金额申请退税。企业海外仓的销售分为两个过程：一是商品出口到海外仓时，按报关单折算的FOB价确认收入；二是在境外实现销售时，海外售价与成本金额的价差仍确定为收入。

　　【工作实例 4-5】 跨境电商 W 公司出口货物到海外仓，以 FOB 价报关，发生以下有关经济业务。

　　(1)出口 A 商品成本为 20 200 美元，实现海外销售 25 200 美元。当日汇率为1美元=6.58元人民币。

　　(2)出口 B 商品成本为 10 200 美元，实现海外销售 14 200 美元。当日汇率为1美元=6.58元人民币。

　　要求：根据以上经济业务，编制会计分录。

　　解析：

　　(1)出口商品运往海外仓时，商品先按成本确认收入；等到境外实现销售时，按销售与成本的差额确定为收入。

```
借：应收外汇账款(USD 20 200×6.58)                    132 916
    贷：主营业务收入——自营出口销售收入                           132 916
借：应收外汇账款(USD 5 000×6.58)                     32 900
    贷：主营业务收入——自营出口销售收入                            32 900
```

　　(2)B 商品运往海外仓出口时，商品先按成本金额确认收入；等到境外销售时，按销售与成本的差额确定为收入。

```
借：应收外汇账款(USD 10 200×6.58)                    67 116
    贷：主营业务收入——自营出口销售收入                            67 116
借：应收外汇账款(USD 4 000×6.58)                     26 320
    贷：主营业务收入——自营出口销售收入                            26 320
```

　　【课堂练习】 跨境电商 W 公司出口货物到海外仓，商品以 FOB 价报关，成本金额为 45 000 美元，实现海外销售 55 000 美元。当日汇率为1美元=6.57元人民币。

　　要求：根据以上经济业务，编制会计分录。

(四)样品出口的核算

　　根据是否报关，样品出口的核算分为正规报关出口核算和非报关出口核算。

　　1. 正规报关出口核算

　　正规报关出口是指出口企业要求快递公司以出口企业的名义报关，包括一般贸易出口、货样广告品出口。企业出口货物正规报关出口后，按取得的全套出口货运单据，办理收汇手续，借记"银行存款"账户，贷记"主营业务收入"账户。根据取得的增值税专用发票，借记"主营业务成本"账户，贷记"库存商品"账户。如果出口货物外购的货物是免费取得，既没有取得增值税发票，同时也不收汇，需要视同内销处理。

【工作实例4-6】 跨境电商W公司购入2台监控摄像头样品，每台为5 000元人民币，取得增值税税额为1 300元人民币（增值税税率为13%），以FOB形式报关出口。W公司收到外汇3 500美元，存入中国银行。当日汇率为1美元＝6.81元人民币。（银行收汇手续费忽略不计）。

要求： 根据以上经济业务，编制会计分录。

解析： 跨境电商W公司出售样品且收到样品货款。一方面确认为出口样品销售收入，同时结转库存商品成本。

借：银行存款——中国银行（USD 3 500×6.81） 23 835
　　贷：主营业务收入——出口收入 23 835
借：主营业务成本——出口成本 10 000
　　贷：库存商品——监控摄像头 10 000

【课堂练习】 跨境电商W公司购入LED灯，取得增值税发票，发票金额为5 000元人民币，以FOB形式报关出口。W公司收到外汇750美元，存入工商银行。当日汇率为1美元＝6.73元人民币。

要求： 根据以上经济业务，编制会计分录。

【工作实例4-7】 跨境电商W公司购入2台监控摄像头样品，每台为5 000元人民币，共计货款10 000元人民币。该公司将购入的2台监控摄像头无偿提供给外商。

要求： 根据以上经济业务，编制会计分录。

解析： 跨境电商W公司出口样品报关但不收汇，无偿提供给外商，应记入销售费用，同时视同内销计算销项税额。会计分录编制如下：

借：销售费用——样品费 11 300
　　贷：库存商品——监控摄像头 10 000
　　　　应交税费——应交增值税（销项税额） 1 300

【课堂练习】 跨境电商W公司购入10只LED灯，取得增值税发票，发票注明金额为5 000元人民币。W公司将10只LED灯无偿送给匈牙利客户G作为样品。

要求： 根据以上经济业务，编制会计分录。

2. 非报关出口核算

非报关出口又称集中报关，是指由快递公司把所有快递出口的样品（如邮寄）汇总清关。对于出口企业来说，这种形式由于没有报关，因此也没有电子口岸的报告信息，要按视同内销征税处理。

【工作实例4-8】 浙江沃尔得公司参加市外经贸厅组织的迪拜展览，购入3台监控摄像头。假设监控摄像头的成本为10 000元人民币，作为内销计价为15 000元人民币，适用的增值税税率为13%。

要求：根据以上经济业务，编制会计分录。

解析：

借：应收账款——样品费	16 950
贷：主营业务收入——内销收入	15 000
应交税费——应交增值税（销项税额）	1 950
借：主营业务成本——样品费	10 000
贷：库存商品——监控摄像头	10 000

【课堂练习】　浙江沃尔得公司参加市外经贸厅组织的迪拜展览，企业购入 250 个 LED 灯。假设 LED 灯的成本为 2 500 元人民币，作为内销计价为 2 800 元人民币，适用的增值税税率为 13%。

要求：根据以上经济业务，编制会计分录。

三、自营出口销售其他业务的核算

(一)退关的核算

退关是指出口商品发货出库后，因故未能装运上船(车)就被退回仓库。储运部门接到业务部门转来的出口商品止装通知后，应立即采取措施，将已发出的商品予以提回，并办理入库手续。财务部门根据转来的入库凭证，借记"库存商品"账户，贷记"待运和发出商品"账户。

【工作实例 4-9】　跨境电商 W 公司收到储运部门发来的退关止装通知单，单据上列明出库 LED 灯 200 箱，每箱 70 000 元人民币，因规格不符，已退回验收入库。

要求：根据以上经济业务，编制会计分录。

解析：

借：库存商品——LED 灯	14 000 000
贷：待运和发出商品——LED 灯	14 000 000

【课堂练习】　云天进出口公司通过铁路运输出口丙商品一批到波兰，商品的出口成本为 50 000 元人民币。在商品出库后，因故未能出口，又被运回仓库。

要求：根据以上经济业务，编制会计分录。

(二)退运的核算

1. 视同内销的范围

出口商品销售后，因故被国外客户退货，出口方在财务上要按照出口视同内销征税。出口内销征税是指税务机关对某些不符合出口货物退(免)税规定条件的出口货物，视同国内销售予以征税。出口视同内销征税的会计核算按规定冲减外销收入，同时确认内销收入并计提销项税。

2. 视同内销的账务处理

(1)视同内销征税时，冲减外销收入，增加内销收入并计提销项税额。

$$销项税额＝出口货物离岸价×外汇人民币牌价×\frac{法定增值税率}{1＋法定增值税率}$$

借：主营业务收入——出口收入
　　贷：主营业务收入——内销收入
　　　　应交税费——应交增值税(销项税额)
(2)冲减原成本与出口退税，缴纳税款。
借：主营业务成本——出口商品
　　贷：应交税费——应交增值税(进项税额转出)
(3)冲减计提的出口退税。
借：应交税费——应交增值税(进项税额)
　　贷：其他应收款——应收出口退税
(4)计算应纳税额，申报缴纳税金。
借：应交税费——应交增值税(转出未交增值税)
　　贷：应交税费——应交增值税(未交增值税)
借：应交税费——应交增值税(未交增值税)
　　贷：银行存款
(5)销售退回发生的国内外费用，借"待处理财产损溢"账户，贷记"银行存款"账户。
借：待处理财产损溢——××
　　贷：银行存款
(6)查清原因，通过"待处理财产损溢"账户归集销售退回商品发生的所有费用。如果退货原因系供货单位的责任，应要求由其负责赔偿，借记"其他应收款"账户，贷记"待处理财产损溢"账户；如果退货原因系本企业管理不善造成的，借记"营业外支出"账户，贷记"待处理财产损溢"账户。
借：营业外支出
　　其他应收款——××
　　贷：待处理财产损溢

【工作实例4-10】　跨境电商W企业出口一批LED灯给美国客户L(合同编号：WRDd005)。该批货物的出口征税率为13％，退税率为11％。W公司发生以下经济业务。

(1)5月20日，W公司购入LED灯150箱，并收到艾莱特工厂开具的增值税专用发票，所列金额共计130 000元人民币，税额16 900元人民币，W公司当天支付货款146 900元人民币。商品验收入库。
(2)5月21日，商品验收后，运往码头。
(3)5月22日，出口货物，报关金额为FOB 170 000元人民币。
(4)结转该批货物的出口成本。
(5)5月30日，计提该批货物的出口退税金额，办理出口退税网上申报。
(6)6月5日，经税务局审核企业出口退税申报，该笔出口业务不符合退税条件，作出不予退税的处理，要求视同内销征税。
(7)经W公司业务主管确认，开立出口普通发票(红字)，确认冲减该笔合同收入。
(8)财务部确认需冲减该批货物的成本。
(9)财务部确认冲减该批货物计提的出口税金。
(10)6月7日，企业收到视同内销征税通知，计提应缴纳税费。

(11)6 月 13 日，W 公司向主管退税机关申请开具《外贸企业出口视同内销征税证明》并缴纳税款。

要求： 根据以上业务经济，编制会计分录。

解析： W 公司 5 月自营销售出口按正常业务处理，6 月收到国税局反馈该笔合同不能出口退税，企业需开立红字发票，冲减外销收入、成本、出口退税，同时计提并缴纳税款。

(1)购入 LED 灯 150 箱，商品验收入库。

借：库存商品——LED 灯	130 000
应交税费——应交增值税(进项税额)	16 900
贷：银行存款	146 900

(2)商品验收入库运往码头。

借：代运和发出商品——LED 灯	130 000
贷：库存商品——LED 灯	130 000

(3)货物报关出口，以 FOB 价出口确认外销收入。

借：应收账款——应收外汇账款——L	170 000
贷：主营业务收入	170 000

(4)同时结转成本/结转增值税征税率和退税率之差。

借：主营业务成本——LED 灯	130 000
贷：代运和发出商品——LED 灯	130 000

结转成本税额＝130 000×(13%－11%)＝2 600(元)

借：主营业务成本——LED 灯	2 600
贷：应交税费——应交增值税(进项税额转出)	2 600

(5)计提出口退税。

本月退税额＝130 000×11%＝14 300(元)

借：应交税费——应交增值税(出口退税)	14 300
贷：其他应收款——应收出口退税	14 300

(6)6 月，出口退税申请退回，按内销征税，冲减外销收入，同时确认内销收入，计提销项税额。

销项税额＝170 000÷(1＋13%)≈150 442.48(元)

借：主营业务收入——出口收入	170 000
贷：主营业务收入——内销收入	150 442.48
应交税费——应交增值税(销项税额)	19 557.52

(7)经 W 公司业务主管确认，开立出口普通发票(红字)，确认冲减合同收入。

借：应收账款——应收外汇账款——L	170 000
贷：主营业务收入	170 000

(8)冲减出运成本。

借：主营业务成本——LED 灯	130 000
贷：代运和发出商品——LED 灯	130 000

借：主营业务成本　　　　　　　　　　　　　　　　　　　　2 600

　　贷：应交税费——应交增值税（进项税额转出）　　　　　　　　　2 600

（9）财务部确认冲减该批货物计提的出口税金。

借：应交税费——应交增值税（出口退税）　　　　　　　　14 300

　　贷：其他应收款——应收出口退税　　　　　　　　　　　　　　14 300

（10）计提内销应缴纳税费。

应缴纳税额＝销项税额－进项税额＝19 557.15－16 900＝2 657.15（元）

借：应交税费——应交增值税（转出未交增值税）　　　　　2 657.15

　　贷：应交税费——应交增值税（未交增值税）　　　　　　　　　2 657.15

（11）缴纳税款，并收到税务局盖章的《外贸企业出口视同内销征税证明》回单。

借：应交税费——应交增值税（未交增值税）　　　　　　　2 657.15

　　贷：银行存款　　　　　　　　　　　　　　　　　　　　　　　2 657.15

【工作实例4-11】　跨境电商 W 公司出口 LED 灯一批（合同编号：WRDd010），出口货物征税率为13%，货物 CIF 价为29 700美元。W 公司发生以下经济业务。

（1）8月，发现因业务员李玲在签订电子订单时，型号确认不及时，导致 LED 灯的包装不符要求，商品被退回。收到出口退回商品提单及原发票。冲转商品销售收入。当日汇率为1美元＝6.60元人民币。

（2）该批 LED 灯的进价成本为120 000元人民币，征税率为13%，税额为15 600元人民币，冲转商品销售成本。退税率为11%，退税额为132 000元人民币。

（3）冲减 LED 灯出口时发生的国内外费用。其中，国内运杂费为700元人民币，国外运费为4 234美元，国外保险费为76美元。当日汇率为1美元＝6.60元人民币。

（4）汇付 LED 灯退回过程中发生的国外运费334美元，国外保险费53美元。当日汇率为1美元＝6.50元人民币。

（5）通过网银支付退货发生的国内运杂费700元人民币。

（6）仓库收到退回的 LED 灯。

（7）经批准，该批出口退货由业务员承担10%的责任，W 公司承担90%的责任。

（8）计算内销缴纳的税金。

要求： 根据以上经济业务，编制会计分录。

解析： 退运后冲减原有的外销收入，同时确定出口视同内销征税。

（1）冲回原销售收入，确定内销收入。

$$销项税额＝29 700 \times 6.6 \times \frac{13\%}{1+13\%} \approx 22 550.97（元）$$

借：主营业务收入——自营出口销售收入　　　　　　　　　196 020

　　贷：主营业务收入——内销收入　　　　　　　　　　　　　　　173 469.03

　　　　应交税费——应交增值税（销项税额）　　　　　　　　　　22 550.97

（2）冲减该笔成本。

借：待运和发出商品——LED 灯　　　　　　　　　　　　　120 000

　　贷：主营业务成本——自营出口销售成本　　　　　　　　　　　120 000

借：主营业务成本—自营出口销售成本   2 400
　　贷：应交税费——应交增值税（进项税额转出）   2 400
借：应交税费——应交增值税(出口退税)   13 200
　　贷：其他应收款——应收出口退税   13 200

(3)冲减 LED 灯出口时发生的国内外费用。

借：待处理财产损溢   3 215.50
　　贷：主营业务收入——自营出口销售收入(国外运费)   2 171.00
　　　　　　　　——自营出口销售收入(国外保险费)   344.50
　　　销售费用   700.00

(4)汇付 LED 灯退回过程中发生的国外运费和国外保险费。

借：待处理财产损溢   2 515.50
　　贷：银行存款——美元户(USD 387×6.50)   2 515.50

(5)通过网上银行支付退货发生的国内运杂费。

借：待处理财产损溢   700
　　贷：银行存款   700

(6)收到退回的 LED 灯。

借：库存商品——LED 灯   120 000
　　贷：待运和发出商品——LED 灯   120 000

(7)业务员承担 10% 的责任，W 公司承担 90% 的责任。

借：其他应收款——李玲   643.10
　　管理费用   5 787.90
　　贷：待处理财产损溢   6 431.00

(8)计算内销缴纳的税金。

借：应交税费——应交增值税(转出未交增值税)   6 950.97
　　贷：应交税费——应交增值税(未交增值税)   6 950.97
借：应交税费——应交增值税(未交增值税)   6 950.97
　　贷：银行存款   6 950.97

【课堂练习】 跨境电商 W 公司出口一批袜子到日本(合同编号：WRDd013)，销售金额为 CIF 价 50 000 美元，明佣为 1 000 美元。该批袜子的进价成本为 275 000 元人民币，征税率为 13%，退税率为 11%。因该批商品的规格不符合要求，商品已被退回。W 公司发生以下经济业务。

(1)3 月 5 日，收到出口退回商品提单和原发票复印件。当日汇率为 1 美元＝6.28 元人民币。

(2)3 月 7 日，汇付退回袜子的国外运费 1 200 美元，保险费 110 美元。当日汇率为 1 美元＝6.27 元人民币。

(3)3 月 8 日，以银行存款支付退回商品国内运费及装卸费 1 650 元人民币。

(4)3 月 8 日，计算内销缴纳的税金。

要求：根据以上经济业务，编制会计分录。

（三）对外理赔的核算

理赔是指出口企业因违反合同规定，使国外客户遭受损失，给予对方补偿的行为。根据理赔情形不同，进行不同的账务处理。

国外客户提出索赔时，当对方出具必要的证明经过确认应予赔偿的，先计入"待处理财产损溢"账户。待查明原因，再作出相应处理。处理原则如下：①如果在投保范围内，应由保险公司赔偿；如果属于运输单位责任的，应由运输单位赔偿。借记"其他应收款"账户，贷记"待处理财产损溢"账户。②如果是企业自身管理不善造成的，经批准后，借记"管理费用"账户，贷记"待处理财产损溢"账户。③如果是企业少发货且商品仍在仓库中的，则应作销货退回处理。根据对方索赔的金额，借记"主营业务收入"账户，贷记"待处理财产损溢"账户；根据少发商品的数量和成本，借记"库存商品"账户，贷记"主营业务成本"账户。④如果是企业错发商品，双方同意以调换商品的方式处理的，应调整库存、销售收入和销售成本。对商品在出口及调换过程中发生的国内外费用，先计入"待处理财产损溢"账户，批准后再计入"营业外支出"账户。⑤如果是企业错发商品，双方协商不调换商品，以退补价方式处理的，应调整库存、销售收入和销售成本，同时结转"待处理财产损溢"账户到"主营业务收入——自营出口销售收入"账户。

【工作实例 4-12】 跨境电商 W 公司出口 LED 灯 15 00 个，但发货时把甲型号 LED 灯错发为乙型号，后因规格不符合要求，客户提出理赔。W 公司发生以下经济业务。

（1）因美国客户 M 收到的产品规格不符，向 W 公司索赔 6 000 美元，W 公司同意理赔。经保险公司确认，同意理赔。当日汇率为 1 美元＝6.48 元人民币。

（2）双方协商不调换商品，以退补价方式处理。甲型号 LED 灯的每件售价为 17 美元，乙型号 LED 灯的每件售价为 14 美元。当日汇率为 1 美元＝6.48 元人民币。

（3）甲型号 LED 灯进价成本为每件 80 元人民币，乙型号 LED 灯进价每件为 60 元人民币，调整销售成本。

（4）经查，发错货系公司管理不善造成。经公司批准，结转"待处理财产损溢"账户到"管理费用"账户。

要求： 根据以上经济业务，编制会计分录。

解析：

（1）W 公司与客户确认理赔，确认理赔金额为 6 000 美元。

借：待处理财产损溢	38 880
贷：应付账款——应付外汇账款（USD 6 000×6.48）	38 880

（2）双方协商不调换商品，以退补差价方式解决纠纷，调整收入。

借：主营业务收入——自营出口销售收入	165 240
贷：应收账款——应收外汇账款——M	29 160
主营业务收入——自营出口销售收入	136 080

（3）调整销售成本。

借：库存商品——LED 灯（甲型号）	120 000
贷：库存商品——LED 灯（乙型号）	90 000
主营业务成本——自营出口销售成本	30 000

（4）结转"待处理财产损溢"账户。

借：管理费用　　　　　　　　　　　　　　　　　　　　　　38 800

　　贷：待处理财产损溢　　　　　　　　　　　　　　　　　　　　38 800

【工作实例 4-13】承接【工作实例 4-12】中的内容。W 公司又发生以下经济业务。

（1）经过双方多次协商，确定调换商品方式处理，确认理赔。

（2）支付调换商品的国外运费和保险费共计 1 750 美元。当日汇率为 1 美元＝6.48 元人民币。

（3）经查，发错货系公司管理不善所造成。经公司批准，结转"待处理财产损溢"账户到"管理费用"账户。

要求：根据以上经济业务，编制会计分录。

解析：

（1）双方协商调换商品，确认理赔。

借：待处理财产损溢　　　　　　　　　　　　　　　　　　　　38 880

　　贷：应付外汇账款（USD 6 000×6.48）　　　　　　　　　　　　38 880

（2）支付调换商品的国外运费和保险费。

借：待处理财产损溢　　　　　　　　　　　　　　　　　　　　11 340

　　贷：银行存款——美元户（USD 1 750×6.48）　　　　　　　　　11 340

（3）结转"待处理财产损溢"账户。

借：营业外支出　　　　　　　　　　　　　　　　　　　　　　50 220

　　贷：待处理财产损溢　　　　　　　　　　　　　　　　　　　　50 220

【课堂练习】 跨境电商 W 公司向美国 D 公司出口小家电，发生以下经济业务。

（1）6 月 5 日，W 公司出口小家电 1 000 台，每台 CIF 价为 20 美元，销货款 20 000 美元，明佣 800 美元，款项已收取。当日汇率为 1 美元＝6.28 元人民币。

（2）6 月 18 日，D 公司因收到的货物规格与合同不符，提出索赔，索赔金额 3 500 美元，W 公司同意理赔。当日汇率为 1 美元＝6.27 元人民币。

（3）6 月 21 日，W 公司查明理赔原因，为发错商品，应冲减商品销售收入，其中佣金 140 美元。当日汇率为 1 美元＝6.26 元人民币。

（4）6 月 21 日，收到运输部门转来的出库单两联，红字出库单列明小家电 1 000 台，每台 120 元人民币；蓝字出库单列明小家电 1 000 台，每台 20 美元。

要求：根据以上经济业务，编制会计分录。

（四）对外索赔的核算

当货物在出口后发生对外索赔或者理赔的事件时，企业应根据不同情况，分别进行账务核算。企业因国外客户违反合同规定遭受损失时，可在合同规定的期限内向对方提出赔偿要求。有关索赔、理赔及清算，均应通过"应收账款——应收外汇账款"账户及"应付账款——应付外汇账款"账户核算。

企业因对方违约而遭受损失时，应在合同规定的期限内向国外客户提出索赔。在国外客户同意赔偿时，借记"应收账款——应收外汇账款"账户，贷记"营业外收入"账户。

【工作实例 4-14】 5 月，跨境电商 W 公司发生以下经济业务。

(1)5月10日，W公司出口5 000个LED灯到英国kL公司。由于kL公司违约，W公司向kL公司索赔20 000美元。经双方多次协商，赔偿金额达成一致。当日汇率为1美元＝6.70元人民币。

(2)5月15日，W公司收到银行的结汇水单，确认收到kL公司的理赔款20 000美元。当日汇率为1美元＝6.60元人民币。

要求：根据以上经济业务，编制会计分录。

解析：

(1)借：应收账款——应收外汇账款——出口索赔（USD 20 000×6.70）　134 000

　　贷：营业外收入——出口索赔　　　　　　　　　　　　　　　　　134 000

(2)借：银行存款（USD 20 000×6.60）　　　　　　　　　　　132 000

　　　财务费用——汇兑损益　　　　　　　　　　　　　　　　　2 000

　　贷：应收账款——应收外汇账款——出口索赔（USD 20 000×6.70）　134 000

【课堂练习】　NK公司出口LED灯80 000个到英国M公司。6月NK公司发生以下经济业务。

(1)M公司拒不履行合约支付货款。6月7日，NK公司向M公司索赔60 000美元，经多次协商，M公司同意赔偿。当日汇率为1美元＝6.75元人民币。

(2)6月20日，NK公司收到银行收到水单，确认收到M公司理赔款60 000美元。

要求：根据以上经济业务，编制会计分录。

四、代理出口业务的核算

(一)代理出口业务

1. 代理出口业务的概念

代理出口业务是指具有进出口权的外贸公司或者外贸综合平台利用自己的出口代理权，接受委托方的委托，为其代办出口货物的出运、报关、收汇等业务的行为。通常，报关单上的境内发货人和生产销售单位为两个不同的公司，境内发货人通常为受托方，生产销售单位通常为委托方。

外贸公司代理出口业务是一种有偿的服务业务。外贸公司只收取代理费用，货物的所有权、出口退税权都归委托公司所有。外贸公司对出口货物只记入台账，收取的货款也作为往来款项处理，只有收取的代理手续费属于代理收入。通常，代理手续费一般按出口发票上所列金额及其商定的手续费比率来收取。

2. 代理出口业务核算的特点

(1)受托方、委托方应事先签订代理出口协议，明确规定经营商品、代理范围、保管运输、费用负担、货款结算、手续费率、索赔、货款结算等详细规定，以明确各方的权利和责任。

(2)受托企业经办代理出口业务，不垫付商品资金、不负担基本费用、不承担出口销售业务盈亏，只按销售发票金额和规定的手续费率向委托方收取代理手续费。

(3)受托企业按出口发票的金额及规定的手续费，向委托方收取手续费，作为经办代理出口业务的管理费用和收益。

(4)代理出口商品的出口退税归委托方,一般由受托企业负责去其所在地的税务局开立代理出口退税证明,由委托方持证明出口报关单和代理出口协议副本等文件向其当地的税务部门办理退税。

3. 代理出口外汇货款结算的方法

代理出口企业对于收到货款的结转,有全额结汇法和异地结汇法两种。

(1)全额结汇法。全额结汇法也称受托方结汇,是指银行在收到代理出口销售外汇时按全额转入受托企业存款账户的一种结算方式。采用这种方式,受托企业在收到外汇货款时,扣除垫付的国内外费用及代理手续费,将外汇余额直接划转给委托单位。

(2)异地结汇法。异地结汇法也称委托方结汇,是指受托企业在商品出口销售向银行办理交单收汇时,办妥必要的手续,银行在收到收汇后,向代理出口的受托外贸企业和委托单位分割结汇。采取这种方法,银行在收到外汇时,扣除佣金、垫付的国内外费用和代理手续费,同时将外汇余额通过银行转付给委托单位。

(二)代理出口业务的账户设置和业务核算

1. 代理出口业务的账户设置

(1)"应收外汇账款"账户和"应付账款"账户。设置"应收外汇账款"和"应付账款"这两个账户主要是反映受托企业(外贸公司)与国外购货客户和国内委托方之间的货款结算业务。

(2)"其他业务收入"账户。该账户是损益类账户,核算外贸企业在代理出口销售业务过程中,按合同规定向国内委托方收取的代理手续费。

(3)"受托代销商品"账户。该账户是资产类账户,核算企业已收到的委托单位发来的代理出口商品。收到外贸公司根据合同规定委托单位发来的代理商品时,应借记"受托代销商品"账户,贷记"受托代销商品款"账户。代理商品出库后,应根据储运部门转来的代理业务出库单上所列金额,借记"发出商品——受托代销商品"账户,贷记"受托代销商品"账户。期末余额在借方,表示企业委托代理出口商品和代销商品的结存额。

(4)"受托代销商品款"账户。该账户是负债类账户,用以核算企业代理出口的商品价款。企业收到代理出口商品或者代销商品时,应借记"委托代销商品"账户,贷记"受托代销商品款"账户;企业代理出口商品或者代销商品销售时,应借记"发出商品"账户,贷记"受托代销商品"。期末余额在贷方,表示企业尚未销售的代理出口商品和代销商品的数额。

📅 相关链接

买单出口

通常,只有取得进出口权的企业在海关备案后,才可以向海关申报进出口报关。没有进出口权但有进出口业务需求的企业,可通过外贸公司代理企业出口,代办报关、结汇、退税等相关业务。代理出口是合法合规的,但目的相似的买单出口都是违法违规的。

买单出口是指企业直接把货物交给货代并以其名义报关出口,不使用自己的企业抬头报关的贸易行为。具体来说,买单出口以逃税、逃费、逃汇、逃证为目的,通过伪造或购买其他进出口公司的通关单证,并以其他公司的名义进行外贸出口。买卖的通关单证包括通关单、报关单、报关委托书、装箱单、商业发票、外销合同、报检委托书、存仓委托书等。

买单行为会为企业带来风险。通过买单报关出口货物，企业无法正常收汇到对公账户，也无法正常从公账结算采购款项给供应商。如果买单出口的外汇是通过地下钱庄来进行对私结汇，大概率会被判定为洗钱或者诈骗，风险非常大。在当前全球范围的金融账户信息交换系统、金税四期等信息化手段广泛运用的政策环境下，国家管控日渐严格，不明来源的大额收付可能会导致企业被银行问询资金来源，甚至被银行冻结资金。虽然现实中部分跨境电商企业为图方便，无票采购，买单报关，但事实上该行为属于违法行为。买卖海关签发的报关单、进口证明、外汇管理机关的核准文件等凭证构成伪造、变造、买卖国家机关公文、证件、印章罪，可能被判处三年以下有期徒刑、拘役、管制或者剥夺政治权利，还会并处罚金。

买单出口和外贸代理的区别在：①买单出口是违法违规的，而代理出口是合法合规的；②买单出口不可以退税，代理出口可以退税；③买单出口的收入只能回到个人账户，但代理出口的收入是可以合规地回到公司的对公账户；④买单出口是通过货代把商品发出去，是以他人公司的名义报关出口，货物通关完成之后，企业要自行解决资金回流国内的问题，代理出口是与外贸代理公司签订代理协议，外贸代理企业不仅要解决货物通关的问题，还要解决收费及完税的问题。

在实际经营中，企业应当遵守相关法律法规，通过代理出口流程，合法合规地解决经营中的实际困难。切勿贪图一时方便，因买单出口造成公司账务管理混乱，触犯法律法规，造成无可挽回的经济损失。

2. 代理出口业务的核算举例

【工作实例 4-15】 跨境电商 W 公司受理青田爱来特袜业厂的代理业务，货款采用全额结汇法结算。6 月发生以下经济业务。

(1)6 月 2 日，收到储运部门转来代理业务入库单，出口袜子 18 箱，计税金额为 200 000 元人民币。

(2)6 月 3 日，收到储运部门转来代理业务出库单，出口袜子 18 箱，计税金额为 200 000 元人民币。

(3)6 月 4 日，商品发运装船，收到业务部门转来代理销售发票副本和银行回单，发票列明货款共计 54 000 美元，暗佣 1 080 美元。当日汇率为 1 美元＝6.50 元人民币。

(4)6 月 4 日，根据代理出口单结转袜子的销售成本。

(5)6 月 4 日，商品发运装船，共发生国内运杂费 1 300 元人民币，税金 117 元人民币。

(6)6 月 4 日，国外运保费为 1 000 美元，企业全部垫付。当日汇率为 1 美元＝6.50 元人民币。

(7)6 月 5 日，按照代理协议，企业收取代理手续费 1 300 美元。当日汇率为 1 美元＝6.50 元人民币。

(8)6 月 10 日，出口货款银行已经收妥，W 公司收到银行结汇单据。假定暗佣采用议付方式支付。当日汇率为 1 美元＝6.50 元人民币。

(9)6月15日，W公司将货款余额转付给青田爱来特袜业厂。

(10)W公司收到1 300美元代理费，增值税税率为6%。当日汇率为1美元＝6.50元人民币。

(11)该代理业务采用异地结汇法结汇货款。

要求：根据以上经济业务，编制会计分录。

解析：

(1)收到储运部门转来代理业务入库单。

借：受托代销商品——青田爱来特袜业厂 200 000
　　贷：受托代销商品款——青田爱来特袜业厂 200 000

(2)收到储运部门转来代理业务出库。

借：发出商品——受托代销商品 200 000
　　贷：受托代销商品——青田爱来特袜业厂 200 000

(3)销售货款54 000美元，暗佣1 080美元。

借：应收外汇账款(USD 54 000×6.50) 351 000
　　贷：应付账款——青田爱来特袜业厂 351 000

借：应付账款——青田爱来特袜业厂 7 020
　　贷：应付外汇账款(USD 1 080×6.50) 7 020

(4)根据代理出口单结转袜子的销售成本。

借：受托代销商品款——青田爱来特袜业厂 200 000
　　贷：发出商品——受托代销商品 200 000

(5)替青田爱来特袜业厂支付国内相关费用。

借：应付账款——青田爱来特袜业厂 1 300
　　应交税费——应交增值税(进项税额) 117
　　贷：银行存款 1 417

(6)替青田爱来特袜业厂支付国外运保费。

借：应付账款——青田爱来特袜业厂 6 500
　　贷：银行存款——美元户(USD 1 000×6.50) 6 500

(7)企业收取代理手续费。

借：应付账款——青田爱来特袜业厂 8 450
　　贷：其他业务收入——代理手续费 8 450

(8)出口货物货款已经收妥，暗佣采用议扣支付。

借：银行存款——美元户(USD 52 920×6.50) 343 980
　　应付外汇账款(USD 1 080×6.50) 7 020
　　贷：应收外汇账款(USD 54 000×6.50) 351 000

(9)结算青田爱来特袜业厂款项。

借：应付账款——青田爱来特袜业厂 327 730
　　贷：银行存款 327 730

(10)该外贸公司代理业务需要缴纳税金。

$$税金＝1\ 300×6.5×\frac{6\%}{1＋6\%}≈478.30(元)$$

借：其他业务成本　　　　　　　　　　　　　　　　　　　　　　　　　478.30

　　贷：应交税费——应交增值税（销项税额）　　　　　　　　　　　　478.30

（11）如果该代理出口业务采用异地结汇法结算货款，则业务（8）和业务（9）的会计分录如下：

借：银行存款——人民币　　　　　　　　　　　　　　　　　　　　　16 250

　　应付账款——青田爱来特袜业厂　　　　　　　　　　　　　　　　327 730

　　应付外汇账款（USD 1 080×6.50）　　　　　　　　　　　　　　　7 020

　　贷：应收外汇账款（USD 54 000×6.50）　　　　　　　　　　　　351 000

【课堂练习】　跨境电商 W 公司受理诸暨 D 袜业厂代理出口袜子，代理手续费率为3％，货款采用全额结汇法结算。8 月发生以下经济业务。

（1）8 月 2 日，收到储运部门转来代理业务入库单，出口袜子 32 箱，计税金额为287 000 元人民币。

（2）8 月 3 日，收到储运部门转来代理业务出库单，出口袜子 32 箱，计税金额为287 000 元人民币。

（3）8 月 4 日，商品发运装船，收到业务部门转来代理销售发票副本和银行回单，发票列明货款共计 64 000 美元，暗佣 1 280 美元。当日汇率为 1 美元＝6.95 元人民币。

（4）8 月 4 日，根据代理出口单结转袜子的销售成本。

（5）8 月 4 日，商品发运装船，共发生国内运杂费 1 500 元人民币，税金 135 元人民币。

（6）8 月 4 日，国外运保费为 1 200 美元，企业全部垫付。当日汇率为 1 美元＝6.95元人民币。

（7）8 月 5 日，出口货款银行已收妥，企业收到银行结汇单据。假定暗佣采用议付支付方式。当日汇率为 1 美元＝6.95 元人民币。

（8）8 月 9 日，按照代理协议，企业收取代理手续费 1 920 美元。当日汇率为 1 美元＝6.95 元人民币。

（9）8 月 10 日，企业与诸暨 D 袜业厂结算款项，并支付货款余额。

（10）企业收到 1 920 美元代理费，计提需缴纳的税款。

要求：根据以上经济业务，编制会计分录。

五、加工贸易的核算

（一）加工贸易

1. 加工贸易的概念

加工贸易主要是指从境外保税区进口全部或部分原辅料、零部件、进口料件，经境内企业加工或装配后，将制成品复出口的经营活动。加工贸易主要包括进料加工和来料加工。

在加工贸易中，生产企业是加工贸易的主体。外贸企业也可以从事加工贸易，但由于外贸企业没有加工能力，外贸企业的加工业务通常委托给生产企业进行。生产企业接受委托，为外贸企业加工产品，外贸企业回购这些产品并出口。所以在加工贸易中，存在着经营企业与加工企业不一致的情况。经营企业主要是指负责对外签订加工贸易进出口合同的各类进出口企业和外商投资企业，以及经批准获得来料加工经营许可的对外加工装配服务公司。加工企业是指受经营企业委托、负责对进口料件进行加工或者装配且具有法人资格的生产企业，以及由经营企业设立的虽不具有法人资格，但实行相对独立核算并已经办理工商营业证(执照)的工厂。

📅 **相关链接**

加工贸易与一般贸易的区别

(1)参与贸易的货物来源不同。一般贸易主要来自本国的要素资源，符合我国的原产地规则；而加工贸易的货物主要来自国外的要素资源，不符合我国的原产地规则，只是在我国进行加工或装配。

(2)参与贸易的收益不同。从事一般贸易的企业所获得的收益，主要来自生产成本或收购成本与国际市场价格之间的差价；而从事加工贸易的企业只是收取加工费。

(3)税收不同。一般贸易的进口需要缴纳进口环节税，出口时在征收增值税后退还部分税收；加工贸易进口料件不征收进口增值，而在海关监管保税，出口时也不再征收增值税。

2. 加工贸易的特点

加工贸易具有以下几个特点：①有效利用国外资源，以弥补本国资源的不足；②促进企业经营管理水平的提高；③充分利用本国的厂房、设备、人力资源；④扩大外贸出口，为国家增加外汇收入；⑤利用客商的贸易渠道，以进口业务招揽出口业务，从而扩大外贸出口领域，有利于发展我国的外贸事业；⑥产生较大的社会综合效益。

📅 **相关链接**

保税区

保税区又称保税仓库区，是一国海关设置的或经海关批准注册、受海关监督和管理的，可以较长时间存储商品的区域。保税区能便利转口贸易，增加有关费用的收入。运入保税区的货物可以进行储存、改装、分类、混合、展览和加工制造，但必须处于海关监管范围内。外国商品存入保税区，不必缴纳进口关税，只需缴纳存储费和少量其他费用；但如果要进入关境，则需缴纳关税。各国的保税区都有不同的时间规定，逾期货物未办理有关手续，海关有权对其拍卖，拍卖后扣除有关费用后，余款退回货主。在报关单中，保税区货物的运输方式、运抵国、指运港等信息，见图 4-1。

	备案号		出口日期 20221118		申报日期 20221117
	运输方式 保税港区	运输工具名称		提运单号	
	贸易方式 (0110) 一般贸易	征免性质		结汇方式	
运抵国 (地区) (142) 中国		指运港 (地区) (142) 中国境内		境内货源地 (37019) 济南其他	

图 4-1　报关单中保税区货物的信息

(二)进料加工的会计核算

1. 进料加工业务的相关知识

(1)进料加工的概念。进料加工指进口料件由经营企业付汇进口,制成品由经营企业外销出口的加工贸易。

(2)进料加工的方式。外贸企业进料加工有委托加工和作价加工两种方式。

①委托加工。委托加工企业在境外进口料件后,无偿划拨给受托加工业务的企业,产品加工完毕后,企业支付加工费并回购产品,待产品出口后,企业可凭加工企业开具的加工费来申报退税。特别需要注意的是,进口料件在进口报关后,都是海关监管的货物。企业在委托加工生产或出口的过程中,都不能超出进料加工手册规定的范围。

②作价加工。作价加工是指企业从境外进口料件后,把进口料件作价销售给生产企业进行加工,同时开具增值税专用发票。生产企业加工完毕后以销售的方式付给外贸企业,同时外贸企业开具增值税专用发票(发票分为进口料件价款和加工费两部分)。外贸企业进口料件在报关后,都是海关监管的货物。企业的委托加工或出口过程,都不能超出进料加工手册规定的范围。

(3)进料加工的退税。外贸企业进料加工业务退税是以增值税发票为计算依据。其计算公式如下:

委托加工业务增值税应退税额＝回购的委托加工费增值税发票金额×出口退税率

作价加工业务增值税应退税额＝回购的作价加工商品增值税发票金额×出口退税率

2. 进料加工业务的账务处理

进料加工业务主要由进口原辅料、加工及产品复出口三个环节组成,是企业用外汇进口原料、材料、辅料、元器件、配套件和包装物料,加工成产品或半成品再复出口的业务。

(1)根据企业进口料件形式发票等,结转进口料件的成本。

借:原材料——进口料件

　　贷:银行存款——外币账户

　　　　应付账款——××公司

(2)根据企业进口料件出库单,结转委托加工材料成本。

借:委托加工物资——进口料件

　　贷:原材料——进口料件

(3)根据企业作价加工的增值税发票,结转转出料件的进口料件销售收入。

借:应收账款——××公司

　　贷:主营业务收入——材料销售收入

　　　　应交税费——应交增值税(销项税额)

(4)根据企业作价加工的进口料件出库单等,结转转出的进口料件成本。

借:主营业务成本——进料作价销售

　　贷:原材料——进料加工

(5)根据企业回购的增值税发票、入库单、银行付款单据,结转委托、作价加工商品的加工费或加工成本、进项增值税。

借：库存商品——××商品

应交税费——应交增值税（进项税额）

贷：银行存款——人民币账户

借：应付账款——××公司

贷：委托加工物资——进口料件

(6)根据企业出口货物发票、银行入账单等，结转进料加工出口货物的销售收入。

借：应收账款——××公司

或银行存款——外币账户

贷：主营业务收入——外销收入

(7)根据企业出口货物出库单等，结转进料加工出口货物的销售成本。

借：主营业务成本——外销成本

贷：库存商品——××商品

(8)根据企业出口货物免退税申报等，结转出口货物免退税不得免征和抵扣税额抵减额、出口货物应退税额。

借：主营业务成本——外销成本

贷：应交税费——应交增值税（进项税额转出）

借：其他应收款——应收出口退税

贷：应交税费——应交增值税（出口退税）

(9)根据银行收款单据，结转收到的退税款。

借：银行存款——人民币账户

贷：其他应收款——应收出口退税

3. 进料加工业务的核算举例

【工作实例 4-16】　6 月 2 日，W 公司在商务部网站提交了进料加工审批手续，同时在海关办理了电子产品进料加工登记手册，从事电子产品进料加工业务。该公司主要采用委托加工方式。

(1)6 月 3 日，W 公司与捷克 L 公司签订了电子加工合同，合同完工后销售给捷克 L 公司。进口合同中 CIF 价为 15 000 美元，出口合同中 FOB 价为 25 000 美元。进口料件100％免税。W 公司从 L 公司进口的电子产品已经清关，办好了进口料件入库手续，货款已经支付。当日汇率为 1 美元＝6.52 元人民币。

(2)6 月 4 日，W 公司与杭州美迪公司签订了电子委托加工合同。合同规定电子元器件由 W 公司提供，美迪公司收取包含辅料费在内的加工费 26 000 元人民币和增值税 3 380元人民币。当日 W 公司将元器件运送到杭州美迪公司。

(3)6 月 9 日，杭州美迪公司加工电子产品完毕，开具加工费发票并交付给 W 公司。W 公司将交付的电子产品办理入库手续。

(4)6 月 10 日，W 公司进料加工的电子元件在当月已经办理报关出口手续，发往捷克 L 公司，货款为 25 000 美元，出口货物单证齐全、信息齐全。进口电子元器件的征税率为13％，退税率为 11％。当日汇率为 1 美元＝6.57 元人民币。

(5)6 月 17 日，W 公司的出口货物申报已经通过电子税务局审核，审核后当月收到了退税款。

（6）6 月 20 日，电子元件加工复出口货款 FOB 价为 25 000 美元，当日收到货款。当日汇率为 1 美元＝6.37 元人民币。

要求：根据以上经济业务，编制会计分录。

解析：

（1）计算进口料件成本。

借：原材料——进口电子元件	97 800	
贷：银行存款——美元账户（USD 15 000×6.52）		97 800

结转委托加工的成本。

借：委托加工物资——进口电子元件	97 800	
贷：原材料——进口电子元件		97 800

（2）根据委托加工开具的加工费发票，结转委托加工商品成本。

借：委托加工物资——电子元件	26 000	
应交税费——应交增值税（进项税额）	3 380	
贷：银行存款——人民币账户		29 380

（3）加工完毕，办理入库手续。

借：库存商品——电子元件	123 800	
贷：委托加工物资——电子元件		123 800

（4）结转货物出口销售收入。

借：应收账款——捷克 L（USD 25 000×6.57）	164 250	
贷：主营业务收入——外销收入		164 250

结转出口货物销售成本。

借：主营业务成本——外销成本	123 800	
贷：库存商品——电子元件		123 800
借：主营业务成本——外销成本	520	
贷：应交税费——应交增值税（进项税额转出）		520

（5）结转进料加工出口货物应退税额。

借：其他应收款——应收出口退税	2 860	
贷：应交税费——应交增值税（出口退税）		2 860
借：银行存款	2 860	
贷：其他应收款——应收出口退税		2 860

（6）结转进料加工货物收款及汇兑损益。

借：银行存款——美元户（USD 25 000×6.37）	159 250	
财务费用——汇兑损益	5 000	
贷：应收账款——捷克 L		164 250

【工作实例 4-17】　A 公司与西班牙 MP 公司签订合同，合同约定进口原材料加工家具后复出口。该业务已经向海关办理了家具电子手册。6 月发生以下经济业务。

（1）6 月 5 日，A 公司与西班牙 MP 公司签订家具委托合同。进口原材料价格为 20 000 美元。当日汇率为 1 美元＝6.30 元人民币。

（2）6 月 6 日，A 公司与杭州胜蓝家具厂签订家具委托加工合同。合同规定家具所用的原材料由 A 公司提供，杭州胜蓝家具厂收取加工费 11 000 元人民币，征税率为 13％。

(3)6 月 25 日，加工完成后，由杭州胜蓝家具厂送到 A 公司仓库。

(4)6 月 27 日，成品复出口，FOB 价为 24 000 美元。当日汇率为 1 美元＝6.90 元人民币。

要求：根据以上经济业务，编制会计分录。

解析：

(1)A 公司向 MP 公司购入进口原材料。

借：在途物资——进口原材料　　　　　　　　　　　126 000
　　贷：应付外汇账款(USD 20 000×6.30)　　　　　　　　　126 000

(2)根据杭州胜蓝家具厂开具的加工费发票，结转进料加工商品成本。

借：委托加工物资——胜蓝家具厂　　　　　　　　　126 000
　　贷：在途物资——进口原材料　　　　　　　　　　　126 000

借：委托加工物资——胜蓝家具厂　　　　　　　　　11 000
　　应交税费——应交增值税(进项税额)　　　　　　1 430
　　贷：银行存款　　　　　　　　　　　　　　　　　　12 430

(3)加工完成后入库。

借：库存商品——进料加工商品　　　　　　　　　　137 000
　　贷：委托加工物资——胜蓝家具厂　　　　　　　　　137 000

(4)成品复出口销售。

借：应收账款——应收外汇款项(USD 24 000×6.90)　　165 600
　　贷：主营业务收入——进料加工出口　　　　　　　　165 600

借：主营业务成本——进料加工出口　　　　　　　　137 000
　　贷：库存商品——进料加工商品　　　　　　　　　　137 000

【课堂练习】　W 公司与西班牙 GK 公司签订合同，合同约定进口原材料加工家具后复出口。该业务已经向海关办理了家具电子手册。5 月发生以下经济业务。

(1)5 月 5 日，W 公司与西班牙 GK 公司签订合同，进口原材料价格为 30 000 美元。当日汇率为 1 美元＝6.87 元人民币。

(2)5 月 6 日，W 公司与杭州胜蓝家具厂签订家具委托加工合同。合同规定家具所用的原材料由 W 公司提供，杭州胜蓝家具厂收取加工费 10 300 人民币，征税率为 13％。

(3)加工完成后，由胜蓝家具厂送到 W 公司仓库。

(4)5 月 17 日，成品复出口销售 FOB 价为 42 600 美元。当日汇率为 1 美元＝6.98 元人民币。

要求：根据以上经济业务，编制会计分录。

【工作实例 4-18】　W 公司在海关办理了电子元件进料加工业务电子登记手册。3 月 2 日，W 公司采用进料加工作价方式与捷克 L 公司签订了电子加工合同，合同完工后销售给捷克 L 公司，征税率为 13％。

(1)3 月 3 日，进口合同 CIF 价为 20 000 美元，出口合同 FOB 价为 50 000 美元。进口料件100%免税。W公司从L公司进口的电子产品已经清关，并办好了进口料件入库手续，货款已经支付。当日汇率为1美元＝6.72元人民币。

(2)3月5日，W公司与杭州美迪公司签订了电子元件进料加工业务合同。加工合同方式为作价加工方式，合同不含税总价值为210 000元人民币。合同规定电子元器件由W公司作价销售给美迪公司，生产所耗用的零星配件由美迪公司负责采购，但要符合生产工艺的标准要求。当月，W公司把进口元件以130 000元人民币的价格销售给杭州美迪公司，增值税为16 900元人民币。

(3)3月15日，杭州美迪公司完成电子元件加工业务。当日，美迪公司将开具的增值税发票交付给W公司。W公司收到已经完成的电子元件并已经办理入库手续，结清加工费。

(4)3月16日，W公司办理了电子元件出口报关手续，发往捷克L公司，出口货物单证齐全、信息齐全。进口电子元器件的征税率为13％，退税率为11％。当日汇率为1美元＝6.67元人民币。

(5)3月21日，收到出口货物货款50 000美元。W公司结转进料加工货物收款及汇兑损益。当日汇率为1美元＝6.75元人民币。

(6)3月27日，W公司的出口货物申报已经通过出口退税审核，审核后当日收到了退税款。

要求：根据以上经济业务，编制会计分录。

解析：

(1)计算进口料件成本。

借：原材料——进口电子元件	134 400	
贷：银行存款——美元户（USD 20 000×6.72）		134 400

(2)结转进口料件的作价销售收入。

借：应收账款——美迪公司	146 900	
贷：其他业务收入——电子元件		130 000
应交税费——应交增值税（销项税额）		16 900
借：其他业务成本——电子元件	134 400	
贷：原材料——进口电子元件		134 400

(3)结转回购的加工商品的商品成本。

借：库存商品——电子元件	210 000	
应交税费——应交增值税（进项税额）	27 300	
贷：银行存款		237 300

(4)结转出口销售货物收入。

借：应收账款——应收外汇账款——捷克L（USD 50 000×6.67）	333 500	
贷：主营业务收入——外销收入		333 500

结转出口货物销售成本。

借：主营业务成本——外销成本	210 000	
贷：库存商品——电子元件		210 000
借：主营业务成本——外销成本	4 200	
贷：应交税费——应交增值税（进项税额转出）		4 200

（5）结转进料加工货物收款及汇兑损益。

借：银行存款——美元（USD 50 000×6.75）　　　　　　　　337 500

　　贷：财务费用——汇兑损益　　　　　　　　　　　　　　　　4 000

　　　　应收账款——应收外汇账款——捷克 L（USD 50 000×6.67）　333 500

（6）结转进料加工出口货物应退税额。

借：其他应收款——应收出口退税　　　　　　　　　　　　　　23 100

　　贷：应交税费——应交增值税（出口退税）　　　　　　　　　23 100

借：银行存款　　　　　　　　　　　　　　　　　　　　　　　23 100

　　贷：其他应收款——应收出口退税　　　　　　　　　　　　　23 100

【工作实例4-19】　W 公司在海关有家具进料加工登记手册记录。8月，W 公司与西班牙 MP 公司签订了家具进料加工复出口协议。W 公司发生以下经济业务。

（1）W 公司与 MP 公司签订协议，进口原材料价格为 21 000 美元，加工成成品后再复出口。当日汇率为1美元＝6.47元人民币。

（2）W 公司将进口料件作价 130 000 元人民币销售给杭州胜蓝家具厂。

（3）W 公司与杭州胜蓝家具厂签订加工合同，约定回购不含税价款为 150 000 元人民币，胜蓝家具厂加工完成后将家具送到 W 公司仓库。

（4）成品复出口，FOB 价为 25 000 美元。当日汇率为1美元＝7.00元人民币。

要求： 根据以上经济业务，编制会计分录。

解析： W 公司与杭州胜蓝家具厂约定加工方式为作价加工。

（1）W 公司向 MP 公司购入进口原材料。

借：原材料——进口料件　　　　　　　　　　　　　　　　　135 870

　　贷：应付账款——应付外汇账款（USD 21 000×6.47）　　　135 870

（2）W 公司作价 130 000 元人民币，结转收入。

借：应收账款——胜蓝家具厂　　　　　　　　　　　　　　　146 900

　　贷：主营业务收入——材料作价销售　　　　　　　　　　　130 000

　　　　应交税费——应交增值税（销项税额）　　　　　　　　　16 900

借：主营业务成本——材料成本　　　　　　　　　　　　　　135 870

　　贷：原材料——进口料件　　　　　　　　　　　　　　　　135 870

（3）根据企业回购的加工商品增值税专用发票和入库单，结转回购产品成本。

借：库存商品——外销家具　　　　　　　　　　　　　　　　150 000

　　应交税费——应交增值税（进项税额）　　　　　　　　　　19 500

　　贷：银行存款　　　　　　　　　　　　　　　　　　　　　169 500

（4）成品复出口销售。

借：应收账款——应收外汇账款——MP（USD 25 000×7.00）　175 000

　　贷：主营业务收入——外销收入　　　　　　　　　　　　　175 000

借：主营业务成本——外销成本　　　　　　　　　　　　　　150 000

　　贷：库存商品——外销家具　　　　　　　　　　　　　　　150 000

【课堂练习】　W 公司在海关有家具进料加工登记手册记录。8月，W 公司与西班牙 GK 公司签订了家具进料加工复出口协议。W 公司发生以下经济业务。

（1）W公司与GK公司签订了进口原材料加工复出口协议。进口原材料价格为30 000美元。当日汇率为1美元＝6.47元人民币。

（2）W公司与杭州胜蓝家具厂签订加工合同，约定所耗用的进口料件由W公司以190 000元人民币作价销售给GK公司，加工完成后回购家具。

（3）W公司与GK公司签订的加工协议约定，回购不含税价款为223 000元人民币。GK公司加工完成后将家具送到W公司仓库。

（4）成品复出口，FOB价为38 000美元。当日汇率为1美元＝6.90元人民币。

要求：根据以上经济业务，编制会计分录。

（三）来料加工的会计核算

1．来料加工业务的相关知识

来料加工是指料件由境外企业提供，经营企业不需要付汇进口，按照境外企业的要求进行加工或者装配，只收取加工费，制成品由境外企业销售的经营活动。外贸公司的来料加工业务通常委托生产企业代为加工。来料加工主要是为了吸收外资，同时可以利用国内劳动力资源等方面的优势。

相关链接

来料加工与进料加工的区别

（1）原料获取渠道不同。来料加工是对方来料，我方按其规定的花色、品种、数量进行加工，我方向对方收取约定的加工费用；进料加工是企业自营业务，企业用自身的外汇进口原料，自行安排进料，自定品种花色，自行加工后出口，自负盈亏。

（2）交易对象（所有权划分）不同。来料加工的原料进口和成品出口往往是一笔买卖，原料的供应者往往是成品的承受人，所有权在此过程中不发生转移，因此企业无须付汇；进料加工中进料和复出口是两笔独立的交易，原料的购买对象和成品的交易对象无关联要求，两次交易均发生了所有权的转移，企业需要在购买原料时付汇，在出口时收汇。

（3）合同关系不同。来料加工的双方一般是委托加工关系，而进料加工的双方是商品买卖关系。

（4）账务处理核算科目不同。来料加工向对方收取的加工费一般通过"其他业务收入"账户核算，而进料加工成品复出口时采用"主营业务收入"和"主营业务成本"账户核算。

（5）退（免）税政策不同。来料加工属于免税业务，进口免增值税，出口时免增值税，收取的加工费凭《来料加工免税证明》也免增值税，由于是免税收入，故其对应的国内货物所支付的进项税额不得抵扣，不涉及出口退税；进料加工是出口退税业务，按照现行税法规定，对于生产型出口企业以进料加工贸易方式出口的货物实行"免抵退税"政策，外贸企业实行"免退税"政策。

（6）账务处理不同：外贸企业来料加工料件时，也可以不做账务处理，只在备查账簿中做进货登记，委托生产企业加工时，也只做出货登记，进出货物只登记数量，不登记金额。加工后该产品的成本包括加工费和国内采购的辅料，不包括进口料件的成本。进料加工业务中需要在三个环节进行账务处理：在进口环节，企业自行采购物资，进行向供应商付汇业务的账务处理；在加工环节，进行加工业务的账务处理；在出口环节，进行出口销售收汇业务的账务处理。

2. 来料加工的账务处理

(1)外贸企业收到生产企业开来的来料加工商品加工费发票、商品入库单，结转委托加工产品的加工费。

借：库存商品——××商品
　　贷：银行存款——人民币账户
　　　　或应付账款——××公司

(2)根据企业出口货物销售专用发票，结转来料加工出口货物的销售收入。

借：银行存款——外币账户
　　或应收账款——应收外汇账款
　　　　贷：其他业务收入——来料加工

(3)根据企业出口货物的出库单等，结转来料加工出口货物销售成本。

借：其他业务成本——来料加工
　　贷：库存商品——××商品

3. 来料加工业务的核算举例

【工作实例 4-20】　NK 公司办理了海关来料加工手册。NK 公司与日本客户 D 签订了围裙来料加工合同，合同规定日本客户 D 提供面料，经 NK 公司加工后，再由日本客户 D 回购。合同规定 FOB 价为 30 200 美元。来料加工所用面料当月抵达 NK 公司并已经验收入库，NK 公司在备查账簿中做了进料登记。

(1)9 月 5 日，NK 公司与美莱服装加工厂签订了委托加工协议，协议规定 NK 公司来料加工的面料委托给美莱服装加工厂来料加工，委托加工费用为 120 000 元人民币，NK公司当月预付 47 000 元人民币的加工费给美莱服装加工厂。委托加工的面料均已送到工厂。

(2)9 月 17 日，NK 公司委托给美莱服装加工厂的来料加工已经全部加工完毕，当月运抵 NK 公司仓库，并已经办理验收入库。美莱服装加工厂开具加工费发票，加工费余款NK 公司已经全部付清。NK 公司为美莱服装加工厂办理来料加工免税证明，并已经交付给工厂。

(3)9 月 19 日，NK 公司来料加工的围裙已经报关出口，收到货款 30 200 美元。NK公司当月已经做了来料加工免税申报。当日汇率为 1 美元＝6.60 元人民币。

(4)根据企业出口货物出库单，结转来料加工出口货物的销售成本。

要求：根据以上经济业务，编制会计分录。

解析：

(1)预付加工费给美莱服装加工厂。

借：预付账款——美莱服装加工厂	47 000
贷：银行存款	47 000

(2)结转来料加工委托产品的成本。

借：库存商品——围裙	120 000
贷：银行存款	73 000
预付账款——美莱服装加工厂	47 000

(3)结转来料加工出口货物销售收入。

借：银行存款——美元户（USD 30 200×6.60）　　　　　　199 320

　　贷：其他业务收入——来料加工　　　　　　　　　　　　199 320

(4)结转来料加工出口货物的销售成本。

借：其他业务成本——来料加工　　　　　　　　　　　　　120 000

　　贷：库存商品——围裙　　　　　　　　　　　　　　　　120 000

【课堂练习】 红枫进出口公司根据合同约定，代理新华皮鞋厂接受美国 HM 公司皮革来料 4 000 米，加工 15 000 双皮鞋的业务。3 月，红枫进出口公司发生以下经济业务。

(1)3 月 1 日，收到美国 HM 公司发来皮革 4 000 米，每米价格 7 美元，总计货款 28 000 美元。皮革已验收入库。当日汇率为 1 美元＝6.38 元人民币。

(2)3 月 2 日，将 4 000 米来料全部拨付给新华皮鞋厂。

(3)3 月 28 日，新欣服装厂加工完毕，每双加工费 25 美元，结算加工费。当日汇率为 1 美元＝6.78 元人民币。

(4)3 月 30 日，收到储运部门转来加工商品收货单，新华皮鞋厂送来的 15 000 双皮鞋已验收入库。

要求： 根据以上经济业务，编制会计分录。

▶ 任务三　跨境电商 B2C 出口业务的核算

近年来，随着数字经济的发展和大数据技术的应用，电子支付和全球物流更加便捷，海关监管程序优化，跨境贸易逐步实现智慧化转型。跨境电商是我国外贸发展的新生力量，也是国际贸易发展的重要趋势。

一、跨境电商 B2C 出口业务的相关知识

(一)跨境电商 B2C 出口的概念

跨境电商 B2C 出口是指境内个人或电子商务企业直接面向境外消费者开展在线销售产品和服务。跨境电商（个人或企业）通过跨境物流将商品从境内运送至境外消费者或保税区，并通过跨境电商平台完成交易的出口形式。跨境电商 B2C 主要以销售个人消费品为主，物流方面主要采用航空小包、邮寄、快递等形式。

(二)跨境电商 B2C 出口的业务模式

跨境电商 B2C 方式出口商品申报通过国际贸易单一窗口出口申报系统。在出口申报系统中，该类型分为一般出口和特殊区域出口两种业务模式。

1. 一般出口模式("9610"业务模式)

跨境电商零售一般出口模式是指境外消费者下单付款后，相关企业将交易、收款、物流等电子信息实时传输给海关，海关审核该包裹的《申报清单》，查验后放行包裹，再通过国际运输、境外配送交予境外消费者。

2. 特殊区域出口模式("1210"业务模式)

特殊区域出口模式是指跨境电商将整批商品按一般贸易报关进入海关特殊监管区域，跨境电商企业享受入区即退税政策，通过境外电商平台完成销售后，在特殊区域内打包成小包裹，拼箱离境后送达境外消费者的模式。海关凭清单核放货物，并纳入海关统计。

二、跨境电商 B2C 出口业务的主要环节

(一)项目立项与商品采购

企业通过对目标市场及产品进行调研和了解，制订项目计划，编制产品销售利润表，申报立项审批。立项审批的重点在于项目盈利测算，如果预期利润可行，即可进行项目立项。立项后，通过各环节的严格审批，进行产品的采购，安排店铺上架销售，并将货物报关出口至海外。

(二)货物出口与存放

商品采购完毕后，企业办理对外出运手续。企业可以通过境外关联企业将出口的商品转至第三方电商平台，也可以直接办理出运至第三方电商平台的仓库、跨境电商保税仓内。各电商平台对于库存商品的管理及政策各有不同。对于跨境出口电商业务中存在退货返修、冗余库存等情况，企业有时根据业务需要，可以通过租赁第三方仓库进行货物的周转。

国内企业根据海外市场不同的市场预期，将物品提前备货进入保税仓库。当有明确的市场预期时，货物报关入区，区外企业可提前办理退税、结汇等手续；当市场预期不明时，按照暂时进出区方式进入保税仓非保税区域，如未完成交易，可退出区外。出口备货在保税仓内集中，电商前台可上架销售，推送订单，库内进行订单生产，仓内整合供应链资源(产品、物流、销售等)，打通和优化出口路径。

(三)货物销售

跨境电商企业根据订单，按照临时进区方式进入保税区，实际出口时汇总报关，办理退税、结汇手续。如需退换货，退换的物品可从境外进入保税仓内，在保税状态下完成理货，实现重新上架出口销售。

(四)销售回款

跨境电商 B2C 业务的本质是跨境零售业务，零售业务的销售回款需要通过第三方资金平台进行归集。企业在对各个第三方资金平台进行深入研究后，选择合适的第三方资金平台开立账户，同时关联确定归集的回款银行账户，与第三方电商平台买方账户进行关联，并和指定的归集回款银行账户进行关联。企业根据第三方资金平台收款总额的大小、提现收费情况，确定提现的频次及金额。

三、跨境电商 B2C 出口业务的核算

跨境电商零售出口申报前，电子商务企业或其代理人、物流企业应当分别通过服务平台如实向海关传输交易、收款、物流等电子信息。

跨境电商 B2C 出口业务的会计处理存在零售出口和特殊区域出口两种模式。

(一)零售出口模式("9610"业务模式)的账务处理

电商零售出口商品根据"清单核放、汇总申报"的模式办理通关手续，海关凭清单验放出境。跨境电商企业定期把已结关的清单数据进行汇总形成出口报关单，凭《申报清单》办

理结汇。企业定期根据出口的清单确定销售收入和销售成本。及时收汇有助于企业加快出口退税进度。

零售出口模式具有企业出口金额小、单数多、物流上通常采取邮政小包等特点，通过定期汇总《申报清单》进行收入成本核算，可以大大减轻财务工作量。具体账务处理内容和处理过程如下。

1. 根据历史销售记录，企业备足货物

借：库存商品——第三方平台

应交税费——应交增值税（进项税额）

贷：银行存款

2. 定期统计第三方平台销售收入、结转成本

商品在第三方平台进行销售，企业收款金额作为收入确认的金额，及时办理国际收支申报。

（1）收到平台划拨的货款。

借：其他货币资金

贷：主营业务收入

（2）结转平台销售货物的成本和不能退税的部分。

借：主营业务成本

贷：库存商品

借：主营业务成本

贷：应交税费——应交增值税（进项税额转出）

3. 计提/申报收到退税款项

（1）计提出口货物退税金额。

借：其他应收款——应收出口退税

贷：应交税费——应交增值税（出口退税）

（2）申报出口退税并收到退税款。

借：银行存款

贷：其他应收款——应收出口退税

【**工作实例 4-21**】 7 月 3 日，沃尔得公司购买热销产品（见表 4-1），并通过平台销售（见表 4-2），海关监管模式为"9610"。

表 4-1 购买热销产品

序号	货物名称	出口商品编号	进货金额/元	数量	征税率	税额/元
1	袜子	61159500	10 000.00	5 000 双	13%	1 300.00
2	灯具	94054290	60 000.00	2 000 个	13%	7 800.00

表 4-2 平台销售清单所列商品

序号	销售时间	商品名称	出口商品数量	出口成本/元	出口FOB价/元	平台—客户	退税率	退税额/元
1	7月1日—7月15日	袜子	1 800 双	3 600.00	5 300.00	PayPal – Jock	13%	468.00
2	7月16日—7月31日	灯具	330 个	9 900.00	13 000.00	Wiah – Lucy	13%	1 287.00

沃尔得公司发生以下经济业务。

(1)7月3日，公司向诸暨兴瑞袜业购买袜子5 000双，增值税专用发票上列明货款为10 000元人民币，增值税进项税额为1 300元人民币。公司仓库交货，款项已经支付。

(2)7月4日，公司向义乌华丽工厂购入灯具2 000个，增值税专用发票上列明货款为60 000元人民币，增值税进项税额为7 800元人民币，由工厂负责送货到公司仓库，款项已经支付。

(3)7月15日，公司汇总平台销售清单，共销售袜子(出口商品编号：61159500)1 800双，通过PayPal平台收到5 300元人民币。同日，公司结转成本并计提出口退税。

(4)7月31日，公司汇总报关清单，共销售灯具330个(出口商品编号：94054290)，通过Wiah平台收到13 000元人民币。同日，公司结转成本并计提出口退税。

(5)8月5日，公司收到退税。

要求：根据以上经济业务，编制会计分录。

解析：

(1)7月3日，公司购买袜子。

借：库存商品——袜子	10 000
应交税费——应交增值税(进项税额)	1 300
贷：银行存款	11 300

(2)7月4日，公司购买灯具。

借：库存商品——灯具	60 000
应交税费——应交增值税(进项税额)	7 800
贷：银行存款	67 800

(3)根据汇总报关清单，统计销售收入，同时结转成本，计提出口退税。

收到平台划拨的货款：

| 借：其他货币资金——PayPal——Jock | 5 300 |
| 　　贷：主营业务收入——袜子 | 5 300 |

结转成本：

| 借：主营业务成本 | 3 600 |
| 　　贷：库存商品——袜子 | 3 600 |

计提出口退税：

| 借：其他应收款——应收出口退税 | 468 |
| 　　贷：应交税费——应交增值税(出口退税) | 468 |

(4)根据汇总报关清单，统计销售收入，同时结转成本，计提出口退税。

收到平台划拨的货款：

| 借：其他货币资金——Wiah——Lucy | 13 000 |
| 　　贷：主营业务收入——灯具 | 13 000 |

结转成本：

| 借：主营业务成本 | 9 900 |
| 　　贷：库存商品——灯具 | 9 900 |

计提出口退税：

借：其他应收款——应收出口退税　　　　　　　　　　　　　　　　1 287
　　贷：应交税费——应交增值税（出口退税）　　　　　　　　　　　　1 287

（5）收到出口退税。

借：银行存款　　　　　　　　　　　　　　　　　　　　　　　　　1 755
　　贷：其他应收款——应收出口退税　　　　　　　　　　　　　　　　1 755

【课堂练习】　7月3日，沃尔得公司购买热销产品（见表4-3），并通过平台销售以下货物（见表4-4），海关监管模式为"9610"。

表4-3　购买热销产品

序号	货物名称	出口商品代码	进货金额/元	数量	征税率	税额/元
1	袜子	61159500	20 000.00	5 000 双	13%	2 600.00
2	灯具	94054290	40 000.00	2 000 个	13%	5 200.00

表4-4　销售清单所列商品

序号	销售时间	商品代码	出口商品数量	出口成本/元	出口FOB价/元	平台—客户	退税率	退税额/元
1	7月1日—7月15日	袜子	300 双	1 200.00	7 800.00	PayPal - Jock	13%	156.00
2	7月16日—7月31日	灯具	330 个	6 600.00	14 500.00	Wiah - Lucy	13%	858.00

沃尔得公司发生以下经济业务。

（1）7月3日，向诸暨兴瑞袜业购买袜子5 000双，增值税专用发票上列明货款为20 000元人民币，由工厂负责送货到公司仓库，款项已经支付。

（2）7月4日，向义乌华丽工厂购入灯具2 000个，增值税专用发票上列明货款为40 000元人民币，由工厂负责送货到公司仓库，款项已经支付。

（3）7月1日至7月15日，沃尔得公司收到海外买家30个订单，通过快递报关出口，出口清单上列明共销售袜子（HS编码：61159500）300双，通过PayPal平台收到货款7 800元人民币。同日，公司结转成本和计提出口退税。

（4）7月16日到7月31日，通过报关清单发现出运4笔，共销售灯具330个（HS编码：94054290），通过Wiah平台收到14 500元人民币。同日，公司结转成本和计提出口退税。

（5）8月5日，收到退税，按申报清单确认7月出口退税款。

要求：根据以上经济业务，编制会计分录。

（二）特殊区域出口模式（"1210"业务模式）的账务处理

一些跨境电商企业为方便出口过程中享受优惠政策，通常注册在特殊区域（如综试区），这种出口模式称为特殊区域出口模式。在该模式下，跨境电商企业将整批商品按一般贸易报关进入综合保税区等海关特殊监管区域后，当即取得出口退税。企业通过境外电商平台完成销售后，在特殊区域内打包成小包裹，拼箱离境后送达境外消费者。在这种模式下，跨境电商企业出口的账务处理类似于自营出口。

跨境电商企业购入货物运送到海关特殊监管区域，利用保税区"入区即退税"的优势，使得卖家实现快速退税，加速退税流程，提高资金的使用效率。该模式满足了跨境出口订单碎片化、多元化的要求，解决了传统跨境小包出口结汇、退税、数据统计难等问题，提升了贸易效率。

在综试区等海关特殊监管区域内的出口企业，无论是一般纳税人，还是小规模纳税人，只要取得合法抵扣凭证，均可享受免税政策。但是，在实际工作中，有些跨境电商B2C出口业务是由出口企业向国内个人或者个体户采购，往往无法取得抵扣凭证。这种既没有进货凭证，也没有报关单的业务，意味着出口企业无法办理出口退税。

根据《财政部税务总局商务部海关总署关于跨境电子商务综合试验区零售出口货物税收政策的通知》(财税〔2018〕103号)第一条规定，自2018年10月1日起，对综试区内电子商务出口企业出口未取得有效进货凭证的货物，同时符合下列条件的，试行增值税、消费税免税政策：一是电商出口企业在综试区注册，并在注册地跨境电子商务线上综合服务平台登记出口日期、货物名称、计量单位、数量、单价、金额；二是出口货物通过综试区所在地海关办理电子商务出口申报手续；三是出口货物不属于财政部和税务总局根据国务院决定明确取消出口退（免）税的货物。应当注意的是，综试区内为一般纳税人和小规模纳税人的电商出口企业，取得普通合法凭证可以享受免税政策；而无票免税政策，只适用于在"单一窗口"平台登记备案的综试区内的电商出口企业，且符合该文件中规定的条件。

1. 特殊区域出口模式的账务处理

(1)有进货凭证的账务处理。

①企业采购商品入园区。

借：库存商品——第三方平台
　　应交税费——应交增值税（进项税额）
　　　贷：银行存款

②计提出口货物退税金额，办理出口退税事宜。

借：其他应收款——应收出口退税
　　　贷：应交税费——应交增值税（出口退税）

借：银行存款
　　　贷：其他应收款——应收出口退税

③第三方平台销售阶段，企业以收款金额作为营业收入确认的金额。

借：其他货币资金
　　　贷：主营业务收入

借：主营业务成本
　　　贷：库存商品

借：主营业务成本
　　　贷：应交税费——应交增值税（进项税额转出）

需要注意的是，在"1210"模式下是先确定进入保税区的商品批次、金额，根据货物的计税金额直接确定退税的金额。对于收入的确定，直接根据发往客户的商品货物收款的金额来确定收入，同时结转成本。

（2）无进货凭证、免税的账务处理。

①企业办理采购商品的出运阶段。

借：库存商品

　　贷：银行存款

②确认收入和成本。

借：其他货币资金

　　贷：主营业务收入

③企业出口商品，结转成本。

借：主营业务成本

　　贷：库存商品

需要注意的是，在电商模式下，销售货款不是直接在银行存款之间转移，而是多了一个第三方支付平台，购货方先将其银行存款转移到第三方平台上，商家发货并通过第三方平台收取货款。

2. 特殊区域出口的核算举例

【工作实例 4-22】　跨境电商 WK 公司是中国（杭州）跨境电商综试区内的一家出口企业。3 月 17 日，该公司通过速卖通平台与国外客户 Jerry 签订 LED 灯出口合同，出口销售额为 430 美元，当日汇率为 1 美元＝6.76 元人民币。3 月 19 日，WK 公司在国内市场采购 LED 灯用以完成出口合同，用现金支付价款 1 500 元人民币，没有相关进货票据。当月，公司将该批 LED 灯报关出口，并已按时收到货款。

要求：

（1）判断该业务属于哪种出口模式，并写出相应的会计分录。

（2）WK 公司能否申报出口退税？如果不能，可享受哪种税收政策并如何进行处理？

解析：

（1）该出口业务属于特殊区域出口业务模式。

①WK 公司采购 LED 灯。

借：库存商品　　　　　　　　　　　　　　　　　　　　　　　1 500

　　贷：库存现金　　　　　　　　　　　　　　　　　　　　　　　　1 500

②WK 公司出口销售 LED 灯。

借：其他货币资金——速卖通——美元户（USD 430 ×6.76）　　2 906.80

　　贷：主营业务收入　　　　　　　　　　　　　　　　　　　　　　2 906.80

③结转 LED 灯的成本。

借：主营业务成本　　　　　　　　　　　　　　　　　　　　　1 500

　　贷：库存商品　　　　　　　　　　　　　　　　　　　　　　　　1 500

（2）该公司不能申报出口退税，但可以享受出口免税政策。由于出口货物为 LED 灯，WK 公司为综试区内的电商出口企业，出口未取得有效凭证。通过综试区所在地海关，办理 LED 灯的电子商务出口报关手续。符合《财政部税务总局商务部海关总署关于跨境电子商务综合试验区零售出口货物税收政策的通知》（财税〔2018〕103 号）中的规定。

【课堂练习】 浙江 WK 公司是中国(杭州)跨境电商综试区内的一家出口企业。7 月份发生以下经济业务。

(1)7 月 6 日，WK 公司在亚马逊平台销售给俄罗斯的 M 女士 2 个摄像头。产品于义乌小商品市场用现金采购，成本为 2 300 元，未收到进货票据，商品存放在公司仓库。

(2)7 月 15 日，公司将摄像头报关出口，出口销售额为 390 美元，当日美元汇率为 1 美元＝6.56 元人民币，次日收到货款。

要求： 根据以上经济业务，编制会计分录。

项目小结

亲爱的同学，你已经完成了项目四的学习，相信已经对跨境电商出口业务有了一定的掌握。跨境电商出口业务是指国内电商平台或企业将国内商品销售给国外的企业或者个人消费者，通过电商平台达成交易并支付结算，进而通过跨境物流送达商品、完成交易的商业活动。按照交易对象不同，跨境电商出口业务分为跨境电商 B2B 出口和跨境电商 B2C 出口两种不同的情况。

跨境电商 B2B 出口业务分为跨境电商 B2B 直接出口和跨境电商出口海外仓。跨境电商 B2B 直接出口业务按其经营性质不同，分为自营出口、代理出口和加工贸易。由于不同业务确认销售的时间不同，计算销售收入、成本、出口退税等相关费用的方法也不相同，在学习中应当加以区分，掌握不同情况下会计科目的应用。

开展跨境电商 B2C 出口业务时，跨境电商企业通过跨境物流将商品从境内运送至境外消费者或保税区，并通过跨境电商平台完成交易。

下面请进入"项目训练"，一方面巩固项目四所学内容，另一方面为后续课程的学习打下一定的基础。

项目训练

一、单项选择题

1. 跨境电商企业自营出口销售，不论以什么价格条件成交，均以(   )扣除佣金后计价。

   A. 成本加运费价格　　　　　　　　B. 成本加运费、保险费价格

   C. 船上交货价格　　　　　　　　　D. 成交价格

2. 以下适用增值税"免税并退税"政策的出口货物包括(   )。

   A. 来料加工复出口的货物

   B. 进料加工复出口的货物

   C. 属于小规模纳税人的生产企业自营出口的自产货物

   D. 外贸企业出口从小规模纳税人购进并取得普通发票的一般货物

3. 商品在出口过程中，不计入商品采购成本的项目是(   )。

   A. 海外运费　　　B. 国内运费　　　C. 购入成本　　　D. 进项税额转出

4. 某企业签订进料加工复出口货物合同，2023 年 3 月进口料件到岸价格折合 300 万元人民币，当月将部分完工产品出口，FOB 价格折合 500 万元人民币。该企业进口料件加工分配率为 65％，完工产品内销适用的增值税税率为 13％，退税率为 9％。按照实耗法计算，该企业当期不得免征和抵扣税额为（　　）万元。

A. 5　　　　　　B. 8　　　　　　C. 7　　　　　　D. 1.86

5. 平台代理国内生产厂家，关于企业代理出口销售业务发生的费用，以下说法正确的是（　　）。

A. 由平台负担

B. 由国内生产企业负担

C. 国内费用由平台负担，国外费用由委托单位负担

D. 间接费用由跨境电商企业负担，直接费用由委托单位负担

6. 平台代理国内生产厂家出口销售的出口退税款归（　　）所有，出口退税手续由（　　）办理。

A. 平台，平台　　　　　　　　　　B. 国内生产厂家，国内生产厂家

C. 平台，国内生产厂家　　　　　　D. 国内生产厂家，平台

7. A 外贸企业是增值税一般纳税人。该企业发生以下经济业务。

(1) 第一次购进电吹风 500 台，单价为 150 元人民币。第二次购进电吹风 200 台，单价为 148 元人民币。两次交易均已经取得增值税专用发票。

(2) 将两次外购的电吹风 700 台报关出口，离岸价为 20 美元/台，此笔出口已经收汇。已知美元与人民币比价为 1∶7，该商品的退税率为 13％，则该笔出口业务的退税金额是（　　）元。

A. 13 598　　　　B. 12 740　　　　C. 15 000　　　　D. 16 478

8. B 电器生产企业具有出口经营权，是增值税一般纳税人，其自营出口自产货物。2023 年 10 月末，该企业计算退税前的期末留抵税额为 19 万元人民币，当期免抵退税额为 15 万元人民币，则当期免抵税额为（　　）万元人民币。

A. 0　　　　　　B. 4　　　　　　C. 9　　　　　　D. 15

9. NK 生产企业为增值税一般纳税人。2023 年 3 月，NK 公司外购原材料，取得防伪税控开具的增值税专用发票上注明的增值税 137.7 万元人民币，已通过主管税务机关认证，并在当月抵扣。当月内销货物取得不含税销售额为 150 万元人民币，出口货物取得收入为 115 英镑（汇率为 1 英镑＝8 元人民币）。该企业适用增值税税率为 13％，出口退税率为 9％。该企业 3 月应退的增值税（　　）万元人民币。

A. 33.8　　　　B. 97.2　　　　C. 81.4　　　　D. 46.8

10. 跨境电商 B2C 出口海关监管代码是（　　）。

A. "9610"　　　　B. "9710"　　　　C. "9810"　　　　D. "1210"

二、多项选择题

1. 以下样品出口的核算，正确的有（　　）。

A. 正规报关出口模式，如果是收汇的，增值税可以退税，也可以免税

B. 正规报关出口模式，不能收汇的增值税只能免税

C. 正规报关出口模式，外贸企业在市场中购买没有取得发票，只能视同销售，征收增值税

    D. 不报关快递出口，由快递公司把所有快递出口的样品汇总清关，要按视同内销征税处理

    2. 生产企业进料加工复出口货物，关于增值税的退（免）税计税依据，以下说法不正确是（　　）。

        A. 出口货物的实际离岸价

        B. 按出口货物的离岸价扣除出口货物所含的海关保税进口料件的金额后确定

        C. 按出口货物的离岸价扣除出口货物所含的国内购进免税原材料的金额后确定

        D. 按购进出口货物的增值税专用发票注明的金额或海关进口增值税专用缴款书注明的完税价格

    3. 下列出口货物，享受增值税出口免税不退税政策的有（　　）。

        A. 来料加工复出口的货物

        B. 小规模纳税人的生产企业出口的自产货物

        C. 非出口企业委托出口的货物

        D. 从农业生产者处直接购进的免税农产品

    4. 下列关于跨境电商出口海关监管代码，说法正确的有（　　）。

        A. 跨境电商 B2B 直接出口的货物，海关监管代码为"9710"

        B. 跨境电商 B2B 出口海外仓，海关监管代码为"9810"

        C. 跨境电商 B2BC 出口一般模式，海关监管代码为"9610"

        D. 跨境电商 B2C 出口特殊区域模式，海关监管代码为"1210"

    5. 下列适用增值税免税政策的出口货物有（　　）。

        A. 非出口企业委托出口的货物

        B. 以旅游购物贸易方式报告出口的货物

        C. 进料加工复出口的货物

        D. 增值税小规模纳税人出口的货物

    6. 平台代理国内生产厂家出口销售，以下说法正确的（　　）。

        A. 平台充当代理方，同时也是受托方，是与国外客户联系的中介

        B. 国内生产厂家是委托方

        C. 代理出口货物证明是由代理方开给委托方

        D. 收汇是平台充当代理方

    7. 下列出口货物，适用增值税征税政策的有（　　）。

        A. 以旅游购物贸易方式报关出口的货物

        B. 特殊区域内的企业出口的特殊区域内的货物

        C. 出口企业或其他单位销售给特殊区域内的生活消费用品和交通运输工具

        D. 出口企业或其他单位提供虚假备案单证的货物

    8. 下列关于对购货方善意取得虚开增值税专用发票处理的说法中，正确的有（　　）。

        A. 善意取得的虚开增值税专用发票，可以作为进项税额抵扣凭证

        B. 不允许重新取得合法有效的专用发票抵扣进项税额

        C. 已抵扣的进项税额或者已取得出口退税，应当依法追缴

        D. 因善意取得的虚开专用发票被依法追缴其已抵扣，不再加收滞纳金

三、判断题

1. 跨境电商企业收到银行转来的国外出口商的全套结算单据，应与信用证对照，只有在单证相符的情况下，才能向开证行办理进口付款赎单手续。　　　　　　　（　　）

2. 出口贸易审核的单据主要有发票和提单。　　　　　　　　　　　　　（　　）

3. 跨境电商企业自营出口，发生的国外运费应冲减"主营业务收入——自营出口销售收入"账户，国内发生的运输费列入"销售费用"账户。　　　　　　　　（　　）

4. 跨境电商企业根据代理出口商品金额 CIF 价格的一定比例收取代理手续费。

（　　）

5. 跨境电商企业自营出口发生的明佣和暗佣均冲减"主营业务收入——自营出口销售收入"账户，发生的累计佣金列入"销售费用"账户。　　　　　　　（　　）

6. 在代理出口方式下，销售外汇货款结算有异地结汇法和全额结汇法两种。　（　　）

7. 当国家的出口贸易大于进口贸易时，则会形成贸易顺差。　　　　　　（　　）

8. 适用增值税免税政策的出口货物，出口企业或者其他单位放弃免税，实行内销货物征税，应向主管税务机关提出书面报告。　　　　　　　　　　　　　（　　）

9. 跨境电商 B2C 出口商品采用特殊区域出口模式，是指跨境电商企业将整批商品按一般贸易报关进入海关特殊监管区域，企业实现退税。　　　　　　　　（　　）

四、业务核算题

1. WRD 贸易公司为增值税一般纳税人，以人民币为记账本位币，征税率为 13%，退税率为 11%。WRD 公司通过某平台出口货物，发生以下经济业务。

(1)2 月 3 日，向国内杭州美迪工厂购入甲产品一批，接到银行转来托收结算凭证和附件，专用发票上列明货款为 70 000 元人民币，由工厂负责送货到码头入库等待装运，款项已付。

(2)2 月 15 日，甲商品全部对美国出口，价格条款为 CIF 纽约，收汇方式为 T/T，发票金额为 20 000 美元，根据外销出货报告单结转销售成本。当日银行美元买入价为 6.83。

(3)2 月 20 日，甲商品出运后，外运公司开来账单，应付海运运费 100 美元。保险公司开来账单，商品海运保险金额为 250 美元。当日银行美元卖出价为 6.84。

(4)2 月 20 日，编制甲商品出口退税申请单，连同出口报关单等凭证向税务部门申请退税。该商品的代码为 94032000(铁质)，退税率为 11%。

(5)2 月 28 日，收到银行通知，甲商品出口应收货款已收妥结汇，凭银行结汇水单作收款分录。当日汇率为 1 美元=6.56 元人民币。

(6)2 月 28 日，收到税务部门退回税款，存入银行。

要求：根据以上经济业务，编制会计分录。

2. WRD 公司通过某在线平台和匈牙利客户 L 签订一份销售合同。该合同中规定WRD 公司 5 月向客户 L 销售超市货架 30 000 个，采用 T/T 结算方式，相关业务如下。

(1)收到储运部门转来出库单(记账联)，列明出库销售超市货架 30 000 个，每个 50 元人民币，转账支付。

(2)收到业务部门转来销售超市货架发票副本和银行回单。发票列明超市货架 30 000个，每个 CIF 价格为 12.5 美元，货款共计 375 000 美元，根据发票和出库单分别确认出口超市货架销售收入和结转销售成本。当日汇率为 1 美元=6.50 元人民币。

(3)网银支付长远运输公司将超市货架运至北仑港的运杂费 3 350 元人民币。

(4)收到远洋国际货运公司发票 1 张，金额为 3 200 美元，系 30 000 个超市货架的国外运费，当即从网银外币账户汇付给对方。当日汇率为 1 美元＝6.60 元人民币。

(5)按超市货架 CIF 价格的 110%向保险公司投保，保费率为 2%，从外币网银账户支付。当日汇率为 1 美元＝6.58 元人民币。

(6)根据出口超市货架 2%的佣金率，将应付客户的暗佣入账。当日汇率为 1 美元＝6.49 元人民币。

(7)收到银行转来收汇通知，出口销售货款存入外币存款账户。当日汇率为 1 美元＝6.53 元人民币。

(8)将应付的暗佣汇付给中间商。当日汇率为 1 美元＝6.66 元人民币。

要求：根据以上经济业务，编制会计分录。

3. 跨境电商沃尔得公司于 6 月 20 日购入货物一批，收到工厂开具的增值税专用发票 1 张，货物价款为 170 000 元人民币，税额为 22 100 元人民币，当月办理了发票认证。该批货物直接由工厂送至码头装运，并于 6 月 21 日全部报关出口，FOB 价为 170 000 元人民币。该批货物的出口退税率为 11%，沃尔得公司于 6 月底在申报系统申报退税，并做了相应的账务处理。7 月 3 日，由于货物款式型号与合同不符，客户要求退货。沃尔得公司在 7 月视同内销做了账务处理，并向主管退税机关申请开具了《外贸企业出口视同内销征税证明》。

要求：根据以上经济业务，编制会计分录。

4. 跨境电商 A 企业通过在线平台为 B 袜业厂代理出口袜子一批，采用人民币结算，FOB 价格为 50 000 元人民币，采用全额结汇法。3 月发生以下经济业务。

(1)3 月 3 日，收到储运部门转来代理业务入库单，列明袜子 300 000 双，计税金额 525 000 元人民币。

(2)3 月 6 日，收到储运部门转来代理业务出库单，列明袜子 300 000 双，计税金额 525 000 元人民币。

(3)3 月 8 日，网银支付国外运费 1 300 美元，保险费 220 美元。当日汇率为 1 美元＝6.40 元人民币。

(4)3 月 8 日，根据代理出口单结转袜子销售成本。

(5)3 月 10 日，商品发运装船，共发生国内运杂费 1 700 元人民币，税金 153 元人民币。

(6)3 月 10 日，按照代理协议，企业收取代理手续费 670 美元。当日美元汇率 1 美元＝6.60 元人民币。

(7)3 月 12 日，收到俄罗斯客户支付的 850 000 元人民币货款。

(8)3 月 12 日，A 企业与 B 袜厂结清货款。

要求：根据以上经济业务，编制会计分录。

5.4 月，浙江沃尔得公司在商务部网上办理了进料加工审批手续，并在海关办理了电子元件进料加工业务电子登记手册，从事进料加工业务。当月，沃尔得公司与西班牙 LP 公司签订了家具进料加工复出口协议，采用委托加工。

(1)4 月 2 日，LP 公司签订的合同显示，进口原材料价格为 50 000 美元。当日汇率为

1 美元＝6.77 元人民币。

(2)4 月 7 日，按实际成本委托加工厂加工，支付加工费 200 000 元人民币。

(3)4 月 8 日，加工完成后，由 B 家具厂送到仓库入库。

(4)4 月 15 日，成品复出口销售，FOB 价格为 125 000 美元。当日汇率为 1 美元＝7.00 元人民币。

要求：根据以上经济业务，编制会计分录。

6.WK 公司是中国(杭州)跨境电商综试区内的一家出口企业。3 月 7 日，WK 公司通过速卖通与国外客户签订一批 LED 灯出口合同，出口销售额为 850 美元，当日汇率为 1 美元＝6.46 元人民币。3 月 15 日，WK 公司支付此批出口所需的 LED 灯采购款 2 340 元人民币，没有取得相关进货票据。月底，WK 公司将该批 LED 灯报关出口，并已按时收到货款。

要求：根据以上经济业务，编制会计分录。

五、案例分析题

NK 公司为一家大型跨境企业，从事来料加工业务。10 月 24 日，NK 公司通过浙江宁波口岸进口一批服装面料，生产衬衣 9 968 件，备案号为 B1234567，报关单号为 310420231024367832。报关单中的其他信息，见表 4-5。同时，NK 公司与 ABC 工厂签署来料加工业务合同。ABC 工厂加工好机织物等产品后，开具增值税普通发票，金额为 69 985.53 元人民币。加工完成后，NK 公司将相关货品出口到韩国，收取加工费 22 567 美元，并开具出口外销发票。10 月 1 日的汇率为 1 美元＝6.25 元人民币。

表 4-5　进口货物报关单

序号	品名	商品代码	数量	付汇金额/元	征免政策
1	纽扣	96062100	16 千克	1 600.00	全免
2	长丝机织物	54083200	537 米	18 795.00	全免
3	化纤机制含松紧带纱线	58062000	10 千克	900.00	全免
4	化纤制机制花边	58042100	23 千克	1 150.00	全免

要求：

(1)根据进口报关单，对进口料件进行账务处理，编制会计分录。

(2)NK 公司收到加工企业 ABC 工厂开具的增值税普通发票，支付加工费，编制会计分录。

(3)NK 公司出口来料加工产品，收取加工费 22 567 美元，编制会计分录。

(4)如何从收汇的口径进行该业务料件核销？如何避免税务风险？

项目五
跨境电商出口退税的实施

📖 职业能力目标

1. 熟悉我国 B2B 和 B2C 出口退税相关政策。
2. 掌握出口 B2B 和 B2C 网上退税申报。
3. 掌握出口退税金额的计算。
4. 掌握进料加工免抵退税额的计算。
5. 掌握单票对应法在出口退税中的具体应用。

🔍 典型工作任务

1. 能够正确计算 B2B 外贸企业出口货物的退(免)税额。
2. 能够正确计算生产型企业出口货物的退(免)税额。
3. 能够对企业退税的账务进行准确处理。
4. 能够根据给出的单据填写有关出口退税申报表。
5. 能够根据出口退税反馈计算实际换汇成本。

🔷 相关案例导入

全国首单跨境电商退税花落深圳

2014 年 7 月,兰亭集势贸易(深圳)有限公司收到深圳市国税局转来约 2.9 万元出口退税款,这是全国首单全程在海关"9610"监管代码下操作的跨境电商出口退税。"没有想到,我们获得全国首单出口退税。"兰亭集势运营副总裁表示,这笔出口退税款是公司去年在前海跨境电商平台出口的一批货物的退税。

2014 年年初,海关总署推出代号为"9610"的跨境电商监管模式,跨境电商正式成为海关认可的贸易方式。3 月,兰亭集势根据"9610"监管模式,先完成了这批货物的结汇手续。5 月下旬,兰亭集势向市国税局递交了出口退税材料。不到一周,深圳市国税局直属税务分局的科长就主动打电话给该公司。第三周,退税款就打到了公司账户上。一些电商企业表示,这一模式对促进跨境贸易具有划时代意义。

资料来源:刘芳.全国首单跨境电商退税花落深圳[N].中国青年报,2014-07-04(07)版.

思考:在"9610"模式下,卖家如何实现出口退税?

▶ 任务一 了解跨境电商出口退(免)税的相关知识

一、跨境电商出口退(免)税

(一)跨境电商出口退(免)税的含义

在经济发展新形势下,跨境电商已成为外贸发展新引擎。跨境电商企业通过不同的监管方式出口货物,国家实施退(免)税政策。出口货物退(免)税是国家对出口货物已承担或应承担的在国内各生产环节和流转环节缴纳的增值税和消费税,在货物出口后实行退还或免征的政策。国家税务总局对跨境电商的出口退税与传统外贸企业退税的管理要求一样,随附的单证和通关系统也相同,最主要的区别是海关的监管方式。不同模式下的出口退税在报关方式上有一些区别。

(二)实施跨境电商出口退(免)税的主体

适用出口退(免)税的跨境电商企业是指自建跨境电商销售平台或利用第三方跨境电商平台开展电商出口的单位和个体工商户,但不包括为电商出口企业提供交易服务的跨境电商第三方平台。

企业要具备以下条件之一,才能被税务局认定为跨境电商出口退(免)税主体:①对外贸易经营者,是指依法办理工商登记或者其他执业手续,经商务部及其授权单位赋予出口经营资格的从事对外贸易经营活动的法人、其他组织或者个人;②委托外贸企业代理出口的企业,如没有出口权的内资生产企业;③特定退(免)税的企业和人员,是指按国家有关规定可以申请出口货物退(免)税的企业和人员。

(三)出口实施不同的监管模式

跨境电商出口按照监管类型不同,可以分为跨境电商企业对企业出口货物和跨境电商零售出口货物。

1. 跨境电商企业对企业出口货物

跨境电商企业对企业出口货物(海关监管方式代码"9710""9810"),参照适用一般贸易(海关监管方式代码"0110")出口货物相关政策办理出口退税。

2. 跨境电商零售出口货物

跨境电商零售出口货物符合退税的条件,企业实施退税政策。跨境电商综试区内电商出口企业出口未取得有效进货凭证的货物,同时符合一定条件的,试行增值税、消费税免税政策。

(四)出口货物退(免)税的特点

我国的出口货物退(免)税制度参考了国际通行做法,结合我国的实践,形成我国的专项税收制度。我国的出口货物退(免)税具有以下几个特点。

1. 收入退付

出口货物退(免)税是指在货物出口、企业申请退税后,收到国家已在国内征收的流转税的退款的一种收入退付或减免税收的行为。

2. 调节职能的单一性

对出口货物实行退（免）税政策的目的在于提高企业货品的竞争力，使出口的货物以不含税的价格参与到国际市场的竞争中。与其他税收制度相互制约、收入与减免并存的双向调节职能相比较，出口货物退（免）税具有调节职能单一性的特点。

3. 属于间接税范畴内的国际惯例

世界上大部分国家实行的是间接税制度，虽然具体的政策各不相同，但对于出口货物实行"零税率"这一政策都是一致的。出口货物退（免）税政策与征税制度密切相关，如果脱离征税制度，出口货物退（免）税将会失去相关依据。

（五）出口货物退（免）税的作用

现行的出口货物退（免）税政策，一方面，鼓励了企业出口，使出口货物以不含税的价格进入国际市场，从而增强了出口货物的竞争力，为国家增加了外汇收入；另一方面，出口退税能够增加企业的流动资金，提高企业资金运行的效率。

出口货物退（免）税政策对于跨境电商企业有着非常重要的作用。为了引导对外贸易的持续健康发展，国家对不同种类的商品会制定不同的退税率，出口企业出口不同种类的商品所获得的退税收益不同。因此，国家出口退（免）税政策是企业及时调整出口商品结构、获得较高出口效益的重要参考。

思政案例

据了解，此次取消出口退税的产品，主要为冷系产品，包括冷轧、镀锌、镀铝锌等，而此前冷系产品的出口退税为 13%。冷系产品在目前中国钢材出口产品中占比较高，占 30% 左右。但是从目前国内外价差看，即使取消 13% 的退税，中国冷系产品的出口报价仍低于日本、韩国、印度等中国出口主要竞争国家。冷轧取消退税后，出口报价每吨仍低于日本 60 美元左右；镀锌出口退税取消后，每吨仍低于印度 130 美元，相较日本低 210 美元左右。

此次钢铁产品税收政策的调整仍需要结合"碳达峰、碳中和"的大背景理解。目前，针对国内钢材市场，政策目标是既要实现供应的压缩又要实现价格的稳定。要实现这种平衡，只能是采取有效手段把更多的钢铁资源留在国内，优先满足国内需求。

资料来源：谭亚敏. 我国 8 月 1 日起调整部分钢铁产品出口关税[N]. 期货日报 2021-07-30.（有修改）

思考： 取消钢铁产品出口退税与"碳达峰、碳中和"和实现供应价格的稳定之间有何关联？

二、加快出口退（免）税的方法

加强出口退税资金管理，提高出口退税资金利用率，掌握业务操作中的方法，能够提高企业退税资金的使用效率。

（一）及时勾选，在综合服务平台确认发票的用途

纳税人取得增值税专用发票、机动车销售统一发票、收费公路通行费增值税电子普通发票后，如需用于申报抵扣增值税进项税额或申请出口退税、代办退税，应当登录增值税

发票综合服务平台确认发票用途。纳税人应当按照发票用途确认结果申报抵扣增值税进项税额或申请出口退税、代办退税。

纳税人已经申报抵扣的发票，如改用于出口退税或代办退税，应当向主管税务机关提出申请，由主管税务机关核实情况并调整用途。纳税人已经确认用途为申请出口退税或代办退税的发票，如改用于申报抵扣，应当向主管税务机关提出申请，经主管税务机关核实该发票尚未申报出口退税，并将发票电子信息回退后，由纳税人调整用途。

纳税人丢失已开具的增值税专用发票或机动车销售统一发票的抵扣联，可把相应发票的发票联复印件，作为增值税进项税额的抵扣凭证或退税凭证；纳税人丢失已开具的增值税专用发票或机动车销售统一发票的发票联，可凭相应发票的抵扣联复印件，作为记账凭证。

(二)注意出口退(免)税的申报时间

根据国家税务部门的规定，企业当月的纳税申报和退税申报的申报期限都是下月的1日至15日。如果申报期限遇到法定节假日，申报期限根据假期时间向后顺延。出口企业当月出口货物的退(免)税申报，必须在下月初的申报期限内完成。纳税人出口货物劳务、发生跨境应税行为，未在规定期限内申报出口退税的，在收齐退税凭证及相关电子信息后，即可申报办理出口退税。外贸企业的出口退税申报，不要求在出口次月必须申报，但必须在出口发生后的次月至次年的4月30日前的任意申报期内收齐单证并完成申报。未在规定期限内完成申报的，只能免税或转内销征税。

(三)及时办理出口单证的备案

货物出口后，企业应获取电子舱单进行单证备案。出口企业应在申报出口退(免)税后15日内办理出口退税单证备案，并将备案单证妥善留存。按照申报退(免)税的时间顺序，制作出口退(免)税备案单证目录，注明单证存放方式，以备税务机关核查。出口企业或其他单位未按规定进行单证备案(因出口货物的成交方式特性，企业在没有有关备案单证的情况除外)的出口货物，不得申报退(免)税、适用免税政策；已申报退(免)税的，应用负数申报冲减原申报。

备案单证的备案可以采用纸质化、影像化或者数字化方式。留存保管备案的单证，选择纸质化方式的，还需在出口退(免)税备案单证目录中注明备案单证的存放地点。备案单证由出口企业存放和保管，不得擅自损毁，保存期为5年。

相关链接

2020年4月起，义乌市税务局开始以电子舱单信息备案为突破口，试点开展出口退税备案单证数字化管理。自试点以来，初步统计，出口企业集齐退税所需单证的时间平均缩短近1个月。

税务局相关负责人介绍说，除了有效提高出口退税办理速度外，单证数字化管理试点使用的电子舱单具有即时生成、难以篡改等特点，税务机关因此也可有效防范由于单证信息不实而带来的涉税风险。

资料来源：王天贺.浙江：汲取奋进力量，助力民企发展[EB/OL].国家税务总局2021-06-08.

(四)及时收汇

出口企业除了以人民币进行结算的出口货物外,均需在收取外汇后申请退(免)税。纳税人未在规定期限内收汇,但符合《视同收汇原因及举证材料清单》所列条件的,纳税人应留存《出口货物收汇情况表》及举证材料,可视同收汇;因出口合同约定全部收汇最终日期在退(免)税申报期截止之日后的,提供出口合同,可以视同收汇,并可在申报截止日期之前申报退(免)税,但应当在合同约定收汇日期前完成收汇。

(五)注意出口到保税区货物的退税申报

企业出口货物到保税区后,虽然视同出口,但还不能立即办理出口退(免)税申报,需要等到出口货物自保税区全部出境后,企业才能凭海关签发的出口报关单申报出口退税。

▶ 任务二　掌握跨境电商 B2B 出口退税的政策

一、跨境电商 B2B 出口退(免)税企业的范围

跨境电商 B2B 主要是指企业与企业之间或商家与商家之间通过互联网进行产品、服务及信息的交换。在该模式下,企业通过线上平台发布广告和产品信息,但成交和通关流程基本在线下完成,因此其本质上仍属于传统贸易。

(一)跨境电商 B2B 出口退(免)税企业的分类

1. 按货物来源分类

在我国,出口企业出口货物、对外提供劳务主要适用政策为增值税退(免)税政策。增值税退(免)税办法主要包括免抵退税和免退税办法。电商出口企业属于外贸企业(不具有生产能力的出口企业),在出口退税政策方面适用免退税办法。企业出口货物后,对其出口货物已征或应征的增值税和消费税予以退还或免征;电商出口企业属于生产企业的(具有生产能力的出口企业),货物出口后,生产企业在线办理免抵退税申报。两种业务均在线上办理。

(1)跨境电商出口企业属于外贸企业。外贸企业的贸易方式多样,包括一般贸易、加工贸易、补偿贸易、转口贸易,企业也可以代理其他企业从事出口。外贸企业的货物都是外购的,以外购出口货物取得的增值税进项税额或者消费税专用发票的进项税额为计算出口退税的依据。从事跨境国际贸易的专业型外贸企业在出口退税政策方面适用免退税办法。

(2)跨境电商出口企业属于生产企业。生产企业是指生产型的出口企业和企业集团。其出口产品通常由自己生产或从其他企业外购。生产企业在出口货物时,可以自营出口,也可以委托外贸企业出口。生产企业计算退税以出口专用发票的 FOB 条件折算的人民币价格为基础。生产企业出口退税系统与外贸企业出口退税系统不同,但二者有许多相似之处,如必须单证齐全的出口货物才能参与出口退税的计算,单证备案、贸易方式的涵盖范围也基本相同。

2. 按出口生产经营规模分类

根据跨境电商出口企业生产经营规模及会计核算水平健全程度不同,将企业分为增值

税一般纳税人(简称"一般纳税人")和增值税小规模纳税人(简称"小规模纳税人"),并采用不同的管理规定。一般纳税人是指年销售收入超过 500 万元人民币,能进行健全的会计核算,能按规定报送有关税务资料的跨境电商出口企业。年应税销售额未超过规定标准的纳税人,会计核算健全,能够提供准确税务资料的,可以向主管税务机关办理一般纳税人资格登记,成为一般纳税人。小规模纳税人是指年销售收入未超过 500 万元人民币,企业月销售额在 15 万元人民币或者每季不超过 45 万元人民币的,不能进行健全的会计核算,不能按规定报送有关税务资料的跨境电商出口企业。

(1)一般纳税人的退(免)税管理规定。按照国家税务管理相关规定,一般纳税人企业可以对外开具增值税专用发票。企业购进的货物或者劳务取得增值税专用发票的进项发票计算出口退税,可以享受出口退税的优惠政策,适用于退税的增值税率为 13%、10%、9%、6%、0%。特别需要注意的是,一般纳税人企业收到的由小规模纳税人开具的普通发票,跨境电商外贸企业与生产企业均不可将其用于退税。

(2)小规模纳税人的退(免)税管理规定。按照国家税务管理相关规定,小规模纳税人只能开具普通发票,跨境电商企业从小规模纳税人企业购买的商品出口后不能退税,但可以办理免税。小规模纳税人的增值税税率 3%,其购进货物或者劳务取得的增值税专用发票的进项税额不能抵扣销售业务的销项税额。

(二)适用 B2B 出口退(免)税政策的条件

电商出口企业出口货物(财政部、国家税务总局明确不予出口退税或免税的货物除外),同时符合下列条件的,适用增值税、消费税退(免)税政策:①电商出口企业属于增值税一般纳税人,并且已向主管税务机关办理出口退(免)税资格备案;②出口货物取得海关出口货物报关单(自行打印),并且与出口货物报关单电子信息一致;③出口货物在退(免)税申报期截止之日内收汇;④电商出口企业属于外贸企业的,购进的出口物品取得合法有效的进货凭证,如取得相应的增值税专用发票、消费税专用缴款书(分割单)或海关进口增值税、消费税专用缴款书,并且上述凭证有关内容与出口货物报关单电子信息内容相匹配。

相关链接

2018 年 4 月,海关总署发布《关于全面取消打印出口货物报关单证明联(出口退税专用)的公告》(海关总署公告 2018 年第 26 号),全面取消打印出口货物报关单证明联(出口退税专用),对 2018 年 4 月 10 日(含)以后实施启运港退税政策的出口货物,海关不再签发纸质出口货物报关单证明联(出口退税专用)。这意味着跨境电子零售业务出口货物报关单实现了全面的电子化管理,企业办理出口退税时无须再提供纸质报关单。

二、出口货物退(免)税的货物范围

跨境电商企业对企业出口货物(海关监管方式代码"9710""9810"),参照适用一般贸易(海关监管方式代码"0110")出口货物相关政策办理出口退税。现行的《出口货物退(免)税管理办法》规定,已出口的凡属于增值税、消费税征税范围的货物,除国家明确规定不予退(免)税的货物外,都是出口退(免)税的货物,均应予以退还已征或免征的增值税和消费税。除国家另有规定者外,享受出口退(免)税政策的出口货物一般应同时具备以下四个条件。

(一)属于增值税、消费税征税范围的货物

《中华人民共和国增值税暂行条例》与《中华人民共和国消费税暂行条例》对增值税和消费税的征收范围有明确的规定。我国出口货物退税政策以征税为前提,出口退税只能对已征税的出口货物退还其已征增值税、消费税税额,未征税的出口货物则不能退还。免税也适用于应税的货物,不适用于不属于征税范围的货物。

(二)报关离境的货物

报关离境即出口,是指将货物输出关境,这是区别货物是否予以退(免)税的主要标准之一。凡是报关不离境的货物,不论出口企业以外汇结算还是以人民币结算,也不论企业在财务上和其他管理上作何处理,均不能视为出口货物予以退(免)税。对于在境内销售收取外汇的货物,由于不符合离境出口条件,不能给予退(免)税。

(三)在财务上作销售处理的货物

现行的财务会计制度规定,出口商品销售陆运以取得承运货物收据或铁路联运运单,海运以取得出口货物的装船提单,空运以取得空运单,并向银行办理交单后作为销售收入的实现。出口货物销售价格一律以离岸价折算成人民币入账。出口货物只有在财务上作销售处理后,才能办理退税申报。

(四)出口收汇的货物

收汇一般是指企业在出口货物或提供服务时产生的应收货款。从境外汇入的外币到境内指定收汇银行的外币账户上的过程相当于收款。虽然现在对企业的贸易外汇管理由逐笔核销变为年度总量核查制度,但如果金额与收款金额相差较大,就会被外汇管理局列为重点监控企业。将出口退税与出口收汇挂钩,可以有效地防止出口企业高报出口价格骗取退税,提高出口收汇率。对于存在出口退税分类管理类别为四类、提供过虚假或冒用收汇材料等高风险情形的企业,强化风险防范,要求企业在申报退(免)税时提供收汇材料;对于不存在上述高风险情形的企业,在申报退(免)税时无须报送收汇材料,留存备查即可。

出口货物只有同时具备上述四个条件,才能向主管退税机关申报办理退(免)税;对于未按规定收汇且不符合视同收汇规定的出口货物,不得办理出口退(免)税;待收齐收汇材料后,可继续按规定申报办理出口退(免)税,否则不予办理退(免)税。对于确实无法收汇且不符合视同收汇规定的出口货物,则适用增值税免税政策。

相关链接

收汇材料是指《出口货物收汇情况表》及举证材料。对于已收汇的出口货物,举证材料为银行收汇凭证或者结汇水单等凭证;出口货物为跨境贸易人民币结算、委托出口并由受托方代为收汇,或者委托代办退税并由外贸综合服务企业代为收汇的,可提供收取人民币的收款凭证;对于视同收汇的出口货物,举证材料按照《视同收汇原因及举证材料清单》确定。

纳税人申报退(免)税的出口货物,应当在出口退(免)税申报期截止之日前收汇。未在规定期限内收汇,但符合《视同收汇原因及举证材料清单》所列原因的(如因自然灾害、战争等不可抗力因素),纳税人留存《出口货物收汇情况表》及举证材料,即可视同收汇;符合视同收汇的仍可适用退(免)税政策的。出口退税企业管理类别一类、二类、三类的出口

企业可以先申报出口退税，但需要在次年 4 月增值税纳税申报期限内收汇或达成符合视同收汇 10 类情形之一。出口企业管理类别为四类的出口企业，需要报送收汇材料后才能申报出口退税。

符合视同收汇原因及举证材料清单中的 10 类情形分别是：①因国外商品市场行情变动的，提供有关商会出具的证明或有关交易所行情报价资料；由于客观原因无法提供的，提供进口商相关证明材料。②因出口商品质量原因的，提供进口商的有关函件和进口国商检机构的证明；由于客观原因无法提供进口国商检机构证明的，提供进口商的检验报告等证明材料，或者货物、原材料生产商等第三方证明材料。③因动物及鲜活产品变质、腐烂、非正常死亡或损耗的，提供进口商的有关函件和进口国商检机构的证明；由于客观原因确实无法提供商检证明的，提供进口商相关证明材料、货物运输等第三方证明材料。④因自然灾害、战争等不可抗力因素的，提供报刊等新闻媒体的报道材料或中国驻进口国使领馆商务处出具的证明。⑤因进口商破产、关闭、解散的，提供报刊等新闻媒体的报道材料、中国驻进口国使领馆商务处出具的证明、进口商所在地破产清算机构出具的证明、债权申报证明中的任意一种资料。⑥因进口国货币汇率变动的，提供报刊等新闻媒体刊登或人民银行公布的汇率资料。⑦因溢短装的，提供提单或其他正式货运单证等商业单证。⑧因出口合同约定全部收汇最终日期在申报退（免）税截止期限以后的，提供出口合同。⑨因无法收汇而取得出口信用保险赔款的，提供相关出口信用保险合同、保险理赔单据、赔款入账流水等资料。⑩因其他原因的。

【工作实例 5-1】 A 企业出口退税管理类别为二类，2023 年 11 月 12 日出口货物一批，FOB 价为 9 万美元，合同约定 2024 年 1 月 10 日外商付款。

要求：试分析财务人员是否可以在 2023 年 12 月对该票货物申报出口退税。

解析：出口企业管理类别为一类、二类、三类的出口企业，未收汇但可以先申报出口退税，需要在次年 4 月增值税纳税申报期限内收汇或符合视同收汇 10 类情形之一。该企业出口退税管理类别二类，合同约定 2024 年 1 月 10 日外商付款，因此 A 企业财务人员可以对该票货物申报出口退税。

【课堂练习】 乙电商出口企业于 2023 年 7 月 5 日出口灯罩 200 000 个到 W 国。由于客户病故，导致出口后乙企业无法办理收汇。

要求：试分析该货物能否视同收汇处理，是否可以办理退（免）税。

相关链接

出口收汇退（免）税申报重点监管企业

出口收汇退（免）税申报，重点监管企业主要包括：①被外汇管理部门列为 B、C 类；②被外汇管理部门列为重点监测；③被人民银行列为跨境贸易人民币重点监管；④被海关列为 C、D 类；⑤被税务机关评定为 D 级纳税信用；⑥因虚开和偷税（增值税）、骗取国家出口退税款等，被税务机关给予行政处罚；⑦因违反进出口管理，收付汇管理等规定，被海关、外汇管理、人民银行、商务等部门给予行政处罚；⑧不能收汇原因为虚假；⑨收汇凭证是冒用；⑩收汇率低于 70%；⑪申报退（免）税存在进一步核实真实性的。

三、出口货物退(免)税的税率

退税是指应税货物出口后，把出口货物已经缴纳的全部或者部分税款按退税率计算出结果，把生产和流通环节已征收的税款退回给出口企业。增值税应税出口货物的退税率与购进业务按业务类型划分的 5 档，是以出口业务的品种类型来设置的。不同品种的出口货物与劳务，其退税率也各不相同；同一品种的出口货物因规格型号(报关出口产品 HS 编码)不同，其退税率也不相同。

出口企业应将不同税率的出口货物分开核算和申报。若未分开或划分不清的，一律从低适用退税率。现行的出口货物增值税退税率为 13%、10%、9%、6% 和 0%。由财政部、税务总局、海关总署联合发布的《关于深化增值税改革有关政策的公告》中规定，自 2019 年 4 月 1 日起，原征税率和退税率均为 16% 的出口货物服务，退税率调整为 13%；原征税率和退税率均为 10% 的出口货物服务，退税率调整为 9%。因小规模纳税人不涉及退税政策，所以这里的"出口企业"不包括小规模纳税人企业，"出口业务"不包括小规模纳税人的出口业务。

消费税征税的方式主要有两种，即从价计征和从量计征。从价计征是按销售额与适用税率计算税额，从量计征是以销售数量与适用税额标准计算税额。从价计征的消费税不像增值税税率那样简单，税率分档也非常复杂，即使是同一类商品的税率，也可能存在多档。

四、出口货物退(免)税的基本方法

(一)出口货物退(免)税的基本政策

我国出口货物退(免)税的基本政策分为以下三类。

1. 出口免税并退税

出口免税是指对货物在出口销售环节不征收增值税、消费税，是把货物出口环节与出口前的销售环节都同样视为一个征税环节；出口退税是指对货物在出口前实际承担的税收负担。

2. 出口免税不退税

在出口销售环节免征增值税、消费税。出口不退税是指适用此政策的出口货物因在前一道生产、销售环节或进口环节是免税的，因此，出口时该货物的价格本身就不含税，也无须退税。适用这个政策的出口货物主要有来料加工复出口的货物、列入免税项目的避孕药品和工具、古旧图书、免税农产品、国家计划内出口的卷烟及非出口企业委托出口的货物等。

3. 出口不免税也不退税

出口不免税是指对国家限制或禁止出口的某些货物的出口环节视同内销环节，照常征税；出口不退税是指对某些货物出口不退还出口前其所负担的税款。适用此政策的主要是税法列举限制或禁止出口的货物，如天然牛黄、麝香、白银等。

(二)出口货物增值税退(免)税办法

适用增值税退(免)税政策的出口货物，按照以下规定实行增值税退税或免税办法。

1. 免退税办法

对出口环节增值税免征，进项税额退税。外贸企业及工贸企业收购货物出口后，免征

增值税及消费税，企业购进的出口货物或者劳务的进项税额则全额或部分退还给出口企业。退税率为零的出口货物不予退税。

企业出口货物报关单的商品代码与申报系统的商品代码必须是一致的。同时，企业出口货物的进项增值税专用发票的计量单位至少要与出口报关单上的第一计量单位、第二计量单位及申报的计量单位之一相符，且进项增值税专用发票的货物名称要与出口报关单的货物名称一致。如果货物由多种零部件组成，出口企业应针对出口货物报关单、增值税专用发票上不同商品名称的相关性及不同计量单位的折算标准，向主管退税部门提供书面材料并加以情况说明。

2. 免抵退税办法

"免"是指对生产企业出口的自产货物，免征本企业生产销售环节的增值税；"抵"是指生产企业出口的自产货物所耗用原材料、零部件等应予以退还的进项税额，抵减内销货物的应纳税款；"退"是指生产企业出口的自产货物在当期内因应抵扣的进项税额大于应纳税额而未抵扣完的税额，经主管退税机关批准后，予以退税。这种方法主要适用于有进出口权的生产企业、自营或委托外贸企业代理出口。

境内的单位和个人提供适用增值税零税率的服务或者无形资产，如果属于适用简易计税方法的，则实行免征增值税办法。如果属于适用增值税一般计税方法的，则生产企业实行免抵退税办法；外贸企业外购服务或者无形资产出口实行免退税办法；外贸企业直接将服务或自行研发的无形资产出口，视同生产企业连同其出口货物统一实行免抵退税办法。

五、出口货物退(免)税的计税依据

出口货物退(免)税的计税依据是具体计算应退(免)税款的依据和标准。准确地确定退(免)税依据，既关系到征税和退税的数额，又关系到国家财政收入和支出。

(一)外贸企业出口退税的计税依据

1. 外贸企业出口货物应退增值税的计税依据

外贸企业出口货物的来源一般有以下几种渠道：从增值税一般纳税人生产企业收购、从增值税小规模纳税人收购、作价加工收回、委托加工收回。在计算出口退(免)税时，应就不同货物收购方式分别确认计税依据。

(1)从增值税一般纳税人生产企业收购、作价加工收回货物退税依据的确定。在此种方式下出口退税的计税依据可以直接从附送的增值税专用发票中认定，不需经过另外的计算，即以增值税专用发票上注明的进项金额为退税计算依据。

(2)出口企业从小规模纳税人购进，其提供的发票为主管征税机关代开的增值税专用发票，则其计税依据为增值税专用发票上注明的进项金额。

(3)委托加工货物计税依据的确定。外贸企业委托加工的出口货物，其计算退税依据按下列公式计算：

出口货物退税计税依据＝原、辅材料金额＋工缴费

式中："原、辅材料金额"是指外贸企业购入原、辅材料时取得的增值税专用发票上所列的进项金额，"工缴费"是受托企业开具的增值税专用发票所列进项金额。

2. 外贸企业出口货物应退消费税的计税依据

(1)属于从价定率计征消费税的货物，应以外贸企业从工厂购进货物时征收消费税的

价格为依据。其计算公式为：

消费税应退税额＝从价定率计征消费税的退税计税依据×比例税率

（2）属于从量定额计征消费税的货物，应以货物购进和报关出口的数量为依据。其计算公式为：

消费税应退税额＝从量定额计征消费税的退税计税依据×定额税率

（3）属于复合计征消费税的货物，应结合从量定额和从价定率来计算应退消费税税款。其计算公式为：

消费税应退税额＝从价定率计征消费税的退税计税依据×比例税率＋从量定额计征消费税的退税计税依据×定额税率

（二）生产企业出口退税的计税依据

1. 生产企业出口货物应退增值税的计税依据

生产企业出口货物，其应退增值税税额的计税依据为离岸价格。生产企业出口货物，通常有离岸价格（FOB）和到岸价格（CIF）两种结算价格。离岸价格也称装运港船上交货价格，是指以装运港船上交货为条件的成交价格，从起运港至目的地的运输费和保险费等由买方承担，不计入成交结算价格。到岸价格也称成本加运保费条款，是指以运达外商指定目的港作为条件的成交价格，即成本加运费加保险费的价格必须由买方承担。

采用离岸价格结算的，其本身体现的就是出口货物的销售价格，在财务上也以此作为销售依据。采用到岸价格结算的，因其价格中含运费和保险费，属非货物价格，不属于本企业货物销售收入。所以，不论采用哪一种结算价格，生产企业出口货物申报退税的计税依据一律为离岸价格。若出口货物采用到岸价格或成本加运价格，在企业提供有效凭证后，予以扣除实际支付的国外运费、保险费、佣金；既不能确定价格类别也不能提供有效凭证的，以海关确定的离岸价格计算出口销售收入。

以离岸价格结算的计算公式为：

出口货物退税计税依据＝离岸价格×外汇人民币牌价

以到岸价格结算的计算公式为：

出口货物退税计税依据＝（到岸价格－国外运费－保险费－佣金）×外汇人民币牌价

生产企业出口货物，不论采用哪种运输方式出口，均以取得提单并向银行办妥交单手续的当天，用以确认出口销售收入。

出口货物不论以何种外币结算，凡中国人民银行公布有外汇汇率的，均按财务制度规定的汇率直接折算成人民币登记有关账册；生产企业可以采用当月1日或当日的汇率作为记账汇率（一般为中间价），确定后报所在地主管国税机关备案，一个清算年度内不予调整。

2. 生产企业出口货物应退消费税的计税依据

有出口经营权的生产企业自营出口或委托外贸企业代理出口的应税消费品，依据其实际出口数量或出口销售收入在生产环节免征消费税。

没有进出口经营权的生产企业委托外贸企业代理出口的应税消费品，属从价定率征收的，以出口货物的离岸价格作为计算应退消费税的计税依据；属从量定额征收的，以出口货物实际报关出口数量作为计算应退消费税的计税依据；属复合计算征收的，分别以出口货物的离岸价格和出口数量作为计算应退消费税的计税依据。

六、出口货物退(免)税的计算

(一)外贸出口企业

1. 一般贸易方式出口

出口退税额＝增值税发票注明的购进额×退税率

2. 加工贸易并以作价形式

出口退税额＝增值税发票注明的购进额×退税率－作价销售进口料件免税金额×退税率

3. 加工贸易并以委托加工形式

出口退税额＝国内采购原材料的增值税发票注明的购进额×退税率＋加工费×退税率

【工作实例 5-2】 A 外贸出口企业当月购进服装 2 万件，计税金额为 500 万元人民币，取得增值税发票。当月该批货物向海关报关并离境。

要求：计算该批出口货物的应退税额。(退税率为 13%)

解析：应退税额＝500×13%＝65(万元)。

【工作实例 5-3】 B 外贸出口企业从境外购进免税原材料，共计 300 万元人民币，以作价形式销售给加工厂，并开具增值税发票，计税金额为 300 万元人民币，销项税额为 39 万元人民币，并报主管退税部门批准该笔销项税额 39 万元人民币暂不计征入库。数月后该批货物完工，加工厂开具销售货物增值税发票，计税金额为 500 万元人民币，税额为 65 万元人民币。出口企业当月报关，货物离境，次月收齐凭证申报退税。

要求：计算该批出口货物的退税额。(退税率 13%)

解析：应退税额＝500×13%－300×13%＝26(万元)。

> **【课堂练习】** C 外贸出口企业当月购进摄像头 2 万个，计税金额为 300 万元人民币，取得增值税发票。当月该批货物向海关报关并离境。
>
> **要求：**计算该批出口货物的应退税额。(退税率为 13%)

(二)生产型出口企业

1. 免抵退税不得免征和抵扣税额的计算

(1)一般贸易方式出口。

当期免抵退税不得免征和抵扣税额＝当期出口货物离岸价格×外汇人民币牌价×(出口货物征税率－出口货物退税率)

(2)加工贸易方式出口。

当期免抵退税不得免征和抵扣税额＝当期出口货物离岸价格×外汇人民币牌价×(出口货物征税率－出口货物退税率)－免抵退税不得免征和抵扣税额抵减额－上期结转免抵退税不得免征和抵扣税额抵减额

免抵退税不得免征和抵扣税额抵减额＝购进的免税原材料价格×(出口货物征税率－出口货物退税率)

(3)免税购进原材料。从国内购进的免税原材料和进料加工免税进口料件。其中，进料加工免税进口料件的价格为组成计税价格，计算公式为：

进料加工免税进口料件的组成计税价格＝货物到岸价格＋海关实征关税＋海关实征消费税

当期应纳税额＝当期内销货物的销项税额－(当期进项税额－当期免抵退税不得免征

和抵扣税额）－上期未抵扣完的进项税额

2. 免抵退税额的计算

（1）一般贸易方式出口。

免抵退税额＝出口货物离岸价格×外汇人民币牌价×出口货物退税率

（2）加工贸易方式出口。

免抵退税额＝出口货物离岸价格×外汇人民币牌价×出口货物退税率－免抵退税额抵减额－上期结转免抵退税额抵减额

免抵退税额抵减额＝免税购进原材料价格×出口货物退税率

3. 当期应退税额、当期免抵税额、结转下期继续抵扣税额

（1）当生产企业本月的销项税额≥本月的应抵扣税额时，应纳税额≥0，即本月无未抵扣完的进项税额。

当期应退税额＝0

当期免抵税额＝当期免抵退税额－当期应退税额（0）＝当期免抵退税额

无结转下期继续抵扣的进项税额。

（2）当生产企业本月的销项税额＜本月的应抵扣税额时，本月进项税额未抵扣完，即当期期末有留抵税额。

① 如果当期期末留抵税额≤当期免抵退税额：

当期应退税额＝当期期末留抵税额

当期免抵税额＝当期免抵退税额－当期应退税额

结转下期抵扣的进项税额＝0。

② 如果当期期末留抵税额＞当期免抵退税额：

当期应退税额＝当期免抵退税额

当期免抵税额＝0

结转下期继续抵扣进项税额＝当期期末留抵税额－当期应退税额

"期末留抵税额"是计算确定应退税额、应免抵税额的重要依据，应以当期《增值税纳税申报表》的"期末留抵税额"的审核数栏为准。

4. 核算举例

【工作实例5-4】　D出口企业当月销售自产产品价值500万元人民币，其中自营出口产品价值300万元人民币（一般贸易方式出口）。当月取得进项税额70万元人民币，上期留抵税额10万元人民币，当月收齐出口凭证200万元人民币。

要求：计算当月的应纳增值税、免抵退税额。（退税率为9%）

解析：

当期不得免征和抵扣税额＝300×（13%－9%）＝12（万元）

当期应纳税额＝（500－300）×13%－70－10＋12＝－42（万元）

当期免抵退税额＝200×9%＝18（万元）

免抵额＝0（万元）

退税额＝18（万元）

结转下期抵扣税额＝42－18＝24（万元）

【工作实例5-5】　E出口企业当月销售自产产品价值1 000万元人民币，其中自营出口产品价值 800 万元人民币（进料加工贸易方式出口）。当月取得进项税额 40 万元人民币，上期无留抵税额，当期办理免税进口料件金额为 400 万元人民币，当月收齐出口凭证 500 万元人民币。

要求：计算当月的应纳增值税、免抵退税额。（退税率为 9%）

解析：

当期不得免征和抵扣税额＝800×(13%－9%)－400×(13%－9%)＝16(万元)

当期应纳税额＝(1 000－800)×13%－40＋16＝2(万元)

当期免抵退税额＝500×9%－400×9%＝9(万元)

退税额＝0(万元)

免抵额＝9(万元)

结转下期抵扣税额＝0(万元)

> **【课堂练习】**　F 出口企业当月销售自产产品价值 600 万元人民币，其中自营出口产品价值 400 万元人民币（一般贸易方式出口）。当月取得进项税额 50 万元人民币，上期留抵税额 10 万元人民币，当月收齐出口凭证 200 万元人民币。
>
> **要求**：计算当月的应纳增值税、免抵退税额。（退税率为 9%）

七、关于出口货物退(免)税的特殊规定

(一)来料加工复出口货物的免税办理

1. 来料加工业务的概念

来料加工是加工贸易中的一种贸易方式，一般由外商提供一定的原材料、半成品、零部件、元器件(必要时也提供一些技术设备)，由我方加工企业根据外商的要求进行加工装配。成品委托加工出口的，还需要到主管税务机关申请来料加工免税证明，等出口后再到主管税务机关进行来料加工免税证明核销。

生产企业来料加工出口分两种情况：一种是自行来料加工，另一种是委托来料加工。

(1)自行来料加工出口。只需进行增值税纳税申报，不需进行出口免税申报。在增值税纳税申报时填写免税销售额，对应的增值税进项税额转出。

(2)委托来料加工。生产企业委托来料加工出口，需在生产企业出口退税申报系统中进行来料加工免税证明申请录入，加工免税品交由外商销售，由我方收取加工费。

来料加工业务的确定，一般以海关核签的来料加工出口货物报关单和《来料加工登记手册》为准。

2. 在电子税务局申请办理《来料加工免税证明》

从事来料加工委托加工业务的出口企业，在取得加工企业开具的加工费的普通发票后，应在加工费的普通发票开具之日起至次月的增值税纳税申报期内，填报《来料加工免税证明申请表》，登录电子税务局在线办理《来料加工免税证明》。

(1)数据采集。登录电子税务局，首先进入来料加工免税证明数据采集页面。数据采集界面功能按钮包括"新建""打开""删除""批量导出""小计""序号重排""设置标志"等。单击"新建"按钮，系统弹出"来料加工免税证明申请表采集"窗口。在来料加工免税证明申请表采集窗口中采集数据后，单击"保存"按钮，成功采集一条来料加工免税证明数据，并且

在来料加工免税证明数据采集主列表显示该条数据。单击"保存并增加"按钮，保存采集的数据后可继续采集数据。

（2）数据修改。当需要对采集的数据进行修改时，可勾选一条数据，单击"打开"按钮，或者双击一条数据，系统弹出"来料加工免税证明申请表采集"窗口，单击"修改"按钮，可对选择的数据进行修改。输入起始序号，单击"确定"按钮，序号重排成功。只有已设置标志的数据才可以生成申报数据，故纳税人需先对采集的数据设置标志，勾选数据，单击"设置标志"按钮，系统弹出"设置标识"窗口，单击"确定"按钮，设置标志成功。

（3）附列资料上传。申报数据生成成功后，系统自动弹出"附列资料维护"窗口，针对非无纸化企业，需要通过本环节CA设备密码签章。纳税人如选择通过线上提交附列资料，则必须上传全部"必报"的附列资料。如果纳税人只上传了一项"必报"资料，则系统将会作出提示，同时不允许纳税人继续进行后续的操作。如果纳税人没有上传"必报"的附列资料，直接单击"保存并加签"，系统将视作纳税人选择后续到税务机关自行补交相关资料，但会反复进行提示。

需要注意的是，为了保证附列资料文件格式统一，上传文件只支持Zip格式。同时，为了保证税务机关高效地进行资料审核，上传附列资料的文件名称需要与资料名称一致。如果不一致，系统会弹出提示，纳税人单击"确定"后，系统将会自动帮助纳税人进行快捷调整。

（4）远程申报。在申报数据查询列表，勾选一条数据，单击"远程申报"按钮，系统弹出"远程申报"窗口，选择"仅数据自检"或者"直接申报"任意一种方式，单击"确定"按钮，对申报数据进行数据自检或者直接上传。选择"仅数据自检"，系统自动进行数据自检，自检成功后，可在"疑点处理"页面查看相关疑点。选择"直接申报"数据，将直接报送至主管税务机关。数据成功申报后，税务机关需经过一段时间对数据进行审核。纳税人可通过列表最后一栏操作列中的"刷新"按钮，查询税务机关审核状态，当审核完成后，则可进行后续文书下载等操作。

（5）审核结果下载。针对税务机关审核完成的事项，纳税人可下载税务事项通知书等相关资料。正式申报成功后，当流程状态为"流程已完结"时，可在申报数据查询列表操作列单击"事项文书下载"按钮，下载相关事项文书。正式申报成功后，当流程状态为"流程已完结"时，可在申报数据查询列表操作列单击"电子文书下载"按钮，下载电子文书。

出口企业应将《来料加工免税证明》转交加工企业，加工企业持此证明向主管税务机关申报办理加工费的增值税、消费税免税手续。

出口企业在来料加工的货物全部复出口后，必须先及时凭来料加工出口手册或电子账册及时在海关核销，再向主管退税机关办理免税核销手续。逾期未核销的，主管退税机关将会同海关和主管征税机关对其实行补税和处罚。

3. 在电子税务局申请办理来料加工免税核销（以离线版申报系统为例）

（1）登录电子税务局，进入"我要办税"模块中的"出口退税管理"。

（2）依次选择"出口退税自检服务"→"来料加工免税证明核销数据自检"→"离线申报"。

（3）进入"数据自检"，上传在离线版生成的数据，进行数据自检。

① 单击"上传"，选择数据。

② 单击"开始上传"，上传数据到电子税务局。

③ 开始数据自检，可在"自检状态"查看进度"自检结果"显示疑点个数，单击具体的数字可查看详细的疑点描述。

(4)自检无疑点或无不可挑过疑点，在"操作"栏单击"确认申报"，将数据转为正式申报或按下列流程操作正式申报。

①选择左侧"正式申报"，单击右侧"上传"按钮，弹出上传数据页面。

②在弹出上传数据页面中，申报方式选择"直接申报"，单击"选择文件"按钮，选择已完成自检的数据。单击"开始上传"，上传数据正式申报。

③上传完毕后，界面会出现信息，可查看"审核状态"跟踪申报进度。

④税务机关审核后，企业如需要下载反馈信息，可在"审核结果反馈"模块输入对应"所属期"，单击"申请"，下载相关反馈数据。

相关链接

申报可以采用在线申报或离线申报。采用在线申报方式时，平台会将出口退(免)税申报数据直接传递至税务机关出口退税系统中，税务机关出口退税系统会将申报数据自动推送至受理环节进行审核。采用在线申报方式时，采用离线版申报系统提交备案类业务申请数据，需与电子税务局"离线申报"配合使用。先通过离线版申报系统采集备案信息生成电子数据，再通过电子税务局"离线申报"功能向税务机关正式提交电子数据。

(二)代理出口货物的退(免)税办理

1. 代理出口的概念

代理出口是指外贸企业或其他出口企业，受委托单位的委托，代办出口货物销售的一种出口业务。代理出口业务的特点是受托单位对出口货物不作进货和自营出口销售的账务处理，不负担出口货物的盈亏。在代理出口业务中，受托方收取一定比例的手续费。

2.《代理出口货物证明》的办理

《代理出口货物证明》由受托代理出口企业在代理出口货物已实际结汇后，到主管退税机关办理《代理出口货物证明》。

(三)进料加工复出口贸易业务的退(免)税办理

1. 进口料件采取不同的加工方式与退税额的计算

(1)进口料件采取作价加工方式。外贸企业将进口料件转售给其他生产企业加工出口货物时，按销售给生产加工企业开具的增值税专用发票上的金额，填具《进料加工贸易申报表(外贸企业用)》，报经主管退税机关批准同意，主管征收机关对销售料件应交的增值税不计征入库，而由退税机关在企业办理出口退税时在当期应退税款中扣回。对进口料件在进口环节实征的增值税，凭海关完税凭证，计算调整进口料件的应退税额。

作价加工复出口货物应退税款的计算公式为：

应退税额＝出口货物的应退税额－销售进口料件的应抵减税额

销售进口料件的应抵减税额＝销售进口料件金额×复出口货物退税率－海关实征的增值税税额

(2)进口料件采用委托加工方式。外贸企业委托生产企业加工并收回复出口的货物，凭受托方开具的增值税专用发票上注明的金额，按复出口货物适用的退税率计算加工费应退税额。

委托加工复出口货物应退税额的计算公式为：

应退税额＝增值税专用发票上注明的加工费金额×复出口货物适用退税率

2. 生产企业进料加工免抵退税网上申报操作

进料加工免抵退税申报主要包括计划分配率备案、进料加工业务核销和调整年度计划分配率申请。

（1）计划分配率备案。

①计划分配率的确认。首次从事进料加工业务的企业，应进行进料加工计划分配率备案，以首份进料加工手（账）册的计划分配率作为当年度进料加工计划分配率。完成年度核销后的企业，应以上年度已核销手（账）册综合实际分配率作为当年度进料加工计划分配率。上年度无海关已核销手（账）册不能确定本年度进料加工业务计划分配率的，应使用最近一次确定的上年度已核销手（账）册综合实际分配率作为当年度的计划分配率。

②计划分配率在线备案操作。进入电子税务局，单击"出口退税管理"→"出口退（免）税申报"→"进料加工计划分配率备案"。

（2）进料加工业务核销。上年度已在海关办理核销的手（账）册，即结案通知书上显示"同意结案日期"或"海关核销周期截止日期"在上年1月1日至12月31日期间的企业，需要在下一年度的4月20日前，在税务机关申请办理海关已核销的进料加工手（账）册项下的进料加工业务核销手续。从事进料加工业务的生产企业，未按规定期限办理进料加工登记、申报、核销手续，对该企业的出口退（免）税业务，主管税务机关暂不办理，在其进行核销后再办理。

进料加工业务核销有以下七个操作步骤。

第一步：登录网站，单击"出口退税管理"→"出口退（免）税申报"→"进料加工业务核销"，进入界面后新建本年度核销任务。

第二步：进入核销申报流程导图界面后，通过"已核销手（账）册清单"（见图 5-1），添加企业上年度已核销的手（账）册，保存后点击"反馈申请"获取税务局端的数据。

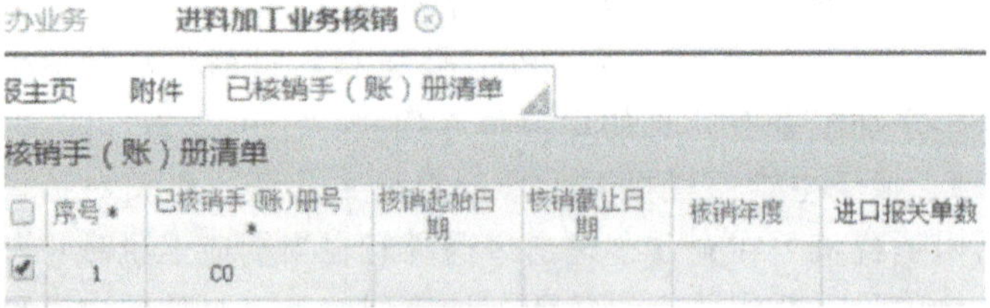

图 5-1　已核销手（账）册清单

第三步：单击"反馈申请"并逐步确定后，反馈数据需等待一段时间生成，通过刷新核销申报流程导图界面（见图 5-2），可更新反馈申请处理状态。

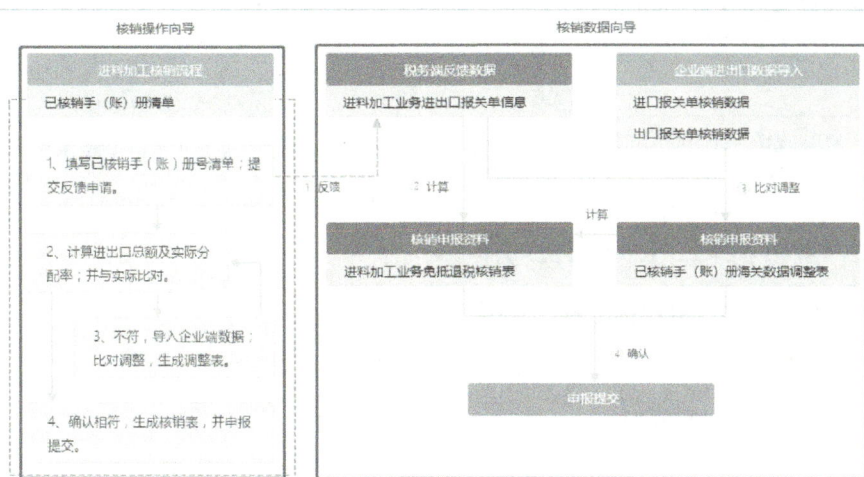

图 5-2　核销申报流程导图界面

第四步："反馈申请"数据处理成功后，已取得税务端反馈数据。进入"已核销手(账)册清单"，逐一勾选核销手(账)册数据，分别单击"计算分配率"，得出根据反馈数据计算出的实际分配率。"实际分配率"数值为本次计算以后的"综合分配率"。通过单击"计算依据明细"→"查看详情"，可查看参与计算的进出口报关单明细数据。

第五步：比较"查看详情"中参与计算的报关单数据与本企业实际进出口报关单数据，两者数量金额存在差异。如果报关单数据存在缺漏、重复，需要进入第六步调整；如果没有差异，就直接进入第七步。

第六步：如果存在差异，并且报关单数据存在缺漏、重复，需要进行手工调整。

通过核销流程导图中"已核销手(账)册海关数据调整表"，手工录入调整数据。对于税务端缺失的数据，新增税务端缺失的进出口报关单数据。对于税务端重复的数据，新增与税务端重复数据完全相同的负数冲减进出口报关单数据。对于税务端错误的数据，需新增与税务端错误数据完全相同的负数冲减进出口报关单数据，然后再新增企业端正确的进出口报关单数据。

第七步：通过核销流程导图"已核销手(账)册清单"，单击"生成核销表"提交申请，等待核销表生成后，系统进行"数据检校"，自检通过后提交"正式申报"。

核销提交后，系统会自动同步数据。数据同步主要包括三部分：一是系统以核销表中已核销手(账)册综合实际分配率作为当年度进料加工计划分配率；二是核销次月，将核销表中确认的不得免征和抵扣税额在纳税申报时申报调整；三是免抵退税申报时，将核销表中确认的调整免抵退税额申报调整当期免抵退税额。如果发现核销错误，次月参照正常的核销流程再次办理核销手续。

(3)办理调整年度计划分配率申请。企业已进行过进料加工业务年度核销，但上年度综合实际分配率与当年度实际情况差别较大，据此计算出的免抵退税额与实际情况差异也较大。发生这种情况时，可以提出"调整年度计划分配率申请"，向主管税务机关提供当年度预计的进料加工计划分配率及书面合理理由，经核对无误且书面理由合理的，可将预计的进料加工计划分配率作为该年度的计划分配率。

在线办理"调整年度计划分配率申请"的步骤：进入电子税务局，单击"我要办税"→"出口退税管理"→"出口退（免）税申报"→"调整年度计划分配率申请"。

▶ 任务三　跨境电商 B2B 出口退税申报

一、跨境电商 B2B 出口退税的流程

跨境电商 B2B 出口退税的流程，见图 5-3。

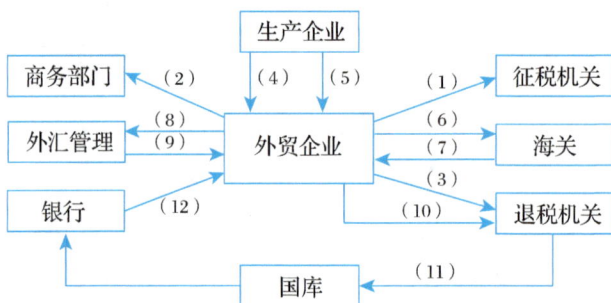

图 5-3　跨境电商 B2B 出口退税流程示意图

(1) 申请取得一般纳税人资格　　　　(7) 下载海关出口报关单
(2) 办理备案登记　　　　　　　　　(8) 国际收支申报系统
(3) 办理出口货物退（免）税认定手续　(9) 自动总量核销
(4) 购进货物　　　　　　　　　　　(10) 申报出口退税
(5) 取得增值税专用发票　　　　　　(11) 开具收入退还书
(6) 报关出口　　　　　　　　　　　(12) 退税款划转出口企业

　　企业在办理出口退税前，必须具备一定的资质。出口企业依法办理工商登记，具有营业执照，并办理税务登记后，成为取得一般纳税人资格的企业，有这两项资质之后就成为一个正常出口内销企业。如果这个企业想要成为出口企业，需要在商务部进行对外贸易经营者备案登记，再进行海关备案和外汇管理局备案。企业完成注册备案以后，就取得了进出口经营权资质。完成这些资质登记之后，企业到税务局办理出口货物退（免）税认定手续，就可以进行报关和退税。

　　通过货代公司报关，货物实际出口后，购货企业取得了增值税专用发票，并且通过勾选，同时在电子口岸获得报告单的电子信息。国外买方在收到货款后及时汇款，出口企业收汇后，在国际收支申报系统向外汇管理局进行货款的电子申报。外汇管理局根据出口记录和收汇情况，系统自动办理总量核销。有了电子口岸的信息和增值税专用发票的信息，企业就可以按照相关规定进行货物出口退税的申报。

　　外贸企业申报退（免）税时按单票对应法。企业需要先进行业务配单，即收齐原始凭证，然后根据业务的关联进行匹配，确保出口退税的准确性。以电子税务局平台办理为例，如果该 B2B 企业属于外贸企业，网上退税流程主要操作包括：登录电子税务局→我要办税→出口退税管理→进入便捷退税（需要插入税控盘）→退税申报→所属期→外贸企业免退税申报→电子口岸报关数据导入→智能配单（外贸企业出口退税进货明细申报表/外贸企

业出口退税出口明细申报表自动生成)→汇总申报表→数据校验→申报自检→正式申报。

在申报出口货物退(免)税后,企业应该按照规定装订各种资料,完成出口退税单证备案。

二、单票对应法在出口退税中的应用

(一)单票对应法的含义

单票对应法是指在出口与进货的关联号内,进货数据和出口数据配齐申报,对进货数据实行加权平均,合理分配各出口占用的数量,计算出每笔出口的实际退税额。这是出口货物退(免)税信息管理系统中设置的一种基本的退税方法。单票对应法要求在一次申报的同关联号的同一商品代码下保持进货数量和出口数量完全一致,进货、出口均不结余。对一笔进货分批出口的,应到主管税务机关开具进货分批申报单。应用单票对应法的前提是进货数量等于出口数量,如出口数量大于进货数量,则需要等进货充足时进行申报,否则视同放弃多出部分的退税;如出口数量小于进货数量,可以将多余的进货进行分批,结余部分以后申报。

单票对应法是退税系统普遍采用的退税计算方法。跨境电商企业在使用单票对应法进行出口退税操作时,需要提供出口货物免抵退税货物申报明细表、报关单、出口发票退税联等多种单据和票据,要求单据齐全且票据内容相互对应。因此,财务人员平时就必须注意相关票据的规范开具和收集、整理。

(二)单票对应法下出口退税单据的整理

1. 整理并审核出口退税单证

为方便外销业务管理,业务员需对每笔出口业务规范编号。外销合同按照"公司名称缩写+年份+业务员代码+合同号"的编写规则来填列。编写好后的外销合同号能体现某个公司、某个年份、某个业务员、某一笔具体业务。业务员与客户签订出口外销合同后,在货物出运后支付该合同项下的配舱、海关报关费用。业务员按合同在国内组织货源,确认该外销合同的收入、成本和计提的出口退税金额。财会人员依据外销编号,审核国内采购的货源,通过增值税发票确认货源的数量、品名,通过同一个外销编号确认海关报关出运、收汇的记录。

在实际出口退税的账务处理过程中,只有出口的数量等于国内采购增值税发票货物的数量,才能在税务平台实施出口退税的申报。有以下两种情况需要特别注意。

(1)进货数量大于出口数量,需要将该批货物进行分割。由采购货物的一方提供增值税专用发票,根据报关单上的出口信息和增值税专用发票到税务局开具分割单,并确认签字,出口企业根据税务局签字确认的分割单进行其他外销合同退税申报。实际出运的退税按分割后的金额正常退税。

由出口企业依据报关单信息将增值税专用发票分割购货信息,根据分割单中与本次申报数量一致的金额用于本次申报,实际出运的退税按分割后的金额正常退税。剩余数量用于其他批次的退税申报。

(2)进货数量小于出口数量,需等待供货单位提供足额进货后才能退税。现实中,企业可能会遇到购货时发票分批到达,即所购货物已经到货并出口国外,而部分购货发票未到的情况,从而造成某个月的出口货物数量大于购货发票上所显示的购货数量。按照单票对应法，由于退税配单所显示的进货数量和出口数量不一致，当月就无法申请出口退税，需等待供货单位提供足额进货增值税发票后才能退税。

2. 编写出口退税申报中的关联号

关联号能够将有关退税凭证组织在一起，使购进与出口形成对应关系，是进货数量和出口数量对应的桥梁，是仅用于单票对应法下的进货和出口的唯一关联。以关联号为最小的申报单位计算每笔的出口退税额，同一关联号下，进货与出口数量相同。关联号按照"申报年月（6 位）＋申报批次（3 位）＋流水号（1～8 位）"的编写规则来填列。

以外贸企业为例，出口退税《外贸企业出口退税进货明细申报表》和《外贸企业出口退税出口明细申报表》使用同一关联号。依据增值税专用发票，在《外贸企业出口退税进货明细申报表》录入口货物的进货信息。依据报关单（简称关单）记录，在《外贸企业出口退税出口明细申报表》录入出口信息。

外贸企业出口退税报关单和增值税专用发票（简称进项发票）应分以下四种情况对应录入。

（1）报关单一条数据对应一张增值税专用发票。申报出口退税用一个关联号分别录入进货、出货信息申报。

（2）报关单多条数据对应一张增值税专用发票。当录入第 1 条报关单数据时，对应增值税发票第 1 条记录（录入增值税专用发票部分金额），用一个关联号。当录入第 2 条报关单数据时，对应增值税发票第 2 条记录，用一个关联号。

（3）报关单一条数据对应多张增值税专用发票。申报出口退税用一个关联号分别录入多条进货信息、一条出货信息申报。

（4）报关单多条数据对应多张增值税专用发票。申报出口退税报关单按条申报录入，当录入报关单第 1 条数据时，对应发票有几张录入几张；如果某张增值税发票部分金额对应下一条报关单数据或是下一张报关单，需要把增值税发票金额按实际拆分。

作为外贸企业，在申报退税时，应先进行业务配单，即先将用于申请退税的原始凭证收齐，然后根据其业务发生的真实性和关联性，进行进货凭证与出口凭证的关联对应。在外贸企业出口退（免）税申报系统中，就会将该关联号下的所有增值税发票按商品代码加权平均，计算出平均单价及平均退税率，再用该关联号下报关单出口数量乘以加权平均单价再乘以平均退税率计算出商品代码下的出口退税额，从而保证出口退税的准确计算。设定的关联号下的单据张数越少，系统计算出的加权平均单价就越接近企业增值税发票的单价，每笔出口数量的退税额也就越接近业务的真实状况。

一个关联号内的进货或出口票数过多，其发生错误的概率也相对升高。若一个关联号内其中一笔数据产生错误，则整个关联号内的数据无法通过，影响退税进度。因此，在实际操作中，利用关联号有利于外贸企业财务核算的准确，保证单笔出口货物及时退税，减少错误概率，迅速查找疑点原因。

3. 出口退税报关单代码核查

企业出口货物的报关单的商品代码与申报系统的商品代码必须一致，如果遇到国家税务总局调整海关出口退税率，海关会调整商品代码对应的退税率，并让申报系统自动升级，以保证企业能享受最新的退税率。进货单位必须与出口货物单位一致，并应使用商品代码库中的标准计量单位；如不一致，需在原始凭证上注明直接换算的依据，否则需提供盖有供货企业公章的折算证明和出口企业该批货物的备案单证及税务机关要求的其他资料。

需要特别注意的是，企业出口的进项增值税专用发票的计量单位应与出口报关单上的第一计量单位、第二计量单位的计量单位之一相符。如果出口货物由多个品名构成，出口企业应针对出口货物报关单、增值税专用发票上不同商品名称的相关性及不同计量单位的折算标准，在出口退税平台提交申报数据。

三、出口退税的网上操作

(一)出口退税操作系统

1. 出口退税操作系统简介

现在的出口退税基本都采用网上申报。对于出口退税的网上申报，不同省份采用的软件界面可能会有所不同，但主要过程基本相同。目前，浙江省使用的"互联网＋便捷退税"系统是以"互联网＋政务"的理念开发完成的立体化系统，纳税人只需登录网页便可完成出口退税申报的全流程工作，轻松实现出口退税申报、证明办理、审核审批、退库/调库等业务的全程无纸化和网络化。该"互联网＋便捷退税"系统彻底打通了海关系统数据导入、企业端申请发起与税务端审批完成之间的通道，企业无须安装客户端软件，即可轻松便捷完成出口退税"3A办理"，即在任何时间(anytime)、任何地点(anywhere)通过指定网页办理完成与出口退税申报有关的任何事项(anything)，实现出口退税智能型全程网络化管理、一站式办结。

2. 出口退税操作系统的特点

"互联网＋便捷退税"系统真正实现诸如海关报关单、增值税发票等数据可由系统自动采集导入，再辅以智能化配单功能生成对应表单，省去了繁重的手工录入负担。该操作系具有以下几个特点。

(1)安全性。企业操作必须通过数字证书认证后才能进一步申报。利用企业正在使用的税务数字证书(如金税盘将增值税发票信息同步到云平台)、海关数字证书(报关单数据和海关数据同步通过海关数字证书IC卡)，国家税务总局、电子口岸对退税申报相关数据进行签名、加密存储、数据云存储等，确保信息存储安全。

(2)智能化。企业在操作的过程中根据系统提示进行向导式操作，智能化配单。电子口岸将报关单数据同步导入，企业申报出口退税后直接可以通过进度跟踪反馈来了解出口退税的进度。

(3)便捷性。企业在操作过程中无须安装其他运行程序，直接采用网页版申报。电子口岸、进项发票分别存储在电子口岸和税务局云平台，出口退税申报单证无纸化，报关单数据和海关数据同步。

(二)企业出口退税操作的前期准备

"互联网＋便捷退税"系统使企业实现出口退税办理的智能化和集成化。海关报关单、增值税发票等数据可由系统自动采集导入，再辅以智能化配单功能生成对应表单。智能手段取代了过去的手工录入，数据录入的速度大幅提高。同时，在图像处理和PDF签名技术的帮助下，企业以扫描或拍照等方式对纸质资料进行图像采集及报送审核，全程实现无纸化操作。

1. 建设操作系统相应的操作环境

使用 Windows 操作系统，谷歌 Chrome 浏览器 、IE 浏览器或 IE 内核浏览器（360 浏览器、搜狗浏览器等），同时准备好金税盘或税控盘（税务数字证书）、海关电子口岸 IC 卡及读卡器（海关数字证书）。

2. 下载相关程序

下载安装金税盘/税控盘数字证书驱动程序和海关电子口岸 IC 卡读卡器驱动程序。首次进入系统后，系统会出现"用户汇率计算依据未设置"的提示，单击"确定"后进入汇率设置页面进行设置。汇率设置完成后，即可进入左上角菜单标志，进行申报等操作。

(三)外贸企业出口免抵退的操作流程

1. 登录系统，采集数据

登录企业出口退税申报系统，确定当期申报批次。在系统中进行外部数据采集，完成基础数据准备，智能配单。

基础数据的准备包括海关出口报关单数据、已经认证勾选的进项增值税专用发票信息。

业务量较大的外贸企业，插入海关电子口岸的 IC 卡后，单击"基础数据"→"海关数据"→"电子口岸报关单数据下载"，导入从海关电子口岸下载并解密的出口报关单数据，同步到便捷退税系统。出口退税申报系统中的增值税发票是自动同步到系统中，单击"基础数据"→"国税数据"→"进项发票查询"，查询可退税的进项发票中的计量单位、数量与报关单中的计量单位、数量出口记录是否信息一致，如果记录一致，只要勾选该条进项发票的信息即可。无须手工操作，系统会自动生成申报明细数据。业务量较少的外贸企业，纳税人可以直接单击"明细数据采集"，手工录入申报数据。通过智能配单，保证报关单与进项发票中的"数量""计量单位""商品名称"相匹配。

2. 数据校验，汇总数据

汇总数据前要进行数据校验，包括对出口报关单进行校验确认和对进项发票进行检查确认。

(1)对出口报关单进行校验确认，提高退税申报的效率和准确性。检查报关单数据是否已经传到税务审核系统。如果报关单数据尚未传到税务审核系统，则该笔报关单即使已从电子口岸同步下载，也不能申报；如果报关单数据传到税务审核系统，财务人员就可以申报，并需补全出口退税报关单所需要的数据，确定唯一退税率。

(2)对进项发票进行检查确认。核查进项发票数据是否已传到税务审核系统。如果进项发票尚未进入税务审核系统，则与该发票对应的出口退税暂缓申报。如果是进项发票中的商品计量单位与报关单的商品计量单位不一致，可以通过勾选转换计量单位的发票。单击"计量单位换算"，选择列表中的"计量单位"进行计量单位的转换。通过转换进项税发票中的商品计量单位，确保增值税发票的数量、计量单位与报关单中的数量、计量单位一致。

3. 智能配单，生成免抵退申报明细表

外贸企业出口退税申报系统是向导式布局，通过智能配单，生成免退税申报明细表，主要包括外贸企业出口退税出口明细申报表和外贸企业出口货物进货明细申报表。

外贸企业出口货物进货明细申报表主要包括：关联号、税种、凭证种类、凭证证号、供货方纳税人识别号、开票日期、出口商品代码、商品名称、计量单位、数量、计税金额、征税率、退税率、可退税额等。

外贸企业出口退税出口申报明细表主要包括：关联号、出口发票号、出口货物报关单号、代理出口货物证明、出口日期、出口商品代码、出口商品名称、计量单位、出口数量、美元离岸价等。

需要注意的是，出口货物报关单管理界面已经生成过出口明细的报关单数据，无法再次生成。如需重新调整生成出口明细，需要先进入"明细数据采集"界面，单击"出口退税出口明细申报"，勾选需要重新调整的明细数据，单击"删除"按钮，先删除数据后再重新回到"出口货物报关单管理"界面进行重新勾选。出口报关单号和代理货物证明号不可以同时申报。

出口申报明细申报出口与外贸企业出口货物进货明细申报存在着勾稽关系，采用同一个关联号，每21位报关单应作为一个关联号编写单位，不同的报关单或同一报关单上项号不同的出口货物不得使用同一关联号。

关联号的编写规则：申报年月（6位）＋申报批次（3位）＋流水号（1～8位）。

4. 数据校验，提交申报

数据校验后提交明细申报表和汇总申报表后，预申报时会产生一些"疑点"。根据"疑点"的不同类型，进行相应的处理。有些"疑点"是可以忽略的，有些"疑点"要发起函调，有些"疑点"需要企业查找原因。根据税务局的要求，提交相应的补充材料。

（1）进货出口数量关联检查。针对出口数量和进货数量进行一致性检查，不一致时系统会提醒用户及时更正。比如，某笔业务出口报关单中有出口"超市货架"商品340件，假设如果进货明细数据中"超市货架"进货数量为500件，则出口数量（340件）和进货数量（500件）不一致，本次申报按实际出运的340件正常申报。在这种情况下，出口退税单证就必须根据实际出运的情况开具分割单。将依据原有已认证的增值税发票开立160件的分割单。该分割单必须经税务专管员核实签字后确认，将填写的160件货架的分割单视同增值税专用发票，等待下一个出运合同时申报。

（2）换汇成本检查。为了防止企业虚开增值税发票，骗取国家出口退税，国家进出口退税局对高于汇率的业务实行严格把控。跨境电商出口企业应在出口退税系统配置中先行设定换汇成本上限和下限，系统会根据设定数据计算用户输入的申报信息中的数据各关联号和各条记录的换汇成本。当计算出的换汇成本超出设定范围时，称为换汇成本异常。此时需要跨境电商企业的财务人员仔细核对异常原因。如果该异常由数据录入错误或其他异常情况所引起，则重新录入正确数据进行调整；如果实际业务计算的换汇成本高于合理上限，则需要财务人员根据提示"换汇成本异常说明"提交税务专管员检查。

（3）预申报数据一致性检查。检查录入的进货信息与出货信息是否一致，如商品代码（HS编码）、数量等信息。只有出口商品的数量等信息完全与商品进货的数量等信息一致，才能通过该项检查。

（4）生成预申报数据。用户申报的基础数据录入完成，通过相应的一致性检查后，可通过单击退税系统界面中的"预申报"选项按钮，生成出口退税的预申报数据在线预审。预审完成后，系统反馈疑点信息。

用户针对不同的"疑点"进行不同的处理：如果某"疑点"的错误级别为"W"，表示需要进一步提交补充材料，如保函、分割单等；如果某"疑点"的错误级别为"E"，表示申报数据出现错误；如果某疑点显示"出运记录并不存在""发票（发票号码）非交叉稽核相符发票"或者"出口凭证无相关电子信息"，表示申报数据录入有错或者在数据传递过程中有遗漏。比对预申报反馈"疑点"，发现申报数据录入有错误，修改错误后再次数据申报。

如果申报数据录入环节无错误，有可能是数据传输有遗漏，则需要向电子口岸或税务审核系统发起"出运记录并不存在""出口凭证无相关电子信息""发票（发票号码）非交叉稽核相符发票"申报。

（5）确认正式申报数据。企业根据反馈信息调整到无疑点后，对数据进行正式申报确认，确认后的数据将成为正式申报数据。

5. 查看跟踪栏中的审核意见

如果正式申报批次提交后，在申报跟踪栏"申报状态"显示为"提交未反馈"，意味着该次申报已经成功，但尚未审核完结，此时无法对申报数据进行修改。如果申报跟踪栏显示为"流转环节"，表明此次审核在税务系统内部已经审核流转结束，并且国库已经支付给企业退税款。

（四）出口退税的撤销

单击活动菜单中的"退税申报"→"企业撤回申报数据申请"按钮，在申报主页填写"企业撤回申报数据申请"。

单击"增加行"按钮，增加一条申报记录，填入撤回的相关信息。其中，"撤回原因""撤回业务类型""申请撤回的原申报年月""申请撤回的原申报批次"为下拉选择项，带"＊"栏目是必填项，其余数据根据企业实际填写。其中，"撤回原因"可填写"申报错误申请撤回"或"自愿放弃申请撤回"两种；"撤回业务类型"根据实际情况自行选择。如果出口退税申报后，经税务系统审核部分数据需函调，意味着企业需撤回原有申报，对函调数据暂缓申报。企业依次填写"企业撤回申报数据申请"中的"撤回原因""撤回业务类型""申请撤回的原申报批次"，并依次单击"保存"→"数据自检"→"正式申报"。企业提交了"企业撤回申报数据申请"后，等待税务局管理部门的审批，只有税务管理部门签发了退回审核意见，企业"撤回申报申请"操作才正式完成。

【工作实例 5-6】 WD 公司有 2 份出口合同，合同编号分别为 wsc24053 和 wsc24005，出口时间分别为 2024 年 2 月 3 日和 2024 年 2 月 14 日。WD 公司在 2024 年 3 月 10 日申报了该业务，申报批次为 20240301 批次。

要求： 根据表 5-1 出口货物明细情况和表 5-2 购进货物明细情况，完成 20240301 批次配单及出口退税申报。

表 5-1　出口货物明细情况

序号	合同号	报关单号	商品代码	品名	出口数量	美元离岸价
1	wsc24053	5304202402220535652	94054290	射灯	510	2 116.50
2	wsc24053	5304202402220535652	94032000	收银台	1 540	45 122.00
3	wsc24005	3104202402071337049	61159500	袜子	40 200	28 654.08
4	wsc24005	3104202402071337049	61159600	袜子	37 980	19 027.98

表 5-2　购进货物明细情况

序号	合同号	进货凭证号	商品名称	数量	计税金额	税额	退税率
1	wsc24053	4400213130219900155	射灯	510 个	11 960.18	1 554.82	13%
2	wsc24053	4400213130219900156	收银台	514 个	90 086.46	11 711.24	13%
3	wsc24053	4400213130219900157	收银台	514 个	90 086.46	11 711.24	13%
4	wsc24053	4400213130219900158	收银台	512 个	89 735.93	11 665.67	13%
5	wsc24005	3300211130490669233	袜子	37 200 双	95 139.82	12 368.18	13%
6	wsc24005	3300211130490669244	袜子	3 000 双	9 230.77	1 200.00	13%
7	wsc24005	3300211130490669255	袜子	30 000 双	90 876.11	11 813.89	13%
8	wsc24005	3300211130490669266	袜子	7 980 双	24 173.04	3 142.50	13%

解析: 应用"单票对应法"对出口退税单据进行整理。检查出口货物与国内采购货物是否一致,只有增值税发票中货物的商品品名、数量与出口报关单上出口货物的商品品名、数量完全一致时,才可以在平台实施出口退税的申报。购进货物与出口货物明细对应表,见表 5-3。

表 5-3　购进货物与出口货物明细对应表

序号出口	合同号	商品代码	品名	出口数量	美元离岸价	对应购进与出口货物序号	购进货物数量
1	wsc24053	94054290	射灯	510	2 116.50	1-1	510
2	wsc24053	94032000	收银台	1 540	45 122.00	2-4	1 540
3	wsc24005	61159500	袜子	40 200	28 654.08	5-6	40 200
4	wsc24005	61159600	袜子	37 980	19 027.98	7-8	37 980

合同编号 wsc24053、出口报关单号 5304202402220535652 项下有 2 条报关记录,出口报关单第 1 条数据为射灯 510 个,第 2 条数据为收银台 1 540 个,对应第 1 条数据开具的增值税专用发票(进货序号为 1-1),对应第 2 条数据开具的增值税专用发票(进货序号为 2-4)。报关单上射灯与收银台数量与进项发票中的射灯与收银台数量一一对应且数量相符,符合出口退税网上申报条件。

检查合同编号 wsc24005 项下的商品,出口报关单商品品名虽同为袜子但商品代码不一致,检查后发现袜子供应商有 2 家,因此在出口退税进货明细申报表录入时,要根据不同的商品代码录入不同供货单位的进项发票。第 1 条数据出口商品代码为 61159500 的袜子出口数量 40 200 双,对应的供应商开具了 2 张增值税专用发票(进货序号为 5-6);商品代码为 61159600 的袜子出口数量 37 980 双,进货由另一家单位提供 2 张增值税发票(进货序号为 7-8)。进项发票中的商品品名和数量与出口报关单中商品品名和数量均相符,符合出口退税网上申报条件。

第一步:登录企业出口退税申报系统,确定当期申报批次。wsc24053 在其报关单 5304202402220535652 中显示出口日期为 2024-02-22,wsc24005 在其报关单 3104202402071337049 中显示出口日期为 2024-02-07。当期申报批次的编号依据"申报月份＋第几次申报"规则编制。在 2024 年 3 月登录出口退税系统查询 2 个合同符合出口退税条件，并且是 3 月第 1 次申报，因此确定当前的申报批次为 20240301 批次。

第二步：在系统中进行外部数据采集，准备基础数据。在系统中进行外部数据采集，完成基础数据准备工作。插入海关 IC 卡，选择货物出运需要下载的报关单时间段。单击"关单获取"按钮，从电子口岸同步报关单数据。在报关单中补充合同号、出口数量，将 8 张进项发票的数据同步到税务系统中。在申报主页根据向导提示，对外销售 wsc24053、wsc240052 份合同进行智能配单，主要检查合同号下报关单与增值税发票商品品名、数量保持是否一致。

第三步：数据校验，汇总数据。只有单证齐全的报关单才能进入申报状态。确认勾选可以申报的海关报关单数据、增值税进项税额数据，单击菜单中"数据校验"按钮，系统自动对报关单数据进行校验。

第四步：智能配单，生成免抵退申报明细表。同一个合同项下不同的商品代码在报关单上可以有第一计量单位和第二计量单位。如果增值税发票上有第二计量单位，可以通过智能配单，将报关单的计量单位勾选为第二计量单位，进货和出口商品名称和商品数量不匹配的，单击"调整"按钮进行调整。在保证报关单中的计量单位和增值税中的计量单位一致的前提下，保证数量的一致。

第五步：形成汇总申报表，进行免退税申报预申报，最后进行正式申报。企业通过智能配单生成汇总申报表，形成正式申报数据。为了稳妥起见，可以先通过预申报的形式，检查是否存在函调的反馈问题。函调需要一定的时间，供应商所在的税务局要对对方的生产情况进行税务调查，所以在这种情况下就会对部分已经申报的单据进行撤单。如果预申报后无"疑点"，可以就原有的数据进行正式申报，形成出口货物明细申报表和进货明细申报表。

第六步：申报后及时查看跟踪栏中的审核意见。出口退税数据生成后，企业为了能及时拿到退税款，需要及时查看跟踪栏是否已经审批，整个审批业务税务局是否完结。如果已经完结，则很快就能收到退税款。

【课堂练习】 跨境电商 WD 公司属于外贸企业，纳税人识别号为 9133000075301040025F（增值税一般纳税人），征税率为 13％。外销合同编号 wsc24012 的货物的出口时间为 2024-03-17，报关单号是 310420240317775725 的出口货物明细情况，见表 5-4。向供货商 A 公司（纳税人识别号为 9133000006301050027F）购进出口超市货架，出口货物购货明细情况，见表 5-5。

要求：根据以上业务，分别填写出口退税进货明细申报表（见表 5-6）和出口退税出口明细申报表（见表 5-7）申报表。

表 5-4　出口货物明细情况

序号	商品代码	品名	出口数量	美元离岸价
1	94032000	超市货架	330 件	23 430

表 5-5　出口货物购货明细情况

序号	进货凭证号	商品名称	数量	计税金额	税额	退税率
1	3200153130259232559	超市货架	200 件	82 564.10	14 035.90	13％
2	3200153130259232560	超市货架	130 件	53 066.67	9 123.33	13％

表 5-6　外贸企业出口退税进货明细申报表

纳税人名称：
纳税人识别号（统一社会信用代码）：
申报年月：　年　月
申报批次：
其中：增值税：　　消费税：
申报退税额：
金额单位：

序号	关联号	税种	凭证种类	进货凭证号	供货方纳税人识别号	开票日期	出口商品代码	商品名称	计量单位	数量	计税金额	征税率	退税率	可退税额	备注
1	2	3	4	5	6	7	8	9	10	11	12	13	14	15	16
本页小计															
本表合计															

声明：此表是根据国家税收法律法规及相关规定填写的，本人（单位）对填报内容（及附带资料）的真实性、可靠性、完整性负责。
纳税人（签章）：　　　年　月　日

经办人：
经办人身份证号：
代理机构签章：
代理机构统一社会信用代码：

受理人：
受理税务机关（章）：
受理日期：　年　月　日

第 1 页／共 1 页

表 5-7　外贸企业出口退税出口明细申报表

纳税人名称：
纳税人识别号（统一社会信用代码）：
申报年月：　　　年　　月　　　　　　申报批次：
其中：增值税：　　　　　消费税：
申报退税额：　　　　　　　　金额单位：

序号	关联号	出口发票号	出口货物报关单号	代理出口货物证明号	出口日期	出口商品代码	出口商品名称	计量单位	出口数量	美元离岸价	申报商品代码	退（免）税业务类型	备注
1	2	3	4	5	6	7	8	9	10	11	12	13	14
本页小计													
本表合计													

声明：此表是根据国家税收法律法规及相关规定填写的，本人（单位）对填报内容（及附带资料）的真实性、可靠性、完整性负责。
纳税人（签章）：　　　年　　月　　日

经办人：
经办人身份证号：
代理机构鉴章：
代理机构统一社会信用代码：

受理人：
受理税务机关（章）：
受理日期：　　　年　　月　　日

第 1 页／共 1 页

四、出口退（免）税备案单证管理

出口企业应在申报出口退（免）税后 15 日内，将所申报退（免）税货物的有关单证，按申报退（免）税的出口货物顺序填写《出口货物备案单证目录》，注明备案单证存放地点，以备主管税务机关核查。

（一）出口退（免）税备案单证的内容

出口企业备案单证主要包括购货合同、出口货物装货单和出口货物运输单据三类。外贸综服企业对代办退税的出口业务，应参照外贸企业自营出口业务有关备案单证的规定进行单证备案。视同出口货物及对外提供修理修配劳务，不实行备案单证管理。

1. 购货合同

购货合同是指国内出卖人出让标的物的所有权于国内买受人，买受人支付价款的合同。购货合同包括外贸企业购货合同，生产企业收购非自产货物出口的购货合同（含一笔购销合同下签订的补充合同等）。

2. 出口货物装货单

出口货物装货单又称关单、场站收据副本或下货纸，是出口货物托运中的重要单据。出口货物装货单既是托运人向船方（或陆路运输单位）交货的凭证，也是海关凭以验关放行的证件。只有提供经海关签章后的装货单，船方（或陆路运输单位）才能收货装船、装车等。考虑到出口企业难以取得签章的出口货物装货单，在实际工作中只要提供出口企业备案的出口货物装货单（可不含海关签章）即可。

3. 出口货物运输单据

出口货物运输单据是买卖双方货物交易、货款结算最基本的单据。出口货物单据具体包括海运提单、航空运单、铁路运单、货物承运单据、邮政收据等承运人出具的货物单据，以及出口企业承付运费的国内运输单证。海运提单、运单或收据都属于运输单据，除海上运输的单据称作海运提单外，其他运输方式的单据称作运单或收据。

（1）海运提单。海运提单是承诺人或其代理人收到货物后签发给托运人的，允诺将该批货物运至指定目的港交付给收货人的一张书面凭证。每份正本提单的效力是同等的，只要其中一份提货，其他各份立即失效。

（2）航空运单。航空运单是托运人和承运人之间就航空运输货物运输所订立的运输契约，是承运人出具的货物收据。需要注意的是，航空运单不是货物所有权的凭证，不能转让流通。

（3）铁路运单。铁路运单是铁路部门与货主之间缔结的运输契约，不代表货物所有权，不能流通转让，不能凭此提取货物。其中，货物交付单随同货物到站，并留存到达站；运单正本、货物到达通知单联次随同货物到站，和货物一同交给收货人。

（4）货物承运单据。货物承运单据也称货物承运收据，是托运人和承运人之间订立的运输契约，是我国内地运往港澳地区货物所使用的一种运输单据，是承运人出具的货物收据。货物承运单据上面载有出口发票号、出口合同号，其中的"收货人签收"由收货人在提货时签收，表明已收到货物。

（5）邮政收据。邮政收据是货物收据，是收件人凭以提取邮件的凭证。

（二）备案单证的注意事项

出口企业如果无法取得原始单证，可以用具有相似内容或作用的其他单证进行单证备案。除另有规定外，备案单证由出口企业存放和保管，不得擅自损毁，保存期为 5 年。

对于出口企业备案的单证是电子数据或无纸化的，可以采取以下方式进行备案。

对于出口企业没有签订书面购销合同，而订立的是电子合同、口头合同等无纸化合同，凡符合《中华人民共和国合同法》规定的，出口企业将电子合同打印、口头合同由出口企业经办人书面记录口头合同内容并签字声明记录内容与事实相符，加盖企业公章后备案。

除口头合同外，对于出口企业订立的电子购销合同，国家有关行政部门采取无纸化管理的单证及企业自制电子单证等，出口企业提出书面申请并经主管税务机关批准后，可以采用单证备案管理，即以电子数据的方式备案有关单证。出口企业应保证电子单证备案的真实性，定期将有关电子数据进行备份。在税务机关按规定调取备案单证时，应按税务机关要求，如实提供电子数据或将电子数据打印并加盖企业公章的纸质单证。

对于其他单证的备案，如国家有关行政部门采用无纸化管理办法使出口企业无法取得纸质单证或企业自制电子单证等情况，出口企业可采取将有关电子数据打印成纸质单证后加盖企业公章并签字声明，通过打印与原电子数据一致的单证的方式予以备案。

（三）单证备案管理的重点

主管税务机关在退（免）税审核时发现"疑点"，或在进行退税评估、退税日常检查时，向出口企业随机调取备案单证进行检查。税务机关重点核查的内容包括：①备案单证所列基本要素是否明确，是否存在修改出口货物运输单据的问题；②备案单证间基本要素逻辑是否相符（如备案单证形成时间先后顺序是否依次为购货合同、出口货物装货单、提运单），各备案单证商品名称是否相符，数量是否匹配，主要单证形成时间是否符合外贸经营常规，备案单证数量是否存在不合理差异，商品是否相同等问题；③增值税专用发票、购货合同供货者是否一致，商品名称、数量是否匹配，注意是否存在增值税专用发票开具单位与购货合同供货者不一致，增值税专用发票与购货合同商品不相符或数量存在不合理等问题；④备案单项与出口货物报关单是否逻辑相符，主要核对内容包括出口货物报关单"国内货源地"与购货合同供货者地址是否相符，出口货物报关单与备案单证的商品名称、数量、重量是否相符，出口货物报关单"随附单证"栏内容与备案单证种类是否一致，出口货物报关单"运输方式"栏与备案单证种类、性质是否一致，出口货物报关单"提运单号"栏与提运单号码是否一致，出口货物报关单"最终目的国（地区）""指运港"与装货单、提运单的目的港是否一致。

（四）未按规定管理备案单证的责任

1. 适用征税政策

（1）出口企业或其他单位出口的货物劳务，主管税务机关如果发现出口货物的提单或运单等备案单证为伪造、虚假的，适用增值税征税政策，查实属于偷骗税的，应按相应的规定处理。

（2）出口企业按规定向国家商检、海关、外汇管理等对出口货物相关事项实施监管核查部门报送的资料中，属于申报出口退（免）税规定的凭证资料及备案单证的，如果上述部门或主管根据机关发现资料为虚假或其内容不实的，其对应的出口货物不适用增值税退（免）税和免税政策，适用增值税征税政策。查实属于偷骗税的，按照相应的规定处理。

2. 适用免税政策

出口企业或其他单位未按规定进行单证备案（因出口货物的成交方式特性，企业没有有关备案单证的情况除外）的出口货物，不得申报退（免）税，不适用退（免）税政策。已申报退（免）税的，应用负数申报冲减原申报。

3. 按征管法进行处罚

（1）出口企业和其他单位未按规定装订、存放和保管备案单证的，主管税务机关应按照《中华人民共和国税收征收管理法》第六十条规定予以处罚。

相关链接

《中华人民共和国税收征收管理法》第六十条　纳税人有下列行为之一的，由税务机关责令限期改正，可以处二千元以下的罚款；情节严重的，处二千元以上一万元以下的罚款：

（一）未按照规定的期限申报办理税务登记、变更或者注销登记的；

（二）未按照规定设置、保管账簿或者保管记账凭证和有关资料的；

（三）未按照规定将财务、会计制度或者财务、会计处理办法和会计核算软件报送税务机关备查的；

（四）未按照规定将其全部银行账号向税务机关报告的；

（五）未按照规定安装、使用税控装置，或者损毁或者擅自改动税控装置的。

纳税人不办理税务登记的，由税务机关责令限期改正；逾期不改正的，经税务机关提请，由工商行政管理机关吊销其营业执照。

纳税人未按照规定使用税务登记证件，或者转借、涂改、损毁、买卖、伪造税务登记证件的，处二千元以上一万元以下的罚款；情节严重的，处一万元以上五万元以下的罚款。

（2）出口企业提供虚假备案单证的，主管税务机关应按照《中华人民共和国税收征收管理法》第七十条的规定处罚。

相关链接

《中华人民共和国税收征收管理法》第七十条　纳税人、扣缴义务人逃避、拒绝或者以其他方式阻挠税务机关检查的，由税务机关责令改正，可以处一万元以下的罚款；情节严重的，处一万元以上五万元以下的罚款。

4. 其他责任

（1）主管税务机关发现出口企业或其他单位的出口业务，出口货物报关单、出口发票、海运提单等出口单证的商品名称、数量、金额等内容与进口国家（或地区）的进口报关数据不符的，该笔出口业务暂不办理出口退（免）税。已办理的，主管税务机关可按照所涉及的退税额，对该企业其他已审核通过的应退税款暂缓办理出口退（免）税。待税务机关核实排除相应"疑点"后，方可办理退（免）税或解除担保。

（2）主管税务机关发现出口企业拒绝提供有关出口退（免）税账簿、原始凭证、申报资料、备案单证的，应自发现之日起20个工作日内，将非四类出口企业管理类别调整为四类。

（3）一类、二类出口企业不配合税务机关实施出口退（免）税管理，以及未按规定收集、装订、存放出口退（免）税凭证及备案单证的，出口企业管理类别应调整为三类。

（4）伪造或者签订虚假的买卖合同，可能构成《中华人民共和国刑法》第二百零四条中的"假报出口"，根据犯罪情节予以处罚。数额较大的处5年以下有期徒刑或者拘役，并处骗取税款1倍以上5倍以下罚金；数额巨大或者有其他严重情节的，处5年以上10年以下有期徒刑，并处骗取税款1倍以上5倍以下罚金；数额特别巨大或者有其他特别严重情节的，处10年以上有期徒刑或者无期徒刑，并处骗取税款1倍以上5倍以下罚金或者没收财产。

▶ 任务四　跨境电商 B2C 出口退税申报

一、跨境电商 B2C 出口退税的相关知识

（一）跨境电商 B2C 出口退税的含义

为了支持跨境 B2C 平台卖家的小邮包出口，针对跨境电商 B2C 直邮发货方式给予出口退税，我国出台了"9610"政策。目前，通过快邮在线跨境物流综合服务平台发运的包裹可以办理退税。

（二）跨境电商 B2C 出口按海关监管方式分类

1. 跨境电商 B2C 直接出口

海关监管方式代码"9610"的全称为跨境贸易电子商务，简称电子商务，也称集货模式，也就是常说的 B2C 出口。该模式适用于境内个人或电子商务企业通过电子商务交易平台实现出口，并采用"清单核放、汇总申报"模式办理通关手续的电子商务零售出口商品（通过海关特殊监管区域或保税监管场所一线的电子商务零售出口商品除外）。"9610"报关出口针对的是小体量，如国际快递发货。该模式采用"清单核放，汇总申报"的方式，由跨境企业将数据推送给税务、外汇管理部门。

2. 跨境电商 B2C 保税区零售商品

"1210"的全称为保税跨境贸易电子商务，简称保税电商。该模式适用于境内个人或电子商务企业在经海关认可的电子商务平台实现跨境交易，并通过海关特殊监管区域或保税监管场所进出的电子商务零售进出境商品。需要注意的是，海关特殊监管区域、保税监管场所与境内外区（场所外）之间通过电子商务平台交易的零售进出口商品不适用该监管方式。"1210"保税出口模式适用于海关特殊监管区域或保税监管场所的电商零售出口商品。该模式可实现入区即退税，具有退税流程简便、周期短、效率高、减轻生产企业经营压力等优势，特别适用于全球化销售的电商货物。不仅如此，电商通过"1210"出口的货物，还可以退回保税区进行清理、维修、包装后再销售，大大节省仓储成本，加快企业资金回笼。

（三）跨境电商办理 B2C 出口退（免）税企业的适用条件

跨境电商出口 B2C 与 B2B 出口退（免）税适用条件相似，适用增值税、消费税退税政策：①跨境电商零售出口企业属于增值税一般纳税人并已向主管税务机关办理出口退税资

格认定(备案);②出口货物取得海关出口货物报关单(出口退税专用),与海关出口货物报关单电子信息一致;③出口货物在退税申报期截止之日内收汇;④跨境电商零售出口企业属于外贸企业的,购进出口货物取得相应的增值税专用发票、消费税专用缴款书(分割单)或海关进口增值税、消费税专用缴款书,且上述凭证有关内容与出口货物报关单(出口退税专用)有关内容相匹配。

(四)B2C 出口货物适用退(免)税政策

跨境电商零售出口货物,根据货物取得发票的不同及电子商务企业注册地的不同,实行不同的退(免)税政策。

1. 跨境电商零售出口货物适用退税政策

跨境电商零售出口企业购进货物取得相应的增值税专用发票、消费税专用缴款书(分割单)或海关进口增值税、消费税专用缴款书,且上述凭证有关内容与出口货物报关单(出口退税专用)有关内容相匹配。跨境电商 B2C 出口货物适用于增值税、消费税退税政策。

2. 跨境电商零售出口货物适用免税政策

(1)跨境电商零售出口货物,不符合出口退税条件,但同时符合下列条件的,适用增值税、消费税免税政策:①电商出口企业已办理税务登记;②出口货物取得海关签发的出口货物报关单;③购进出口货物取得合法有效的进货凭证。

(2)对跨境电商综试区跨境电商零售出口货物未取得有效进货凭证的货物,同时符合下列条件的,试行增值税、消费税免税政策:①电商出口企业在综试区注册,并在注册地跨境电商线上综合服务平台登记出口日期、货物名称、计量单位、数量、单价、金额;②出口货物通过综试区所在地海关办理电子商务出口申报手续;③出口货物不属于财政部和税务总局根据国务院决定明确取消出口退税的货物。在中国(杭州)跨境电商综试区备案的跨境电商企业符合上述条件的可享受该政策。

海关总署发布的《关于跨境电子商务零售进出口商品有关监管事宜的公告》(海关总署公告 2016 年第 26 号)中规定:"跨境电子商务零售出口商品申报前,电子商务企业或其代理人、物流企业应当分别通过服务平台如实向海关传输交易、收款、物流等电子信息。"电商企业或其代理人应提交《中华人民共和国海关跨境电子商务零售进出口商品申报清单》,出口采取"清单核放、汇后申报"方式办理报关手续,进口采取"清单核放"方式办理报关手续。

二、办理跨境电商 B2C 出口退税

出口企业登录中国国际贸易"单一窗口",办理出口退税业务。"单一窗口"是提供国际贸易各类申报服务的网页版电子平台,出口企业可以向税务、海关、外汇管理等多个部门办理业务。"单一窗口"不仅将退税单证的获取和退税数据的申报合二为一,还提供了更为简捷的数据配单、退税数据反馈等功能,实现了退税申报流程的一体化、便利化。

跨境电商 B2C 出口办理出口退税(以外贸企业为例)具体步骤如下。

第一步:登录平台。跨境电商企业还可以从"单一窗口"平台进入。在门户网站首页的"标准版应用"中单击"出口退税(外贸版)"模块,进入出口退税申报界面。

第二步:下载出口退税所需外部信息数据。依次进入"外部数据管理"中的"报关单管理""发票管理""数据匹配"三个模块,单击"报关单管理"→"报关单获取"→"出口日期的

开始和截止日期区间"，勾选将要申报的报关单，进行数据检查。检查报关单数据无误后可以进行申报退税。

第三步：下载出口退税所需外部信息数据。如有需要，可对其手动修改，进行调整。依次进入"外部数据管理"模块中的"报关单管理""发票管理""数据匹配"三个模块，单击"发票管理"→"新建"，手动添加单张发票信息，录入该张发票信息后单击保存该发票信息，添加完毕。如果需要导入的发票量较多。依次单击"发票管理"→"发票导入"，可以下载导入发票信息的 Excel 格式的模板，在 Excel 模板中填写发票信息完毕后，在发票导入中的文件选择中选择该文件，即可导入发票信息。

第四步：完成出口退税数据智能匹配。完成报关单和发票的信息下载与导入后，进入数据匹配模块。在左侧报关单列表中，选择已经进行数据检查将要申报的报关单，勾选不需要的数据，单击"删除业务号"进行删除。随后在右侧添加对应的发票，勾选数据，单击"数据检查"。

第五步：正式成功申报出口退税。单击"退税数据管理"，依次进入"申报数据自检管理""数据自检管理"，勾选要申报的数据，单击"数据自检"。弹出对话框显示"无疑点"后，选中数据并单击"确认申报"，即可转为正式申报并打印纸质报表。查看自检申报的数据和正式申报数据的审核状态，并接收相关反馈。自检的数据单击"自检结果查询"，可以刷新审核状态并自动读入疑点反馈；正式申报的数据单击"申报状态查询"，可以刷新审核状态，并在正式申报审核通过后该按钮变为"受理回执书"下载按钮，可以下载税务事项通知书。

▶ 任务五　了解出口退(免)税违法行为的刑事法律责任

面对异常复杂的国际形势，为了鼓励外贸经济的发展，国家实施了强有力的出口退税政策。国家税务总局多次"提速"，要求进一步缩短退税审批期限，减少退税申请的资料，减轻企业的资金压力。为了防范不法分子骗取出口退税，税务机关联合公安、海关、外汇等部门，利用信息化手段，不断加大打击骗取出口退税的力度。

出口退(免)税刑事法律责任是指纳税人、扣缴义务人或者其他人实施危害出口退(免)税收征管的犯罪行为，应当由司法机关依照国家刑事法律的规定追究的法律责任。

为了维护出口退(免)税管理秩序，促进对外贸易和市场经济发展，对骗取出口退税涉嫌犯罪的，税务机关要依照《中华人民共和国刑法》《最高人民法院关于审理骗取出口退税刑事案件具体应用法律若干问题的解释》和国务院《行政执法机关移送涉嫌犯罪案件的规定》，移送公安机关侦办，不得只做追缴税款和行政处罚等处理。对于重大复杂的案件，要适时提请公安机关介入，或移送公安机关直接侦办，以迅速抓捕疑犯，有效追缴税款，提高执法办案效率，减少国家税收损失。

一、假报出口或其他欺骗手段骗取出口退税

以假报出口或者其他欺骗手段，骗取国家出口退税款，数额较大的，处 5 年以下有期徒刑或者拘役，并处骗取税款 1 倍以上 5 倍以下罚金；数额巨大或者有其他严重情节的，处 5 年以上和 10 年以下有期徒刑，并处骗取税款 1 倍以上 5 倍以下罚金；数额特别巨大

或者有其他特征严重情节的，处 10 年以上有期徒刑或者无期徒刑，并处骗取税款 1 倍以上 5 倍以下罚金或者没收财产。

"假报出口"是指以虚构已税货物出口事实为目的，具有下列情形之一的行为：①伪造或者签订虚假的买卖合同；②以伪造、变造或者其他非法手段取得出口货物报关单，出口收汇核销单（2012 年 8 月 1 日已取消），出口货物专用缴款书等有关出口退税单据、凭证；③虚开、伪造、非法购买增值税专用发票或者其他可以用于出口退税的发票；④其他虚构已税货物出口事实的行为。

"其他欺骗手段"是指具有下列情形之一的行为：①骗取出口货物退税资格的；②将未纳税或者免税货物作为已税货物出口的；③虽有货物出口，但虚构该出口货物的品名、数量、单价等要素，骗取未实际纳税部分出口退税款的；④以其他手段骗取出口退税款的。

"数额较大"是指骗取国家出口退税款 5 万元以上的，"数额巨大"是指骗取国家出口退税款 50 万元以上的，"数额特别巨大"是指骗取国家出口退税款 250 万元以上的。

"其他严重情节"是指具有以下情形之一的行为：①造成国家税款损失 30 万元以上并且在第一审判决宣告前无法追回的；②因骗取国家出口退税行为受过行政处罚，2 年内又骗取国家出口退税款数额在 30 万元以上的；③情节严重的其他情形。

"其他特别严重情节"是指具有以下情形之一的行为：①造成国家税款损失 150 万元以上并且在第一审判决宣告前无法追回的；②因骗取国家出口退税行为受过行政处罚，2 年内又骗取国家出口退税款数额在 150 万元以上的；③情节特别严重的其他情形。

有进出口经营权的公司、企业，明知他人意欲骗取国家出口退税款，仍违反国家有关进出口经营的规定，允许他人自带客户、自带货源、自带汇票并自行报关，骗取国家出口退税款的，依照《中华人民共和国刑法》中的相关规定定罪处罚。

实施骗取国家出口退税行为，没有实际取得出口退税款的，可以比照既遂犯从轻或者减轻处罚。

国家工作人员参与实施国家出口退税犯罪活动的，依照《中华人民共和国刑法》中的相关规定从重处罚。

二、虚开增值税专用发票骗取出口退税

"虚开增值税专用发票"是指具有以下情形之一的行为：①没有货物购销或者没有提供或接受应税劳务而为他人、为自己、让他人为自己、介绍他人开具增值税专用发票；②有货物购销或者提供或接受了应税劳务但为他人、为自己、让他人为自己、介绍他人开具数量或者金额不实的增值税专用发票；③进行了实际经营活动，但让他人为自己代开增值税专用发票。

依据《中华人民共和国刑法》中的相关规定，虚开增值税专用发票或者重开用于骗取出口退税、抵扣税款的其他发票的，处 3 年以下有期徒刑或者拘役，并处 2 万元以上 20 万元以下罚金；虚开的税款数量较大或者有其他严重情节的，处 3 年以上 10 年以下有期徒刑，并处 5 万元以上 50 万元以下罚金；虚开的税款数量巨大或者有其他特别严重情节的，处 10 年以上有期徒刑或者无期徒刑，并处 5 万元以上 50 万元以下罚金或者没收财产。

单位违反以上规定的，对单位判处罚金，并对其直接负责的主管人员和其他直接责任人员，处 3 年以下有期徒刑或者拘役；虚开的税款数额较大或者有其他严重情节的，处 3

年以上 10 年以下有期徒刑；虚开的税款数额巨大或者有其他特别严重情节的，处 10 年以上有期徒刑或者无期徒刑。

【工作实例 5-7】 吴某明知贵州 A 服装有限公司、贵州 B 服装有限公司、贵州 C 服装有限公司、贵州 D 皮革有限公司、贵州 E 皮革有限公司、贵州 F 服装有限公司以购买出口货物报关单、外汇流水走账等方式，骗取国家出口退税，仍为上述六家公司联系提供出口货物报关单和外汇流水走账，帮助上述六家公司骗取出口退税共计约 210 万元人民币。

要求： 试分析吴某是否违反以假报出口方式骗取国家出口退税款。如违反，吴某会受到哪些处罚？

解析： 被告人吴某明知他人以假报出口的手段骗取国家出口退税款，仍为他人提供用于骗取出口退税款的出口报关单、外汇流水，帮助他人骗取国家出口退税款共计约 210 万元人民币，数额巨大，其行为已触犯《中华人民共和国刑法》中的规定，构成骗取出口退税罪。被告人吴某犯骗取出口退税罪，在共同犯罪过程中，吴某起次要作用，并有自首情节，判处退还违法所得 70 万元人民币，有期徒刑 2 年 2 个月。

📅 相关链接

避免"假自营、真代理"及"四自三不见"等违规业务

我国是世界上最大的纺织品服装生产和出口国，为了鼓励纺织品服装的出口贸易，我国对纺织品服装行业给予了高出口退税率的政策支持。但是，为了骗取出口退税，纺织品服装领域接连发生骗税案件，且规模大、金额高、链条长、波及多省市，呈现出全链条化的特点。目前来看，不法分子主要集中在链条的中游，即不法分子控制位于中游的空壳服装生产企业，与下游的外贸公司、报关公司、货代公司相互联系，购买出口单证和相关信息；从上游企业购买虚开的进项发票或者虚开的农产品收购发票。此外，一些不法分子还会利用出口企业骗税，即声称自己自带货源、客户，只需要利用出口企业的出口退税权，即"四自三不见"的模式。

"假自营、真代理"一直以来被税务机关所禁止，如果发现，不适用出口退税政策，而是视同内销征税。但是，"假自营、真代理"的行为在刑法上并不一定构成骗取出口退税罪。此间的差异主要在于，税务机关之所以禁止"假自营、真代理"的行为，主要是因为实际出口商品的企业通过让其他企业出口，规避和转嫁了出口退税的风险，逃避了税务机关的监管。

在纺织品等货物的骗税案件中，企业需要从空壳企业虚开发票，而这些企业通常不具有生产能力，一旦被税务机关核查，必然露馅。但如果不法分子利用信用良好的、具有一定规模的出口企业退税，则税务机关不一定会进行核查或者函调。即使被检查，这些企业本身具有大量的正常业务，一般情况下也很难查出问题，从而形成了"防火墙"的功能。

"四自三不见"的模式也是如此。"四自三不见"指的是在不见出口商品、不见供货货主、不见外商的情况下，允许或者放任他人自带客户、自带货源、自带汇票、自行报关。这种行为通常是利用出口企业骗取出口退税，退税后出口企业与实际出口方分享退税款。一旦案发，出口企业就会被卷入行政乃至刑事风险之中。

　　因此，出口企业应当加强自身的税务合规，杜绝上述两类违法违规行为，不要为了一点利益，或者因为朋友、熟人介绍或者请托，就开展不合规的出口行为。

三、伪造、擅自制造发票骗取出口退税

　　伪造、擅自制造或者出售伪造、擅自制造的可以用于骗取出口退税、抵扣税款的其他发票的，处 3 年以下有期徒刑、拘役或者管制，并处 2 万元以上 20 万元以下罚金；数量巨大的，处 3 年以上 7 年以下有期徒刑，并处 5 万元以上 50 万元以下罚金；数量特别巨大的，处 7 年以上有期徒刑，并处 5 万元以上 50 万元以下罚金或者没收财产。

四、盗窃增值税专用发票骗取出口退税

　　依据《中华人民共和国刑法》中的规定，盗窃增值税专用发票或者可以用于骗取出口退税、抵扣税款的其他发票的，依照相关规定定罪处罚。

相关链接

　　《中华人民共和国刑法》第二百六十四条　盗窃公私财物，数额较大的，或者多次盗窃、入户盗窃、携带凶器盗窃、扒窃的，处三年以下有期徒刑、拘役或者管制，并处或者单处罚金；数额巨大或者有其他严重情节的，处三年以上十年以下有期徒刑，并处罚金；数额特别巨大或者有其他特别严重情节的，处十年以上有期徒刑或者无期徒刑，并处罚金或者没收财产。

五、以欺骗手段骗取增值税专用发票用于出口退税

　　依据《中华人民共和国刑法》的规定，使用欺骗手段骗取增值税专用发票或者骗取可以用于出口退税、抵扣税款的其他发票的，依照相关规定定罪处罚。

相关链接

　　《中华人民共和国刑法》第二百六十六条　诈骗公私财物，数额较大的，处三年以下有期徒刑、拘役或者管制，并处或者单处罚金；数额巨大或者有其他严重情节的，处三年以上十年以下有期徒刑，并处罚金；数额特别巨大或者有其他特别严重情节的，处十年以上有期徒刑或者无期徒刑，并处罚金或者没收财产。本法另有规定的，依照规定。

项目小结

　　亲爱的同学，你已经完成了项目五的学习，相信你已经掌握了出口货物享受退（免）税政策。电商企业属于外贸企业，出口退税实施免退税政策。电商企业属于生产企业，出口退税实施免抵退税政策。现行的出口货物增值税退税率有 13%、10%、9%、6%、0% 五档。单票对应法是出口货物退（免）税信息管理系统中设置的一种退税基本方法。

　　下面请进入"项目训练"，一方面巩固项目五所学内容，另一方面为后续课程的学习打下坚实的基础。

项目训练

一、单项选择题

1. 以下出口的货物适用增值税免抵退税办法的是（   ）。

A. 加工企业来料加工复出口的货物

B. 非列名生产企业出口的非视同自产货物

C. 出口企业销售给特殊区域的生活消费用品

D. 加工企业进料加工复出口的货物

2. 对跨境电商综试区内电商出口企业出口未取得有效进货凭证的货物，同时符合规定条件的，试行增值税（   ）政策。

A. 征税   B. 免税   C. 免退税   D. 免抵退税

3. 按照有关规定，部分出口企业在申报出口退（免）税时须提供收汇资料。以下不属于规定情形的是（   ）。

A. 出口退（免）税企业分类管理类别为四类的

B. 主管税务机关发现出口企业申报的不能收汇原因是虚假的

C. 主管税务机关发现出口企业提供的出口货物收汇凭证是冒用的

D. 出口退（免）税企业分类管理类别为三类的

4. 2023 年 5 月 2 日，某一般纳税人按规定转登记为小规模纳税人，其在 2022 年 3 月出口的退税率 13% 的货物暂未申报出口退税。在转为小规模纳税人后，以下涉税处理正确的是（   ）。

A. 按照小规模纳税人规定适用征税政策

B. 按照一般纳税人相关适用征税政策

C. 继续按照一般纳税人相关规定申报办理出口退（免）税

D. 按照小规模纳税人相关规定申报办理免税

5. 2019 年 4 月 1 日起适用增值税零税率的应税服务中，国际运输服务的退税率为（   ）。

A. 8%   B. 13%   C. 11%   D. 9%

6. 生产企业出口货物劳务（进料加工复出口货物除外）增值税退（免）税的计税依据是（   ）。

A. 出口到岸价格   B. 出口离岸价格加运费

C. 实际离岸价格   D. 出口离岸价格加保险费

7. 杭州 W 有限公司有意申请出口退税分类管理类别为一类的出口退税企业。这家企业上年度的纳税信用等级必须为（   ）。

A. A 级   B. B 级   C. B 级及以上   D. C 级及以上

8. 出口退（免）税备案单证的保管期限为（   ）。

A. 5 年   B. 10 年   C. 15 年   D. 20 年

9. 目前我国外贸企业出口货物退（免）税的管理办法是（   ）。

A. 免退税   B. 免抵退税   C. 先征后退   D. 免税

10. 外贸企业出口退税的计税依据是（　　　）。

A. 出口货物离岸价格

B. 购进出口货物的增值税专用发票上列明的计税金额

C. 出口货物到岸价格

D. 购进出口货物的增值税专用发票上列明的价税合计金额

二、多项选择题

1. 除纳税人善意取得虚开增值税专用发票或其他增值税扣税凭证的以外，虚开增值税专用发票或其他增值税扣税凭证的行为包括（　　　）。

A. 为他人虚开增值税专用发票或其他增值税扣税凭证

B. 为自己虚开增值税专用发票或其他增值税扣税凭证

C. 让他人为自己虚开增值税专用发票或其他增值税扣税凭证

D. 故意虚开增值税专用发票或其他增值税扣税凭证

E. 介绍他人虚开增值税专用发票或其他增值税扣税凭证

2. 出口企业包括（　　　）。

A. 依法办理工商登记、税务登记、对外贸易经营者备案登记，自营或委托出口货物的单位

B. 依法办理工商登记、税务登记、对外贸易经营者备案登记，自营或委托出口货物的个体工商户

C. 依法办理工商登记、税务登记，但未办理对外贸易经营者备案登记，委托出口货物的外贸企业

D. 依法办理工商登记、税务登记，但未办理对外贸易经营者备案登记，委托出口货物的生产企业

E. 依法办理工商登记、税务登记，但未办理对外贸易经营者备案登记，委托出口货物的个体工商户

3. 出口货物备案单证包括（　　　）。

A. 出口合同
B. 出口货物装货单

C. 出口货物装箱单
D. 出口企业承付运费的国内运输单证

E. 海运提单

4. 下列属于出口企业出口货物备案单证范围的有（　　　）。

A. 外贸企业购货合同
B. 出口信用保险合同

C. 出口货物运输单据
D. 出口货物报关单

E. 出口货物装货单

5. 下列属于出口企业出口货物备案单证范围的有（　　　）。

A. 外贸企业购货合同、出口合同

B. 出口货物装货单

C. 出口货物明细单

D. 出口企业承付运费的出口货物国内运输单证

E. 出口货物铁路运单

6. 下列关于出口企业备案单证的规定，正确的有（   ）。

A. 若有无法取得原始单证情况的，出口企业可用具有相似内容或作用的其他单证进行单证备案

B. 除另有规定外，备案单证由出口企业存放和保管，不得擅自损毁，保存期限为10 年

C. 按申报退（免）税的出口货物顺序，填写《出口货物备案单证目录》，注明备案单证存放地点，以备主管税务机关核查

D. 出口到特殊监管区域并销售给境外企业的货物及对外提供修理修配劳务，不实行备案单证管理

E. 视同出口货物及对外提供修理修配劳务，不实行备案单证管理

7. 下列说法正确的有（   ）。

A. 生产企业正式投产前，委托加工的产品一律不得申报出口退（免）税

B. 停止退（免）税资格期满后，生产企业可继续办理自产或视同自产货物的出口退（免）税业务

C. 出口企业自税务机关停止为其办理出口退税期限届满之日起，可以按现行规定到税务机关办理出口退税业务

D. 出口企业或其他单位骗取国家出口退税款的，经省级以上（含省级）税务机关批准，可以停止其退（免）税资格

E. 出口企业和其他单位以假报出口或者其他欺骗手段，骗取国家出口退税款，由主管税务机关追缴其骗取的退税款

8. 可以办理退（免）税的出口货物，一般应同时具备的条件有（   ）。

A. 必须是属于增值税、消费税征税范围的货物

B. 必须是报关离境的货物

C. 必须是自产的货物

D. 必须是出口收汇并已核销的货物

E. 必须是在财务上作销售处理的货物

9. 具有下列（   ）行为，属于假报出口。

A. 伪造或者签订虚假的买卖合同

B. 以伪造，变造或者其他非法手段取得出口货物报关单，出口收汇核销单（注：2012 年 8 月 1 日已取消），出口货物专用缴款书等有关出口退税单据、凭证

C. 虚开、伪造、非法购买增值税专用发票或者其他可以用于出口退税的发票

D. 其他虚构已税货物出口事实的行为

E. 有进出口经营权的公司、企业，明知他人意欲骗取国家出口退税款，仍违反国家有关进出口经营的规定，允许他人自带客户，自带货源，自带汇票并自行报关，骗取国家出口退税款的

10. 外贸综合服务企业以自营方式出口国内生产企业与境外单位或个人签约的出口货物，可由外贸综合服务企业按自营出口的规定申报退（免）税的，需要同时具备的情形包括（   ）。

A. 出口货物为生产企业自产货物

B. 生产企业已将出口货物销售给外贸综合服务企业

C. 生产企业与境外单位或个人已经签订出口合同，并约定货物由外贸综合服务企业出口至境外单位或个人，货款由境外单位或个人支付给外贸综合服务企业

D. 外贸综合服务企业以自营方式出口

E. 生产企业为增值税一般纳税人并已按规定办理出口退（免）税备案

三、判断题

1. 开源公司的纳税信用等级为 D 类，该公司可以在未收汇的情况下先申报出口退税。
（　　）

2. 适用退（免）税政策的电商出口企业，包括自建跨境电商销售平台的电商出口企业、利用第三方跨境电商平台开展电子商务出口的企业和为电商出口企业提供交易服务的跨境电商第三方平台。（　　）

3. 对跨境电商综试区出口未取得有效进货凭证的货物，不适用增值税、消费税免税政策。（　　）

4. 外贸企业出口委托加工修理修配货物的增值税应退税额＝委托加工修理修配的增值税退（免）税计税依据×出口货物退税率。（　　）

5. 外贸企业出口货物（委托加工修理修配货物除外）增值税退（免）税的计税依据，为购进出口货物的增值税专用发票注明的金额或海关进口增值税专用缴款书注明的完税价格。（　　）

6. 生产企业、自营或委托外贸企业代理出口自产货物适用免抵退税办法。（　　）

7. 向国内海关特殊监管区域内的单位或者个人提供的应税服务免征增值税。（　　）

8. 综合保税区内未经加工的保税货物离境出口实行增值税、消费税免税政策。
（　　）

9. 综合保税区增值税一般纳税人资格试点的区内企业，向海关特殊监管区域或者海关保税监管场所销售的未经加工的保税货物，继续适用保税政策。（　　）

10. 符合条件的跨境电商综试区零售出口企业，统一采取 4％的核定应税所得率，并可以享受小微企业所得税优惠政策及有关免税政策。（　　）

四、业务核算题

1. 2024 年 3 月，外贸公司 A 从小规模生产企业 B 购进出口棉布 20 000 米，取得的增值税专用发票注明的价款为 50 000 元人民币，进项税额为 500 元人民币，货款已由银行存款支付。当月该批货物已全部出口，出口总价折算为 60 000 元人民币，申请退税的单证齐全。（按现行税法规定从小规模企业购进的税率为 1％）

要求：计算小规模纳税人购进的出口货物可退税的金额。

2. 自营出口生产的 B 企业为增值税一般纳税人，出口货物的征税税率为 13％，退税税率为 9％。5 月，B 企业购进原材料一批，取得的增值税专用发票注明的价款为 200 万元人民币，外购货物准予抵扣的进项税额为 26 万元人民币。上月月末留抵税款 3 万元人民币，本月内销货物不含税销售额为 100 万元人民币，收款 113 万元人民币存入银行。本月出口货物的销售额折合 200 万元人民币。

要求：计算该企业出口货物免抵退税额。

3. 工业企业 C 是增值税一般纳税人，兼营内销和外销，征税率为 16%，出口退税率为 13%。2024 年 2 月，该企业上期期末留抵税额为 20 万元人民币，国内采购原材料取得增值税专用发票价款为 100 万元人民币，准予抵扣的进项税额为 16 万元人民币；内销货物不含税价为 80 万元人民币，外销货物销售额为 120 万元人民币(不考虑汇兑损益)。

要求：计算 C 企业的应退税额。

4. 自营出口生产企业 D 是增值税一般纳税人，出口货物的征税税率为 13%，退税率为 10%。2023 年 9 月，该企业外购货物准予抵扣进项税款 60 万元人民币，货已入库。上期期末留抵税额为 3 万元人民币，当月内销货物销售额为 100 万元人民币，销项税额为 13 万元人民币。本月出口货物销售折合 200 万元人民币，其中来料加工贸易复出口货物价值为 90 万元人民币。

要求：试计算该企业本期的免抵退税额。

5. 化工生产企业 E 是增值税一般纳税人，兼营内销与外销，2023 年 9 月发生以下业务。

(1)国内采购原料，取得增值税专用发票上注明价款为 100 万元人民币，准予抵扣的进项税额为 13 万元人民币。

(2)当月进料加工免税进口料件的组成计税价格为 50 万元人民币。

(3)内销货物不含税价格为 80 万元人民币，外销货物销售额为 120 万元人民币。该出口货物退税率为 10%，上期留抵税额为 2 万元人民币。

要求：计算该企业免抵退税额。

6. 生产企业 F 于 2023 年 5 月发生以下业务。

(1)以进料加工贸易方式进口一批料件的组成计税价格为 1 000 万元人民币。

(2)进料加工出口货物销售额(FOB 价)为 1 500 万元人民币，其中 1 100 万元人民币货物的单证收齐且信息齐全，400 万元人民币货物的单证未收齐。

(3)从国内购入乙材料，取得的增值税专用发票上注明的进项税额为 68 万元人民币。

(4)内销销售收入为 300 万元人民币。

(5)企业上期留抵税额为 20 万元人民币。

(6)税务机关审核确认的上期应退税额为 5 万元。

已知进料加工出口货物的征税率为 13%，退税率为 11%，国内销售货物的征税率为 13%，进口料件手册的计划进口总值为 1 400 万元人民币，计划出口总值为 2 000 万元人民币，购进货物取得的增值税专用发票均已认证相符。

要求：计算该企业本月当期应纳税额、免抵退税额、应退税额、免抵额。

五、案例分析题

为确保出口退税政策落实到位，助力稳外贸促发展，国家税务总局驻上海特派员办事处指导上海市税务部门与上海公安、检察院、法院等部门联合依法查办一起骗取出口退税案件。

经查，骗税团伙利用上海兰赫国际贸易有限公司、上海桦润贸易有限公司两家出口企业，通过虚开增值税专用发票、购买报关单据、制造收汇假象等手段，骗取出口退税。上海市税务部门依据《中华人民共和国税收征收管理法》及相关规定，追缴骗取出口退税 1 009.64 万元，查补其他税款 2 956.48 万元。上海市浦东新区人民法院作出判决，金某等 7 人因犯骗取出口退税罪、虚开增值税专用发票罪、非法经营罪等，分别被判处 3 至 12 年不等的有期徒刑，并处罚金合计 1 230 万元。

上海市税务局有关负责人表示，将进一步发挥税务、公安、检察、法院、海关、人民银行、外汇管理等七部门联合打击机制作用，坚持以零容忍的态度对虚开发票骗取出口退税等涉税违法犯罪行为重拳出击、严惩不贷，始终保持高压态势，护航出口退税政策措施落准落好。

分析：具体有哪些行为属于虚开增值税专用发票？该案例给你带来了哪些启示？

项目六
跨境电商进口业务的核算

职业能力目标

1. 了解进口商品经营业务的含义和类型。
2. 掌握自营进口商品采购成本的构成。
3. 掌握自营进口商品销售正常业务和其他业务的核算。
4. 掌握代理进口业务的核算。
5. 掌握保税进口和直邮进口业务的核算。

典型工作任务

1. 能够计算自营进口采购成本。
2. 能够对自营进口商品采购业务进行账务处理。
3. 能够对不同结算方式下的销售业务进行账务处理。
4. 能够对代理进口业务、保税进口业务和直邮进口业务进行账务处理。

相关案例导入

我国跨境电商贸易伙伴已覆盖全球

跨境电商占我国货物贸易进出口比重从 2015 年的 1% 增长到 2022 年的 5%。2023 年 1 至 9 月，跨境电商进出口额达 1.7 万亿元，同比增长 14.4%，占同期货物贸易进出口比重的 5.5%。我国跨境电商的贸易伙伴已经覆盖全球，是全球跨境电商生态链最为完善的国家之一。

国务院新闻办公室当天举行新闻发布会介绍第二届全球数字贸易博览会情况，商务部国际贸易谈判代表兼副部长在发布会上作出上述表述。他介绍，数字贸易可以简单分为两个部分，一是以数字交付为特点的贸易方式，贸易对象是数据；二是以数字订购为特点的贸易方式，通常跨境电商交易的是货物，通过数字订购来实现。

商务部国际贸易谈判代表兼副部长介绍，从第一种来看，2022 年，我国可数字化交付的服务贸易规模达 2.51 万亿元，同比增长 7.8%，在全球名列第五。2023 年前 8 个月，我国可数字化交付的服务贸易规模达 1.81 万亿元，同比增长 10.4%。从第二种来看，据海关统计，2022 年跨境电商进出口额达 2.11 万亿元，同比增长 9.8%，这是一个历史新高。

　　我国数字贸易发展取得了较好成绩，还体现在产业基础不断夯实、数字技术快速发展、应用场景日益丰富。2022年，我国数字经济规模达50.2万亿元，同比增长10.3%，占GDP比重41.5%。我国数据产量达8.1ZB，同比增长22.7%，在全球占比为10.5%，居世界第二。截至2023年6月，我国网民规模达10.79亿人，互联网普及率达76.4%。

　　我国支撑数字贸易新兴技术自主创新能力不断增强。世界知识产权组织发布的全球创新指数排名中，2022年我国创新能力综合排名全球第11。我国在人工智能、物联网、量子信息领域发明专利授权量居世界首位。

　　进口业务是跨境电商的基本业务之一。跨境电商进口对丰富国内产品供给、促进新业态新模式发展、吸引消费回流、更好满足居民需求发挥了积极作用。

　　资料来源：谢希瑶．我国跨境电商贸易伙伴已覆盖全球［EB/OL］．新华社，2023-10-24.（有修改）

　　思考：查找有关跨境出口与进口业务的资料，预测今年的相关业务量。

▶任务一　了解跨境电商进口业务的相关知识

一、跨境电商进口业务的含义

　　跨境电商进口业务是指国内电商平台或企业将国外商品销售给国内的个人消费者，通过电商平台达成交易并支付结算，进而通过跨境物流送达商品、完成交易的商业活动。简而言之，跨境电商进口业务就是从国外进口商品到国内的电子商务过程。

　　进口业务是跨境电商基本业务的重要组成部分。进口贸易与出口贸易相辅相成、互相制约。通过进口先进技术、先进生产设备和国内紧缺的原材料与燃料，可以提升我国的科技水平、生产能力和国际竞争能力；通过进口国内生活短缺的生活资料，可以提高人民生活的水平；同时，还可以促进我国出口贸易业务的增长，加深我国与世界各国的经济交往，以达到互通有无、共同发展的目的。

二、跨境电商进口业务的类型

　　跨境电商进口按照交易类型不同，可以分为跨境电商B2B进口模式、跨境电商B2C进口模式和跨境电商C2C进口模式。

(一)跨境电商 B2B 进口模式

　　跨境电商B2B进口模式主要是指企业与企业之间或商家与商家之间通过互联网进行产品、服务及信息的交换。在该模式下，跨境电商平台的商家所进行传递的信息以自身产品的广告和信息展示为主要内容，通关流程与成交结果都是在线下进行，其本质仍属传统贸易。

　　传统贸易按其经营性质不同，又可以分为自营进口、代理进口和易货贸易三种。自营进口是指跨境电商自己经营进口贸易并自负进口盈亏的业务。代理进口是指跨境电商代理国内委托单位与外商签订进口贸易合同，并负责对外履行合同的业务。对于该项业务，跨境电商仅收取一定比例的手续费。**易货贸易**是指贸易双方将进口与出口结合起来进行商品交换并自负盈亏的业务。

(二)跨境电商 B2C 进口模式

跨境电商 B2C 进口模式是指跨境电商通过跨境物流将货物从境外运送至境内消费者或保税区，并通过跨境电商平台完成交易的进口形式。在该模式下，企业直接面对消费者，以销售个人消费品为主。

(三)跨境电商 C2C 进口模式

跨境电商 C2C 进口模式是指通过为买卖双方提供一个在线交易平台，使卖方可以主动提供商品上网拍卖，而买方可以自行选择商品进行竞价的进口形式。在该模式下，通过一个在线交易平台，实现个人与个人之间的交易。

三、进口贸易的主要过程

进口贸易的工作大体可以分为交易前的准备工作、进口合同的签订、进口合同的履行和对内办理货款结算四个环节，各环节之间都有密切的联系。

(一)交易前的准备工作

在开展进口贸易业务前，跨境电商应根据国内市场需求情况和国际市场上商品的价格、供应商的资信情况，以及企业的利润预算来确定进口贸易业务。对于国家规定必须申请许可证的进口商品，跨境电商必须按规定申领许可证。

(二)签订进口合同

跨境电商在与国内客户协商签订供货合同的同时，与国外出口商经过反复磋商，达成一致意见，签订书面合同(如是代理进口业务，还应与国内用户签订代理合同或代理协议书)，根据合同据以执行。进口合同的签订标志着进口业务的正式开始。

(三)履行进口合同

合同是对买卖双方具有约束力的法律文件。进口合同签订后，买卖双方必须严格按照合同的规定履行合同义务，违约方将承担相应的法律责任。

进口合同的履行主要包括以下几个方面。

1. 开立信用证

对外开立信用证是进口业务履约中的重要一环。开证时应特别注意，虽然信用证是一个独立文件，不依附于合同，但必须与合同相符。

2. 租船订舱并通知船期

信用证开出后，进口方跨境电商应在合同规定交货期前，敦促对方及时备货，按时装运。对以 FOB 价成交的合同，应由跨境电商办理租船订舱。进口方跨境电商在接到对方备货通知及预计装船日期后，应立即委托有关运输部门办理租船订舱手续，并在接到外运部门已订船舱的通知后，及时将有关船名、船期通知出口方，以便对方及时做好装船前的准备工作。

3. 接运准备及办理投保手续

货物装船后，出口方应按合同规定立即通知跨境电商，以便做好货物接运准备工作。若以 FOB 价或 CFR 价成交的合同，进口方跨境电商还应办理货运保险。跨境电商在收到出口方装船通知后，应立即将船名、船期、提单号、品名、数量、价格、装船港通知保险公司，办理保险。

4. 认真审单，付款赎单

跨境电商在收到银行转来的全套进口结算单据后，应认真对照信用证的规定，进行严格的审核。只有在"单证相符，单单相符"的前提下，才能向银行办理进口结汇和付款赎单。审单过程中如发现问题，应及时与银行联系，以便采取相应措施。

5. 向海关报关，到货接运

进口商品到港后，进口方在接到外运部门的到港通知后，要抓紧办理到货接运和报关手续（应按时办理到货接运和报关，防止因商品积压而发生压港仓储费）。进口方跨境电商凭提货单、发票、箱单、合同、检验证书、进口许可证，到海关申报进口。海关验证无误，征收进口关税、增值税等税费后，在提货单上盖章放行。进口方跨境电商凭盖有海关放行章的提单到船公司提货。

6. 商品检验及对外索赔

进口商品到港后，进口方跨境电商还应及时请商检部门对进口商品进行检验。如果发现问题，应立即请商检部门出具商检证明书，在规定的期限内向出口商、运输公司或保险公司索赔。如果出于商品的品种、规格、品质与合同不符，原装数量不足或包装不良导致商品缺损等情况，属于出口方责任的，应向出口方索赔；如果出现商品数量少于提单记载数量或其他属于运输公司责任造成商品残损的情况，应向运输部门索赔；因自然灾害、境外事故等造成的商品损失，应向保险公司索赔。

（四）对内办理货款结算

进口方跨境电商在收到国外付款通知或进口商品到港通知或进口商品销售出舱通知后，按照与用户签订的合同和有关规定向国内用货单位办理货款结算。

▶ 任务二　跨境电商 B2B 进口业务的核算

从广义层面来看，跨境电商 B2B 是指互联网化的企业对企业的跨境贸易活动，即"互联网＋传统国际贸易"。从狭义层面来看，跨境电商 B2B 是指基于电子商务信息平台或交易平台的企业对企业跨境贸易活动。跨境电商 B2B 进口是指境内企业通过跨境物流将货物运送至境内并通过跨境电商平台完成交易的贸易形式，即商品通过一般贸易模式进关并在跨境进口电商平台上售卖。

一、自营进口业务的核算

（一）自营进口采购成本的构成

自营进口采购成本以到岸价为基础，采购成本由国外进价、进口税金和国内运费三部分组成。自营进口采购成本可以用公式表示为：

自营进口采购成本＝CIF 价格＋税金－收到的进口佣金＋国内运费

＝FOB 价格＋境外运费、保费－收到的进口佣金＋税金＋国内运费

＝CFR 价格＋国外保费－收到的进口佣金＋税金＋国内运费

1. 国外进价

进口商品的进价一律以 CIF 价格为基础。如果出口商以 FOB 价格或 CFR 价格成交，那么商品离开对方口岸后，应由跨境电商负担的国外运费和保险费均应作为商品的国外进价入账。跨境电商收到的能够直接认定的进口商品佣金应以红字冲减商品的采购成本；如果为累计佣金，则只能冲减销售费用。

2. 进口税金

进口税金是指进口商品在进口环节应缴纳的计入进口商品成本的各种税金，包括海关征收的关税和消费税。商品进口环节征收的增值税是价外税，不是进口商品采购成本的构成部分，应将其列入"应交税费"账户。进口税金可以用公式表示为：

进口关税＝关税完税价格×关税税率

从价计征的消费税＝(关税完税价格＋关税)÷(1－消费税税率)×消费税税率

从量计征的消费税＝货物数量×单位消费税税额

增值税＝(关税完税价格＋关税＋消费税)×增值税税率(征收率)

3. 国内运费

根据企业会计准则的要求，进口物资到达我国口岸后发生的可归属于进口商品采购成本的进货费用，如运输费、装卸费、保管费等均应计入采购成本。

【工作实例 6-1】 甲进口公司进口一批货物，核定货价为 100 万元人民币(已扣除境外卖方付给该企业的正常回扣 5 万元人民币)，另外支付了货物运抵我国境内输入地点起卸前的包装费 4 万元人民币、运费 7 万元人民币、保险费 1 万元人民币，以及成交价格外另支付给卖方佣金 5 万元人民币。已知该货物的关税税率为 10%，增值税税率为 13%，消费税税率为 15%。

要求：计算该批进口货物的采购成本(保留两位小数)。

解析：

国外进价＝100＋4＋7＋1＋5＝117(万元)

进口关税＝117×10%＝11.7(万元)

进口消费税＝(117＋11.7)÷(1－15%)×15%≈22.71(万元)

进口货物的采购成本＝117＋11.7＋22.71＝151.41(万元)

【课堂练习】 乙公司为增值税一般纳税人，选择确定的记账本位币为人民币，外币交易采用交易日的即期汇率折算。本期自营进口 Y 商品共 5 箱，尺码为 150 cm×150 cm×60 cm，每箱重 20 kg，价格为 300 美元/kg。当日汇率为 1 美元＝6.40 元人民币。该企业接到进口货物结算专用发票一式四联单。已知海运运费率为每吨 150 美元，收费重量/体积比率为 1 m³＝1 000 kg，投保金额为发票金额的 110%，保险费率为 3.2%。

要求：计算进口商品货值、进口海运运费、进口保险费、进口关税(税率为 15%)、进口消费税(税率为 5%)、进口增值税(税率为 13%)。

(二)进口商品购进业务的核算

1. 账户设置

(1)"在途物资——进口物资采购"账户。该账户用来归集进口商品在进口采购过程中的各项支出。当收到银行转来的国外全套的结算单据时，将其与信用证或合同条款核对相符。当通过银行向国外出口商承付款项时，借记"在途物资——进口物资采购"账户，贷记"银行存款"账户。当支付国外运费和保险费时，借记"在途物资——进口物资采购"账户，贷记"银行存款"账户。跨境电商收到出口商支付的佣金时，借记"银行存款"账户，贷记"在途物资——进口物资采购"账户。

（2）"库存商品——库存进口商品"账户。当进口商品采购完毕，验收入库，结转其采购成本时，借记"库存商品——库存进口商品"账户，贷记"在途物资——进口物资采购"账户。

（3）"应交税费"账户。进口商品运抵我国口岸，向海关申报进口关税、消费税和增值税时，根据进口关税和消费税的合计数（增值税是价外税，暂不作账务处理），借记"在途物资——进口物资采购"账户，贷记"应交税费"账户。

跨境电商支付进口商品的关税、消费税和增值税，借记"应交税费"账户，贷记"银行存款"账户。

2. 业务核算

【**工作实例 6-2**】　绍兴进出口公司根据进口贸易合同，从美国米克公司进口红酒一批，采用信用证结算，业务内容如下。

（1）6 月 1 日，接到银行转来的国外全套的结算单据，开列红酒 60 箱，每箱 1 250 美元，发票价值为 75 000 美元（FOB 价），审核无误后，购汇予以支付。当日汇率为 1 美元＝6.50 元人民币。已开立信用证，预存保证金 462 500 元人民币。

（2）6 月 2 日，购汇支付进口红酒国外运费 691.2 美元，保险费 2 640 美元。当日汇率为 1 美元＝6.50 元人民币。

（3）6 月 16 日，进口红酒运抵我国口岸，向海关申报红酒应纳的进口关税税额 71 281.39 元人民币，消费税税额 64 492.69 元人民币，增值税税额 83 840.50 元人民币。

（4）6 月 20 日，米克公司付来佣金 1 600 美元，收到银行转来的结汇水单。当日汇率为 1 美元＝6.50 元人民币。

（5）6 月 22 日，500 箱进口红酒验收入库，结转其采购成本。

（6）6 月 26 日，以银行存款支付进口红酒的进口关税、消费税和增值税。

要求：根据以上经济业务，编制会计分录。

解析：

（1）借：在途物资——进口物资采购——红酒　　　　　　　　　487 500

　　　　贷：其他货币资金——信用证存款　　　　　　　　　　　　　462 500

　　　　　　银行存款（USD 3 846.15×6.50）　　　　　　　　　　　　25 000

（2）①支付运费。

　　　借：在途物资——进口物资采购——红酒　　　　　　　　　4 492.80

　　　　　贷：银行存款（USD 691.2×6.50）　　　　　　　　　　　　4 492.80

　　②支付保险费。

　　　借：在途物资——进口物资采购——红酒　　　　　　　　　17 160

　　　　　贷：银行存款（USD 2 640×6.50）　　　　　　　　　　　　17 160

（3）借：在途物资——进口物资采购——红酒　　　　　　　　　135 774.08

　　　　贷：应交税费——应交进口关税　　　　　　　　　　　　71 281.39

　　　　　　　　　　——应交消费税　　　　　　　　　　　　　64 492.69

(4)借：银行存款——美元户（USD 1 600×6.50）　　　　　10 400

　　　　贷：在途物资——进口物资采购——红酒　　　　　　　　10 400

(5)借：库存商品——库存进口商品——红酒　　　　　634 526.88

　　　　贷：在途物资——进口物资采购——红酒　　　　　　　634 526.88

(6)借：应交税费——应交进口关税　　　　　　　　　71 281.39

　　　　　　　　——应交消费税　　　　　　　　　　64 492.69

　　　　　　　　——应交增值税——进项税额　　　　83 840.50

　　　　贷：银行存款　　　　　　　　　　　　　　　　　　219 614.58

相关链接

　　若发生进口减免关税货物和保税货物的海关监管手续费，可凭海关收据编制会计分录：

　　借：在途物资——进口物资采购

　　　　或销售费用

　　　　贷：银行存款

　　若发生海关滞纳金，应凭海关收据编制分录：

　　借：营业外支出

　　　　贷：银行存款

【课堂练习】　乙进出口公司从日本进口电冰箱180台，国外FOB进价为140 000美元。乙公司发生以下经济业务。

　　(1)接到银行转来的国外单据，审核无误后支付国外货款。当日汇率为1美元＝6.20元人民币。

　　(2)根据有关运保费结算清单和付款凭证，支付上批进口电冰箱的国外运保费8 000美元。当日汇率为1美元＝6.19元人民币。

　　(3)收到进口佣金8 200美元。当日汇率为1美元＝6.19元人民币。

　　(4)计缴进口关税69 340.96元人民币（关税税率为10%），增值税121 693.38元人民币（增值税税率为13%）。

　　(5)缴纳关税及增值税。

　　(6)支付进口电冰箱港务费10 000元人民币，外运劳务费8 500元人民币。

　　(7)进口电冰箱到货，验收入库。

　　要求：根据以上经济业务，编制会计分录。

(三)进口商品销售正常业务的核算

　　自营进口销售是指跨境电商根据自身经营的需要，按照国家有关规定，自行购进进口商品和物资并销售给国内用户的业务。自营进口销售的盈亏由跨境电商自行负担。

　　1. 账户设置

　　(1)"主营业务收入——自营进口销售收入"账户。该账户用来核算跨境电商以自营方式进口商品的销售收入。借方登记进口商品退货时归还给国内客户的退货款，贷方登记企业实现的销售收入和以红字冲销的销售收入，期末将余额转入"本年利润"账户。

（2）"**主营业务成本——自营进口销售成本**"账户。该账户用来核算跨境电商以自营方式进口商品的销售成本。借方登记结转自营进口销售商品的销售成本和以红字冲减的销售成本，贷方登记进口商品退货转回的成本，期末将余额转入"本年利润"账户。

2. 结算方式

跨境电商自营进口的商品，应以开出进口结算凭证向国内客户办理货款结算为销售成立时间。根据结算时间的不同，跨境电商与客户办理货款结算有单到结算、货到结算和出库结算三种方式。

（1）单到结算。单到结算是指跨境电商不管进口商品是否到达我国港口，只要在收到银行转来的国外全套结算单据，经审核符合合同有关规定，即向国内客户办理货款结算，并确认销售收入。单到结算对跨境电商以销定进、减少资金占用非常有利。

（2）货到结算。货到结算是指跨境电商在收到外运公司通知进口商品已到达我国港口后，才向国内客户办理货款结算，并确认销售收入。

（3）出库结算。出库结算是指跨境电商的进口商品到货，先验收入库后，在出库销售时再向国内客户办理货款结算，并确定销售收入。

3. 业务核算

（1）单到结算。在单到结算的情况下，进口商品不需入库，进口商品的采购核算与销售核算应同时进行。但销售时因进口商品的采购成本尚未归集齐全，不能同时结转销售成本，只有在商品采购成本归集完毕后才能结转销售成本，这时可以将商品的采购成本直接从"在途物资——进口物资采购"账户转入"主营业务成本——自营进口销售成本"账户。

【**工作实例 6-3**】　上海鸿运进出口公司以 CIF 价大阪 11 300 美元进口 B 商品，当日汇率 1 美元＝6.50 元人民币。对内销售价为 120 000 元人民币。该公司采用信用证结算方式销售给国内客户启辉公司。该公司发生以下经济业务。

（1）3月5日，接到银行转来的国外单据，经审核无误，支付货款 73 450 元人民币。

（2）3月6日，接到业务部门转来的增值税专用发票，列明 B 商品价款 120 000 元人民币，增值税 15 600 元人民币，款项尚未收到。跨境电商开出结算单据，向国内客户启辉公司办理货款结算。

（3）3月20日，货到口岸，应缴纳进口关税 10 214 元人民币，增值税 10 876.32 元人民币。

（4）3月22日，采购完毕，结转进口成本（包括国外 CIF 进价和进口关税）83 664 元人民币。

（5）3月25日，支付进口 B 产品的进口关税和增值税。

要求：根据以上经济业务，编制会计分录。

解析：

（1）借：在途物资——进口物资采购——大阪 B 商品　　　　　73 450

　　　　贷：其他货币资金——信用证存款　　　　　　　　　　　　　　73 450

（2）借：应收账款——启辉公司　　　　　　　　　　　　　135 600

　　　　贷：主营业务收入——自营进口销售收入——大阪 B 商品　　　　120 000

　　　　　　应交税费——应交增值税（销项税额）　　　　　　　　　　15 600

（3）借：在途物资——进口物资采购——大阪 B 商品　　　　　10 214

　　　　　贷：应交税费——应交进口关税　　　　　　　　　　　　　　10 214

（4）借：主营业务成本——自营进口销售成本　　　　　　　　83 664

　　　　　贷：在途物资——进口物资采购——大阪 B 商品　　　　　　83 664

（5）借：应交税费——应交增值税（进项税额）　　　　　10 876.32

　　　　　　　　　——应交进口关税　　　　　　　　　　10 214.00

　　　　　贷：银行存款　　　　　　　　　　　　　　　　　　　21 090.32

（2）货到结算。在货到结算的情况下，进口商品采购成本已经归集完毕，商品销售时，可以同时结转销售成本。

【工作实例 6-4】　承接【工作实例 6-3】中的资料（购进核算过程略），收到外运公司货到口岸通知，向国内客户办理货款结算。

要求：根据以上经济业务，编制会计分录。

解析：

借：应收账款　　　　　　　　　　　　　　　　　　　　135 600

　　贷：主营业务收入——自营进口销售收入　　　　　　　　　　120 000

　　　　应交税费——应交增值税（销项税额）　　　　　　　　　　15 600

借：主营业务成本——自营进口销售成本　　　　　　　　　83 664

　　贷：在途物资——进口物资采购——大阪 B 商品　　　　　　　83 664

（3）出库结算。在出库结算的情况下，进口商品采购成本已归集完毕，并转入"库存商品"账户。商品销售给国内客户时，可以同时结转销售成本。

【工作实例 6-5】　承接【工作实例 6-3】和【工作实例 6-4】中的资料（商品购进核算过程略）。商品运抵并验收入库，开具进口商品出库单、进口结算单，向国内客户办理货款结算。

要求：根据以上经济业务，编制会计分录。

解析：

（1）借：库存商品——库存进口商品——大阪 B 商品　　　　　83 664

　　　　　贷：在途物资——进口物资采购——大阪 B 商品　　　　　　83 664

（2）借：应收账款　　　　　　　　　　　　　　　　　　　135 600

　　　　　贷：主营业务收入——自营进口销售收入　　　　　　　　　120 000

　　　　　　　应交税费——应交增值税（销项税额）　　　　　　　　　15 600

　　　　借：主营业务成本——自营进口销售成本　　　　　　　　83 664

　　　　　贷：库存商品——库存进口商品——大阪 B 商品　　　　　　83 664

【课堂练习】　德利进出口公司从纽约进口材料一批，共 80 吨，合同规定 FOB 价为每吨 60 美元，关税税率为 10%，增值税税率为 13%。对内销售价为每吨 800 元人民币（不含税），国外运费和保险费共计 120 美元。汇率为 1 美元＝6.19 元人民币。

要求：分别采用单到结算、货到结算和出库结算三种结算方式进行会计核算。

📅 **相关链接**

进口增值税联网核查系统

为了防止不法分子骗抵增值税，海关总署、国税总局联合开发出了进口增值税联网核查系统。该系统实现了以电子口岸为平台，将海关进口增值税专用缴款书电子数据向国税部门发送，作为国税部门进行进口增值税抵扣的依据。通过"电子底账＋联网监管"的模式，方便企业及时进行抵扣，便于国税部门进行监管，是电子口岸继进口报关单联网核查、出口退税等系统后又一个重要的项目。

该系统目标主要包括：一是实现进口增值税专用缴款书电子数据在海关和国税局之间的联网传输，二是实现企业对进口增值税专用缴款书电子数据的查询、确认、下载和打印功能，三是实现国税局对经企业确认的进口增值税专用缴款书电子数据的查询和统计功能。

（四）自营进口商品销售其他业务的核算

1. 销售退回的核算

自营进口商品销售采取单到结算方式。在银行转来国外全套结算单据时，不仅要做商品购进核算，而且还要做商品销售核算。在商品运抵我国口岸后，发现商品的质量与合同规定严重不符，跨境电商可以根据商检部门出具的商品检验证明书，按照合同规定与国外出口商联系，将商品退回给出口商，收回货款及进口费用和退货费用，然后向国内客户办理退货手续。

【**工作实例 6-6**】　4月1日，上海鸿运进出口公司接到国内客户送来商检局出具的商品检验证明书，证明3月20日到货的日本公司发来的C产品不合格。经与日本公司联系后同意作退货处理。上海鸿运公司发生以下经济业务。

(1)4月2日，购汇垫付退还日本公司C产品的国外运费1 000美元，保险费300美元。当日汇率为1美元＝6.50元人民币。

(2)4月4日，将C产品作进货退出的处理，并向税务部门申请退还已交的进口关税，当日汇率为1美元＝6.50元人民币。

(3)4月4日，开出红字专用发票，作销货退回处理，应退给国内客户货款120 000元人民币，增值税税额15 600元人民币。

(4)4月10日，收到日本公司退回的货款及垫付费用12 600美元，收到银行转来的结汇水单。当日汇率为1美元＝6.60元人民币。

(5)4月11日，签发转账支票，支付国内客户C产品的退货和退税款135 600元人民币。

(6)4月25日，收到税务机关退还已交C产品的进口关税和增值税。

要求：根据以上经济业务，编制会计分录。

解析：

(1)借：应收外汇账款(USD 1 300×6.50)　　　　　　　　　　　　8 450
　　　　贷：银行存款——美元户　　　　　　　　　　　　　　　　　8 450

（2）借：应收外汇账款（USD 1 300×6.50） 8 450
   应交税费——应交进口关税 10 214
    贷：主营业务成本——自营出口销售成本 18 664
（3）借：主营业务收入——自营进口销售收入 120 000
   应交税费——应交增值税（销项税额） 15 600
    贷：应付账款 135 600
（4）借：银行存款——美元户（USD 12 600×6.60） 83 160
    贷：应收外汇账款 83 160
（5）借：应付账款 135 600
    贷：银行存款 135 600
（6）借：银行存款 21 090.32
    贷：应交税费——应交进口关税 10 214
      ——应交增值税（进项税额） 10 876.32

2. 自营进口索赔、理赔的核算

自营进口商品采用单到结算的方式销售，当进口商品到达时，所有权属于国内客户，由其检验商品。如果发生商品数量、质量与合同规定不符的情况，应根据实际情况进行处理。如果属于运输单位或保险公司负责赔偿的范围，由国内客户向运输单位或保险公司索赔；如果属于国外出口商的责任，应由跨境电商根据商检部门出具的商品检验证明书，在合同规定的对外索赔期限内向出口商提出索赔，并向国内客户理赔。在对索赔和理赔进行会计处理时，分为以下三种情况。

（1）向国内用户理赔，冲减销售收入。

借：主营业务收入——自营进口销售收入
  应交税费——应交增值税（销项税额）
   贷：银行存款——人民币户

（2）对外索赔，冲减原销售成本。

借：应收外汇账款——进口索赔
   贷：主营业务成本——自营进口销售成本

（3）已对内理赔，但对外无索赔权，记入"营业外支出"账户。

借：营业外支出
   贷：主营业务成本——自营进口销售成本

【工作实例 6-7】 上海化工国际贸易公司自营进口商品采取单到结算方式。该公司从英国伯明翰公司进口化工原料 20 吨，CIF 价为每吨 2 000 英镑，佣金 800 英镑，采用信用证结算方式。该公司发生以下经济业务。

（1）3 月 1 日，接到银行转来的伯明翰公司全套的结算单据，经审核无误，扣除佣金后购汇付款。当日汇率为 1 英镑=10.70 元人民币。

（2）3 月 2 日，该批化工原料销售给国内客户启明公司，接到业务部门转来的增值税专用发票，开列化工原料 20 吨，每吨 30 000 元人民币，货款 600 000 元人民币，增值税税额 78 000 元人民币，收到转账支票，存入银行。

（3）3 月 16 日，化工原料运达我国口岸，向海关申报应纳进口关税税额 26 500 元人民币，应纳增值税税额 94 605 元人民币。

(4)3 月 16 日，化工原料采购完毕，结转其销售成本。

(5)3 月 20 日，以银行存款支付化工原料的进口关税和增值税。

(6)3 月 21 日，收到启明公司转来的商检部门出具的商品检验证明书，证明伯明翰公司的化工原料有效成分不足，将会影响其使用效果。向外商提出索赔，经协商后外商同意赔偿 3 920 英镑。当日汇率为 1 英镑＝10.70 元人民币。

(7)3 月 23 日，向启明公司开出红字专用发票，应退启明公司货款 60 000 元人民币，增值税税额 7 800 元人民币。

(8)3 月 24 口，向税务机关申请伯明翰公司退还因化工原料有效成分不足货款已交的进口关税 2 650 元。

(9)3 月 27 日，收到伯明翰公司付来的赔偿款 3 920 英镑，予以结汇。当日汇率为 1 英镑＝10.70 元人民币。

(10)3 月 28 日，签发转账支票，退还启明公司货款和增值税 67 800 元人民币。

(11)3 月 30 日，收到税务机关退还已缴纳的进口关税 2 650 元人民币(化工原料质量问题退款)，增值税 9 460.5 元人民币，存入银行。

要求：根据以上经济业务，编制会计分录。

解析：

(1)借：在途物资——进口物资采购——化工原料　　　　　　428 000

　　　贷：其他货币资金——信用证存款　　　　　　　　　　　　419 440

　　　　　在途物资——进口物资采购——佣金　　　　　　　　　　8 560

(2)借：银行存款　　　　　　　　　　　　　　　　　　　678 000

　　　贷：主营业务收入——自营进口销售收入　　　　　　　　　600 000

　　　　　应交税费——应交增值税(销项税额)　　　　　　　　　78 000

(3)借：在途物资——进口物资采购——化工原料　　　　　　 26 500

　　　贷：应交税费——应交进口关税　　　　　　　　　　　　　26 500

(4)借：主营业务成本——自营进口销售成本　　　　　　　　445 940

　　　贷：在途物资——进口物资采购——化工原料　　　　　　　445 940

(5)借：应交税费——应交进口关税　　　　　　　　　　　　 26 500

　　　　　　　　——应交增值税(进项税额)　　　　　　　　 94 605

　　　贷：银行存款　　　　　　　　　　　　　　　　　　　　121 105

(6)借：应收账款——应收外汇账款(GBP 3 920×10.7)　　　 41 944

　　　贷：主营业务成本——自营进口销售成本　　　　　　　　　41 944

(7)借：主营业务收入　　　　　　　　　　　　　　　　　　 60 000

　　　　应交税费——应交增值税(销项税额)　　　　　　　　　7 800

　　　贷：应付账款　　　　　　　　　　　　　　　　　　　　 67 800

(8)借：应交税费——应交进口关税　　　　　　　　　　　　　2 650

　　　贷：主营业务成本——自营进口销售成本　　　　　　　　　 2 650

(9)借：银行存款——英镑户　　　　　　　　　　　　　　　 41 944

　　　贷：应收账款——应收外汇账款(GBP 3 920×10.7)　　　　41 944

（10）借：应付账款　　　　　　　　　　　　　　　　　67 800

　　　　贷：银行存款　　　　　　　　　　　　　　　　　　　67 800

（11）借：银行存款　　　　　　　　　　　　　　　　　12 110.50

　　　　贷：应交税费——应交进口关税　　　　　　　　　 2 650.00

　　　　　　　　　　——应交增值税（进项税额转出）　　 9 460.50

二、代理进口业务的核算

（一）代理进口业务的相关知识

代理进口业务是指跨境电商（代理方）接受国内订货部门（委托方）的委托，使用委托方的外汇，从国外购进商品，按进口商品的实际购进成本（包含运费、保险费的货款总额）计收一定的代理手续费，而不承担进口商品盈亏的一种业务。

1. 代理进口业务的特点

代理进口业务会计核算最大的特点是代理企业处于中介服务地位，是接受其他企业委托，以订立代理合同形式进口。代理方负责对外洽谈价格条款、技术条款、交货期及签订合同，并办理运输、开证、付汇等手续。

代理进口业务的主要特点包括：①代理方不垫付资金，只是用委托方资金进口商品物资，以原价转让给委托方。一般由委托方先预付人民币资金，待代理过程全部结束后由代理方开列"代理进口物资结算单"后再进行结算。②代理进口所发生的费用，一般由委托方负担境内外直接费用，包括海外运输费、保险费、银行手续费、代理手续费；受托方承担间接费用，包括开证费、电讯费等。③代理方以所收取的手续费作为代理开支及盈利。手续费以 CIF 价为基础，按照一定比例计算。④不承担盈亏，外方付来的佣金、索赔款全部退给委托方。⑤代理进口所需外汇原则上由委托方解决，如需代理方代为购汇的，则手续费由委托方负担。

2. 代理进口业务销售收入的确认

跨境电商代理进口业务，应以开出进口结算单据、向国内委托单位办理货款结算的时间确认销售收入。

由于跨境电商经营代理进口业务前，已与委托单位签订了代理进口合同或协议，就代理进口商品的名称、价款条件、运输方式、费用负担、风险责任、手续费率等有关内容作出详细规定，明确双方的权利和责任。因此，当银行转来国外全套结算单据时，经审核与合同无误，在支付进口商品货款的同时，跨境电商可以向国内委托单位办理货款结算，实现代理进口商品的销售。

（二）代理进口业务的核算

1. 账户设置

代理进口跨境电商不垫付资金，所以委托单位委托跨境电商进口时，必须支付现汇。代理进口跨境电商在向国外支付货款的同时，向国内客户办理货款结算。进口商品的购进和销售同时进行，其核算不需要再设置"在途物资"账户来归集采购成本，跨境电商代理进口销售收取的只有代理手续费收入。

（1）"预收账款"账户。跨境电商代理进口业务通常要求委托单位预付货款，在收到委托单位的预付款时，借记"银行存款"账户，贷记"预收账款"账户。收到银行转来的国外全套结算单据时,将其与信用证或合同条款核对无误后,通过银行向国外出口商承付款项时,借记"预收账款"账户,贷记"银行存款"账户。在"预收账款"账户下,可以根据需要设置"预收外汇账款"明细账户。

另外,"预收账款"账户可以用"应收账款"账户、"应付账款"账户代替。

(2)"其他业务收入"账户。该账户是用来核算跨境电商发生代理业务手续费的收入。跨境电商业务部门根据代理进口商品金额CIF价格的一定比例开具收取代理手续费的发票,财会人员根据业务部门转来的发票(记账联)确认代理进口业务销售收入的实现,借记"预收账款"账户,贷记"其他业务收入"账户;期末转入"本年利润"账户,记入借方。

(3)"其他业务成本"账户。该账户用来核算跨境电商代理业务所发生的相关成本和税费。发生时,记入借方;月末转入"本年利润"账户,记入贷方。

2. 业务核算

【工作实例6-8】 北京进出口公司接受国内华昌公司委托代理进口商品一批,FOB价为20 000美元,国外运输费、保险费为300美元,关税税率为10%,增值税税率为13%,银行手续费为500元人民币,外运劳务费为900元人民币,手续费率为2.5%。该公司发生以下经济业务。

(1)10月4日,收到委托单位预付进口外汇20 000美元。

(2)10月5日,收到进口单证,支付货款。

(3)10月8日,支付代理进口商品的国外运输费、保险费。当日汇率为1美元=6.23元人民币。

(4)10月10日,支付代理进口商品的关税、增值税。

(5)10月12日,支付代理进口商品的银行手续费、外运劳务费。

(6)10月13日,向委托单位结算代理费。当日汇率为1美元=6.24元人民币。

(7)10月14日,收到委托单位的结算款项。

要求:根据以上经济业务,编制会计分录。

解析:

(1)借:银行存款——美元户(USD 20 000×6.24)　　　　　　　12 4800
　　　贷:预收账款——华昌公司　　　　　　　　　　　　　　　　124 800

(2)借:预收账款——华昌公司　　　　　　　　　　　　　　　　124 800
　　　贷:银行存款——美元户(USD 20 000×6.24)　　　　　　　12 4800

(3)借:预收账款——华昌公司　　　　　　　　　　　　　　　　1 869
　　　货:银行存数——美元(USD 300×6.23)　　　　　　　　　　　1 869

(4)借:应交税费——应交进口关税　　　　　　　　　　　　　　12 666.90
　　　　　　　　——应交增值税(进项税额)　　　　　　　　　　18 113.67
　　　贷:银行存款——人民币　　　　　　　　　　　　　　　　　30 780.57
　　借:预收账款——华昌公司　　　　　　　　　　　　　　　　30 780.57
　　　贷:应交税费——应交进口关税　　　　　　　　　　　　　　12 666.90
　　　　　　　　——应交增值税(进项税额)　　　　　　　　　　18 113.67

(5)借:预收账款——华昌公司　　　　　　　　　　　　　　　　1 400
　　　贷:银行存款——人民币　　　　　　　　　　　　　　　　　1 400

　　（6）借：预收账款——华昌公司　　　　　　　　　　　　　3 356.81

　　　　　贷：其他业务收入——代购代销收入　　　　　　　　　　　　3 166.80

　　　　　　　应交税费——应交增值税（销项税额）　　　　　　　　　190.01

　　（7）借：银行存款——人民币　　　　　　　　　　　　　　　37 406.38

　　　　　贷：预收账款——华昌公司　　　　　　　　　　　　　　　　37 406.38

【课堂练习】　美华食品进出口公司受红光烟酒公司委托代理进口法国葡萄酒，以FOB价格成交。该公司发生以下经济业务。

　　（1）2月1日，收到红光烟酒公司预付代理进口葡萄酒款项 860 000 元人民币，存入银行。

　　（2）2月10日，购汇支付法国里昂公司葡萄酒的国外运费 1 068 欧元、保险费 132 欧元。当日汇率为 1 欧元＝9.08 元人民币。

　　（3）2月16日，收到银行转来法国里昂公司全套结算单据，开列葡萄酒 300 箱，每箱FOB价为 200 欧元，佣金 1 200 欧元。经审核无误，扣除佣金后购汇支付货款。当日汇率为 1 欧元＝9.08 元人民币。

　　（4）2月16日，按代理进口葡萄酒货款CIF价的 2.5% 向红光烟酒公司结算代理手续费 1 500 欧元。当日汇率为 1 欧元＝9.10 元人民币。

　　（5）2月24日，法国葡萄酒运抵我国口岸，向海关申报葡萄酒应纳进口关税 76 272 元人民币、消费税 62 107.2 元人民币、增值税 88 813.3 元人民币。

　　（6）2月28日，以银行存款支付代理进口葡萄酒的进口关税、消费税和增值税。

　　（7）2月28日，与法国里昂公司进行款项结算。

　　要求：根据以上经济业务，编制会计分录。

任务三　跨境电商 B2C 进口业务的核算

　　跨境电商B2C进口业务的发展，让"买全球、卖全球"成为现实。同时，其交易方式也大大缩短了国境外商品价值链，使商品的流通速率得到极大提升。跨境进口零售电商行业的发展是大势所趋，也是促进我国建设更加开放包容的商品流通市场的必然要求。

一、跨境电商 B2C 进口业务的相关知识

　　跨境电商B2C进口是指跨境电商通过跨境物流将商品从境外运送至境内消费者或保税区，并通过跨境电商平台完成交易的进口形式。

　　进口的商品应符合三个方面的要求：一是商品属于《跨境电子商务零售进口商品清单》中、限于个人自用并满足跨境电商零售进口税收政策规定的条件；二是通过与海关联网的电子商务交易平台交易，能够实现交易、支付、物流电子信息"三单"比对；三是未通过与海关联网的电子商务交易平台交易，但进出境快件运营人、邮政企业能够接受相关电商企业、支付企业的委托，承诺承担相应法律责任，向海关传输交易、支付等电子信息。

（一）跨境电商 B2C 进口的类型

　　跨境电商B2C进口可以分为保税进口和直邮进口两种。

1. 保税进口

跨境电商保税进口是指电商企业根据大数据分析，提前从境外大批量采购商品，并从境外运输至境内的海关特殊监管区域（保税区、保税仓库），再根据国内消费者网络订单情况，将相应商品从国内的海关特殊监管区域交由物流企业直接配送至国内收货人的进口方式。这种方式进口的商品以个人物品清关，不需要像传统进口商品那样经过烦琐的检验检疫程序，只需要缴纳较低的行邮税，大大缩短了消费者下单后的等待时间，与国内网购流程相似。

跨境电商保税进口交易业务流程，见图6-1。

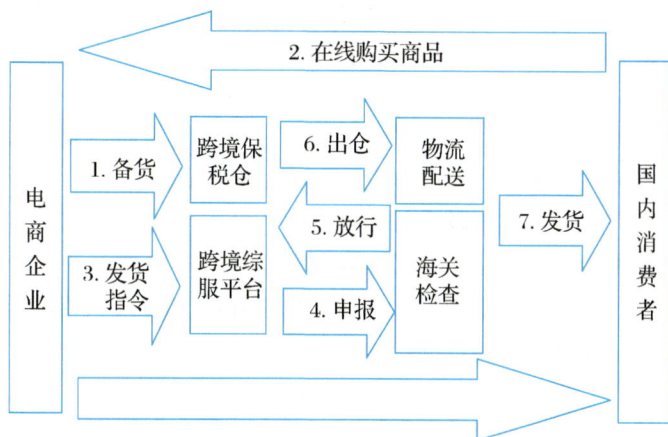

图6-1　跨境电商保税进口交易业务流程

2. 直邮进口

跨境电商直邮进口是指消费者在跨境电商的网站（平台）下单后，电商或申报企业通过跨境电商系统（涵盖备案、申报、征税、查验、放行等环节）进行申报，并向海关推送订单、支付、物流等消息，在系统完成信息对接对碰后，这些跨境商品会在海外的仓库完成打包，并以个人包裹的形式入境，入境时会在检验检疫、海关等部门，完成通关、查验、征税等环节，直至完成清关，最后通过国内物流将跨境商品送到消费者手中的进口方式。

跨境电商直邮进口交易业务流程，见图6-2。

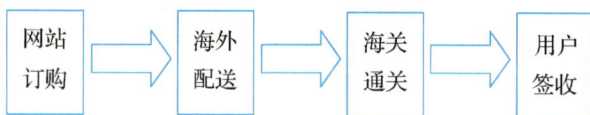

图6-2　跨境电商直邮进口交易业务流程

在直邮进口方式下，商品直接从供货商那里发送，不经第三方，直达消费者手中，能够最大限度地保持商品的原有外观，减少了假冒伪劣产品出现的可能。同时，由于没有第三方，通过此方式交易的商品在价格上具有一定的优势。对于跨境电商平台而言，直邮进口可以灵活地控制商品的数量，不会出现囤货爆仓等问题。

(二)跨境电商 B2C 进口的模式

1. 第三方平台模式

该模式主要体现为由电商平台作为第三方,集中海外各种品牌供应商,并与其签订跨境平台入驻协议。国内消费者在平台上下单后,电商平台进行统一订单处理,通知平台上的供货商根据订单发货给消费者。第三方平台的收入来源主要是入驻平台的供货商所交的入驻服务费和交易佣金。

第三方平台模式的问题主要集中在对上下游的管控能力较弱。因此,跨境进口零售电商平台应建立完善的交易及产品监管机制和消费者追踪服务机制,对上游的商户经营和产品质量进行长期、有效的监管,防止假货及恶意营销等问题的发生;对下游消费者的消费进行追踪服务,让消费者享受到平台的精细化服务。

2. 自营模式

在该模式下,由跨境电商自营团队亲自到海外进行商品采购,安排备货和存储,在线上平台进行销售,物流则采用保税仓发货和海外仓发货的方式。

自营模式的缺点在于运营成本较高,品类不够丰富。对此,跨境进口零售电商平台企业可通过扩大采购规模来降低成本,同时还要创新销售方式,通过预售等方式提前掌握消费者所需订单量,之后再进行精准采购,避免产生库存压力。在品类推广方面,可以开通消费者需求便捷通道,凭此完成平台商品品类的精准推广。

3. 混合模式

该模式结合了第三方平台和自营两种模式的特点,既为海外商家和消费者搭建商品信息交流平台,也销售自有商品。

混合模式的短板主要体现在两个渠道的同类商品竞争激烈,以及不同管理方式共存所造成的内部管理成本较高和资源的重复投入。因此,跨境进口零售电商平台企业应当将两种销售形式的优势进行整合,促进平台的协调发展。例如,合理分配自营渠道的产品和入驻商家的商品,形成相互补充的商品结构,或是将自营团队难以顾及的市场分配给入驻商家,由其来提供商品及服务,通过优势互补提升平台的整体竞争力。

(三)跨境电商 B2C 进口的通关模式

通关即结关、清关,是指进出口货物和转运货物进出入一国海关关境或国境必须办理的海关规定手续。只有在办理完海关申报、查验、征税、放行等手续后,货物才能放行,放行完毕即通关。

进口通关模式主要有快件清关、集货清关和备货清关三种。

1. 快件清关

在快件清关模式下,订单确认后,商品直接由国外供应商通过国际快递从境外邮寄至消费者手中,无海关单据。该种清关模式灵活,有业务时才发货,不需要提前备货;但与其他邮快件混在一起,物流通关效率较低,量大时成本会迅速上升。快件清关模式一般适合业务量较少、偶有零星订单的跨境电商。

2. 集货清关

在集货清关模式下,商家将多个已售出商品统一打包,通过国际物流运至国内的保税仓库,电商企业为每件商品办理海关通关手续,经海关查验放行后,由电商企业委托国内快递派送至消费者手中,每个订单附有海关单据。

3. 备货清关

在备货清关模式下，商家将境外商品批量备货至海关监管下的保税仓库，消费者下单后，电商企业根据订单为每件商品办理海关通关手续，在保税仓库完成贴面单和打包，经海关查验放行后，由电商企业委托国内快递派送至消费者手中，每个订单附有海关单据。

📅 **相关链接**

跨境电商直邮进口通关流程

1. 申报

申报是指货物的所有人或其代理人在货物进出境时向海关呈送规定的单证并申请查验、放行的手续。在进行商品申报前，电子商务企业、支付企业、物流企业应当分别通过跨境电商通关服务平台如实向海关传输交易、支付、物流等电子信息，"三单"匹配通过后，电子商务企业或其代理人(有清关资质的企业)应提交《申报清单》，采取"清单核放"方式办理报关手续。

2. 查验

海关为确定货物的品名、规格、成分、原产地、数量和价格是否与申报内容相符，对货物进行实际检查。所有包裹都需要在快件监管中心过 X 光机，海关通过同屏比对(对比 X 光图片和申报信息)进行查验，如有异常则拆箱检查。

3. 征税

海关征收的主要包括进口货物关税、海关代国家税务总局征收的增值税和消费税、个人物品行邮税。

4. 放行

放行是指经过审单、查验、征税、监管等环节后，对单货相符的货物和运输工具签印放行的监管行为。查验通过后，包裹由国内快递公司完成配送。

二、跨境电商 B2C 进口业务的核算

(一)保税区内交易的核算

增值税的征税范围是在中华人民共和国境内发生的销售或进口货物、应税劳务、应税服务、销售无形资产和销售不动产。保税区等同于一个"海外仓库"，区内企业不需要缴纳增值税。但如果货物离开保税区进入了国内市场，需要缴纳进口关税和增值税。

1. 保税区内完成交易时的核算

进口货物如果是在保税区内完成交易，转卖给保税区内其他客户时确认收入并结转成本。

借：应收账款——保税区客户
　　贷：主营业务收入
借：主营业务成本
　　贷：库存商品

2. 货物带离保税区时的核算

跨境电商企业如果准备将进口货物带离保税区并负责向海关申报进口的，在收到海关

进口增值税专用缴款书时应确认进口货物的税金成本和进口货物成本。

借：库存商品
　　应交税费——应交增值税（进项税额）
　　　贷：银行存款
借：库存商品
　　　贷：应付账款

(二)直邮进口的核算

在直邮进口方式下，跨境电商企业在采购阶段无须备货，只需要根据订购人的订单在海外采购货物，通过国际物流运到境内，海关通过后，再派送至消费者手中。订购人为纳税义务人，而跨境电商企业为代收代缴义务人，代为履行纳税义务。

📅 相关链接

跨境电商零售进口的税收政策及综合税的计算

1. 跨境电子商务零售进口的税收政策

(1)跨境电子商务零售进口商品的单次交易限值为 5 000 元人民币，个人年度交易限值为 26 000 元人民币。

(2)跨境电商零售进口商品按照货物征收关税和进口环节增值税、消费税，购买跨境电商零售进口商品的个人作为纳税义务人，实际交易价格(包括货物零售价格、运费和保险费)作为完税价格。

(3)在限值以内进口的跨境电商零售进口商品，关税税率暂设为 0%；进口环节增值税、消费税取消免征税额，暂按法定应纳税额的 70% 征收。

(4)完税价格超过 5 000 元人民币单次交易限值但低于 26 000 元人民币年度交易限值，且订单下仅一件商品时，可以自跨境电商零售渠道进口，按照货物税率全额征收关税和进口环节增值税、消费税，交易额计入年度交易总额；但年度交易总额超过年度交易限值的，应按一般贸易管理。

2. 跨境电商零售进口综合税的计算

(1)以 CIF 价格(含运费和保险费)成交的进口货物，如果申报价格符合规定的"成交价格"条件，则可直接计算出税款。单次交易限值为 5 000 元人民币，个人年度交易限值为人民币 26 000 元人民币，在限值以内关税税率暂设为 0%；进口环节增值税、消费税取消免征税额，暂按法定应纳税额的 70% 征收。

跨境电商综合税＝进口环节消费税×70%＋进口环节增值税×70%＋关税

(2)如果超过单次限值、累加后超过个人年度限值的单次交易，以及完税价格超过 5 000 元人民币限值的单个不可分割商品，均按照一般贸易方式全额征税；当商品交易价值超过限额，即单次大于 5 000 元人民币，或者全年累计大于 26 000 元人民币，再或者完税价格超过 5 000 元人民币限值的单个不可分割商品，就要按一般贸易进行全额征税。

跨境电商综合税＝关税＋进口环节增值税＋消费税

【工作实例 6-9】 甲客户从跨境网站中订购了一款价格为 200 元人民币的婴儿纸尿裤，

关税为0%，增值税税率为13%，按70%征收。客户共付款218.2元。

要求：根据以上经济业务，编制会计分录。

解析：

(1)确认收入时：

借：银行存款 200

　　贷：主营业务收入 200

(2)收到代缴税款时：

借：银行存款 18.2

　　贷：其他应付款——代缴跨境税款 18.2

(3)缴纳税款时：

借：其他应付款——代缴跨境税款 18.2

　　贷：银行存款 18.2

【课堂练习】 消费者王女士从跨境电商平台（与海关联网）上购买CIF价为700元人民币的进口化妆品。该化妆品的消费税税率为30%，增值税税率为13%，关税税率为0%，化妆品行邮税税率为50%。

要求：计算进口环节应缴纳的关税、消费税和增值税。

项目小结

亲爱的同学，你已经完成了项目六的学习，相信你已经掌握了跨境电商进口业务的含义、类型等相关知识。进口业务是跨境电商基本业务的重要组成部分，主要有B2B模式和B2C模式。B2B模式本质上属于传统的一般贸易，按其经营性质不同又可分为自营进口、代理进口和易货贸易三种。B2C模式是跨境电商通过跨境物流将货物从境外运送至境内消费者或保税区，并通过跨境电商平台完成交易的进口形式，有保税进口和直购（邮）进口两种形式。在学习过程中，对跨境电商B2B进口业务和跨境电商B2C进口业务加以区分，采用不同的账务处理。

下面请进入"项目训练"，一方面巩固项目六所学内容，另一方面为后续课程的学习打下坚实的基础。

项目训练

一、单项选择题

1. 根据我国现行制度，进口商品的国外进价一律以（　　）价格为基础。

　　A. FOB　　　　　B. CIF　　　　　C. CFR　　　　　D. EXW

2. 如果进口商品以CFR价格成交，完税价格的计算公式为（　　）。

　　A. CFR价格÷(1−保险费率)　　　　B. (CFR价格+运费)÷(1−保险费率)

　　C. CFR价格÷(1+保险费率)　　　　D. (CFR价格+运费)÷(1+保险费率)

3. 在进口商品采购过程中，不计入商品采购成本的项目是（　　）。

　　A. FOB价格　　B. 消费税　　　C. 增值税　　　D. 关税

4. A进出口公司进口甲商品，FOB价格30 000美元，为甲商品支付国外运费1 500

美元,保险费300美元,进口关税53 678元人民币,增值税税额55 218元人民币,支付甲商品国内运杂费1 500元人民币。(汇率为1美元＝6.20元人民币)。甲商品进口成本为(   )元。

    A. 197 160   B. 252 338   C. 363 296   D. 307 556

5. 自营进口商品销售,采用货到结算方式,企业应在(   )时确认销售收入。

    A. 收到银行转来付款结算单据,经审核符合合同规定

    B. 向国内客户销售出库

    C. 取得外运公司的船舶到港通知单

    D. 收到进口商品

6. 跨境电商从国外进口商品后进行内销,采用单到结算方式。下列说法正确的是(   )。

    A. 进口商品采购和销售核算是不同时进行的,这时进口商品采购成本已经归集完毕,因此能够同时结转成本

    B. 进口商品采购和销售核算是不同时进行的,这时进口商品采购成本尚未归集完毕,因此不能够同时结转成本

    C. 进口商品采购和销售核算是同时进行的,这时进口商品采购成本已经归集完毕,因此能够同时结转成本

    D. 进口商品采购和销售核算是同时进行的,这时进口商品采购成本尚未归集完毕,因此不能够同时结转成本

7. 我国A企业从法国进口货物一批,该批货物完税价格为800 000元人民币。货物到达口岸运抵仓库,支付运杂费10 000元人民币。该批货物的关税税率为60%,消费税税率为10%,增值税税率为13%。该批货物应缴纳的增值税税额为(   )元。

    A. 104 000   B. 105 300   C. 166 400   D. 184 889

8. 进口成交价格为FOB价,支付境外运费和保险费应(   )。

    A. 计入进口商品采购成本   B. 计入销售费用

    C. 冲减销售收入   D. 冲减采购成本

9. 跨境电商代理进口时,按照进口商品(   )价格及规定的代理手续费率收取代理手续费。

    A. FOB   B. CFR   C. CIF   D. EXW

10. 代理进口商品销售确认的条件是(   )。

    A. 开出代理费发票   B. 收到银行转来单据

    C. 收到进口货物   D. 进口商品出库

二、多项选择题

1. 进口合同的履行包括(   )。

    A. 申请开立信用证   B. 审核单据及付款赎单

    C. 报关及接货   D. 商品检验与索赔

2. 若对外合同是以离岸价成交的,应计入商品进价的有(   )。

    A. 国外进价   B. 佣金   C. 国内运杂费   D. 国外运杂费

3. 根据国家规定,凡是属于法定检验的进口商品,都必须在合同规定期限内由商检

机关检验。如果发现与合同有不符，可根据造成损失的原因及程度向（　　）提出索赔。

    A. 出口商　　　　　B. 运输公司　　　　　C. 保险公司　　　　　D. 加工企业

4. 应计入进口商品采购成本的进口税金包括（　　）。

    A. 消费税　　　　　B. 关税　　　　　C. 增值税　　　　　D. 城建税

5. 进口商品在进口环节应缴纳的税金主要有（　　）。

    A. 增值税（销项税额）　　　　　　　　B. 进口关税

    C. 增值税（进项税额）　　　　　　　　D. 消费税

6. 代理进口时，应遵循原则包括（　　）。

    A. 不垫付进口商品资金　　　　　　　　B. 不负担国内运杂费

    C. 不负担国外运费　　　　　　　　　　D. 不负担保险费

7. 在直邮模式前期的准备中，海关备案所需资料包括（　　）。

    A. 备案申请表　　　　　　　　　　　　B. 电商企业承诺书

    C. 境内企业资料　　　　　　　　　　　D. 企业质量诚信承诺书

8. 关于跨境电商零售进口税收政策，下列说法正确的有（　　）。

    A. 电子商务交易平台是代收代缴义务人

    B. 按照货物征收进口税

    C. 纳税人为购买跨境电商零售进口商品的个人

    D. 个人单次交易 2 000 元人民币以下的，免征进口消费税、增值税

9. 下列属于保税进口模式特点的有（　　）。

    A. 货物存放在海关监管场所，可以实现快速通关

    B. 发货地点为保税区

    C. 发货地点为国外

    D. 商品种类一般有限制

10. 下列属于直邮模式流程的有（　　）。

    A. 保税区仓储　　　　　　　　　　　　B. 国内快递派送

    C. 跨境电商网站　　　　　　　　　　　D. 跨境电商系统

三、判断题

1. 跨境电商进口后对内销售的结算方式有单到结算、货到结算和出库结算。（　　）

2. 进口货物的成交价格，因有不同的成交条件而有不同的价格形式。常用的价格条款有 FOB、CFR 和 CIF 三种。（　　）

3. 进口商品的进口增值税是商品采购成本的组成部分。（　　）

4. 跨境电商收到的能够直接认定的进口商品佣金应冲减商品的采购成本。（　　）

5. 出库结算核算的特点是进口商品采购成本已经归集完毕，商品销售时，可以同时结转销售成本。（　　）

6. 商家将境外商品批量备货至海关监管下的保税仓库，消费者下单后，电商企业根据订单为每件商品办理海关通关手续，在保税仓库完成贴面单和打包，经海关查验放行后，由电商企业委托国内快递派送至消费者手中。这种清关模式为集货清关。（　　）

7. 跨境电商自营团队亲自到海外进行商品采购，安排备货，在线上平台进行销售，物流采用保税仓发货和海外仓发货的方式。这种经营方式称为自营模式。（　　）

8.跨境电商零售进口商品消费者(订购人)为纳税义务人。 （　　）

9.当商品交易价值超过限额，即单次大于5 000元人民币，或者全年累计大于26 000元人民币，再或者完税价格超过5 000元人民币限值的单个不可分割商品，就要按一般贸易进行全额征税。 （　　）

四、业务核算题

1.顺通进出口公司为增值税一般纳税人，记账本位币为人民币，对外交易采用期初汇率折算。该公司从美国进口高档护肤品一批，FOB价为60 000美元，采用即期跟单信用证结算。假设进口护肤品关税税率为12%，消费税税率为10%，增值税税率为13%，业务发生当期期初的即期汇率为1美元＝6.80元人民币。该公司发生以下经济业务。

(1)3月22日，根据进口合同申请开立信用证，将外汇存款60 000美元转入信用证保证金存款账户。

(2)4月10日，收到通知行转来的该信用证项下全套结算单据，审核无误后，从信用证保证金账户对外支付60 000美元货款。

(3)4月15日，取得船公司开来的海运费发票，用外汇存款4 000美元支付境外海运保险费。

(4)4月15日，取得保险公司开来的海运保险费发票，用外汇存款160美元支付海运保险费。

(5)4月18日，收到外商转来佣金120美元，存入银行。

(6)4月23日，办理进口商品进口报关手续，计算并缴纳关税、消费税、增值税。

(7)4月25日，取得国内运输公司开具的运输业增值税专用发票，用人民币存款支付进口商品国内运费6 780元人民币(含增值税)。

(8)4月26日，进口商品验收入库，取得业务部门转来的进口商品验收入库单。

要求：根据以上经济业务，编制会计分录。

2.上海通达进出口公司从美国进口商品一批，重量为250吨，合同规定FOB价为每吨70美元，关税税率为20%，增值税税率为13%，对内销售为每吨900元人民币(不含税)，国外运费和保险费共计200美元。当日汇率为1美元＝6.12元人民币。

要求：分别按单到结算、货到结算和出库结算三种方式进行会计核算。

3.4月24日，通发进出口公司从美国购进高档护肤品，对内销售给国内客户百新公司，不含税售价为700 000元人民币，增值税税率为13%，内销合同规定采用单到结算。高档护肤品FOB价格为50 000美元，进口关税为43 631.76元人民币，进口消费税为45 247.75元人民币，进口增值税为58 822.08元人民币。商品运到时，商检局出具商品检验证明书，证明该批高档护肤品为不合格产品。经与美国出口商联系后，同意作退货处理。该公司发生以下经济业务。

(1)5月12日，垫付退还美国出口商该批高档护肤品国外运费1 600美元，保险费120美元。当日汇率为1美元＝6.21元人民币。

(2)5月12日，将该批高档护肤品作进货退出处理，并向税务部门申请退还已支付的进口关税。当日汇率为1美元＝6.21元人民币。

(3)5月12日，作销货退回处理，开出红字增值税专用发票，假设货款已入账。应退回百新公司货款700 000元人民币，增值税税额91 000元人民币。

(4)5月16日，收到美国出口商退回的货款及代理费用 51 720 美元，存入外汇账户。当日汇率为 1 美元＝6.23 元人民币。

(5)5月18日，签发转账支票，支付百新公司退货款 791 000 元人民币。

(6)5月31日，收到税务机关退还的进口关税、消费税和增值税。

要求：根据以上经济业务，编制会计分录。

4.7月，天津盛昌进出口公司从美国华盛顿购进黑豆 150 吨，以 CIF 价格计价，每吨为 225 美元，佣金为 1 500 美元（当日汇率为 1 美元＝6.78 元人民币）。进口缴纳关税 17 500 元人民币，缴纳增值税 63 091.6 元人民币。这批黑豆采用单到结算方式，已经以每吨 2 100 元人民币的价格销售给福泰食品厂，货款 630 000 元人民币，增值税 81 900 元人民币，款已收妥入账。7月31日，黑豆到达港口，检验中发现黑豆已霉烂变质。该公司发生以下经济业务。

(1)8月5日，经查黑豆霉烂变质为出口商责任，向外商提出索赔。经协商，外商同意赔偿 3 250 美元。当日汇率为 1 美元＝6.58 元人民币。

(2)8月8日，申请退还进口关税。

(3)8月20日，收到美国华盛顿公司付来的赔偿款 3 250 美元。当日汇率为 1 美元＝6.78 元人民币。

(4)8月30日，收到税务机关退还变质黑豆的关税和增值税。

要求：根据以上经济业务，编制会计分录。

5. 长江进出口公司接受国内华兴工厂委托进口一批材料，合同 FOB 价为 15 000 美元，国外运输费、保险费共计 150 美元，关税税率为 10%，增值税税率为 13%，银行手续费为 100 元人民币，外运劳务费为 900 元人民币，手续费率为 2%。该公司发生以下经济业务。

(1)10月5日，收到委托单位预付进口外汇 10 000 美元。当日汇率为 1 美元＝6.21 元人民币。

(2)10月8日，收到进口单证后向国外公司支付货款。

(3)10月8日，支付代理进口商品的国外运输费、保险费。当日汇率为 1 美元＝6.22 元人民币。

(4)10月11日，支付代理进口商品关税、代理进口商品的增值税。

(5)10月12日，支付代理进口商品的银行手续费、外运劳务费。

(6)10月16日，向委托单位结算代理费。

要求：根据以上经济业务，编制会计分录。

五、案例分析题

2020 至 2021 年，漳州市 A 食品有限公司委托厦门 B 报关有限公司，以一般贸易方式向海关申报进口 7 票越南产芒果干。经海沧海关查实，7 票进口芒果干申报价格低于实际价格，经查证确认的低报价格合计 595 094.11 元人民币。海关对涉事公司进一步深入调查发现，2020 年，漳州市 A 食品有限公司委托厦门 B 报关有限公司以一般贸易方式向海关申报进口的 30 票柬埔寨产芒果干，经海沧海关查实，申报价格均低于实际价格，30 票进口芒果干低报价格合计 1 667 560.60 元人民币。经海关计核，上述 37 票进口芒果干偷逃应纳税款 546 596.46 元人民币。当事人通过低报价格方式偷逃应纳税款，被认定构成走私行为。

　　根据进口报关单及随附单证、记账明细、相关银行转账记录、对外付汇凭证、账册资料等证据，依照《中华人民共和国海关行政处罚实施条例》第七条第(二)项、第九条第一款第(三)项规定，海沧海关决定对漳州市A食品有限公司作出如下行政处罚：没收低报价格部分走私芒果干。因走私货物已全部在国内加工销售无法没收，依照《中华人民共和国海关行政处罚实施条例》第五十六条之规定，决定对当事人追缴等值价款4 204 588.15元人民币。

　　《中华人民共和国海关法》第二十四条第一款规定："进口货物的收货人、出口货物的发货人均应当向海关如实申报，交验进出口许可证件和有关单证。国家限制进出口的货物，没有进出口许可证件的，不予放行，具体处理办法由国务院规定。"在商品的进出口贸易中，企业必须严格遵守海关相关法律法规，确保货物的真实性和合规性。

　　分析：A公司构成哪些违法事实？需要承担哪些法律后果？

项目七
跨境电商企业会计报表的编制

职业能力目标

1. 了解跨境电商企业会计报表的种类和作用。
2. 掌握跨境电商企业资产负债表的编制。
3. 理解跨境电商企业利润表的内容、格式和编制。
4. 了解跨境电商企业对内报表的种类和编制。

典型工作任务

1. 能够进行跨境电商企业资产负债表的编制。
2. 能够进行跨境电商企业利润表的编制。
3. 能够进行跨境电商企业对内报表的编制。

相关案例导入

阿里巴巴2023财年三季报：海外电商、菜鸟营收同比大幅增长

2月23日晚，阿里巴巴集团公布2023财年第三季度(自然年2022年第四季度)业绩。该季度收入为2 477.56亿元，同比增长2%。

总体来看，第三财季阿里的海外电商数字商业板块、菜鸟及本地生活板块的收入增长，抵消了核心电商业务中国数字商业板块的收入下降。

具体到业务层面，该季度阿里中国数字商业板块实现收入1 699.86亿元，同比下降1%。淘宝天猫线上实物商品交易总额(剔除未支付订单)同比单位数下降。阿里在财报中解释称，主要下降原因包括时尚、配饰类目的需求疲软，但医疗保健、宠物护理和生鲜产品的增长及消费电子类目的降幅减小，部分抵消了商品交易总额的下降。

阿里最为核心的"客户管理"收入在本季度仅为913.44亿元，同比上一年的1 000.89亿元直接减少了9%，即87.45亿元。

中国核心商业板块中，直营业务10%的幅度增长保证了板块收入的稳定。依靠强履约服务，阿里巴巴第三财季自营和其他收入同比增长10%，其中盒马和阿里健康为主要驱动力。

截至2022年12月31日，在淘宝和天猫消费超过1万元的消费者人数维持在约1.24亿，并有98%的留存率。

数据显示，海外电商业务率先迎来复苏周期。受"双11"、世界杯、"黑色星期五"等多重海外消费旺季叠加因素带动，第三财季阿里海外数字商业板块实现收入194.65亿元，同比增长幅度达到18%。

企业发布的财务报告，是决策者获取企业经营信息的主要来源。为了使跨境电商企业决策者能够有效地分析跨境电商企业的生产经营状况、财务状况和现金流量，并据以作出决策，财务工作人员必须掌握跨境电商企业财务报表的主要内容和编制要求，以便为决策者提供准确的信息。

思考： 跨境电商企业对外发布的财务报告有几种类型？分别提供了哪些信息？

▶ 任务一　对外报表的编制

一、资产负债表的编制

(一)资产负债表的概念与作用

资产负债表(balance sheet)是指反映企业在某一特定日期的财务状况的报表。资产负债表可以反映企业在某一特定日期所拥有或控制的经济资源、所承担的现时义务和所有者对净资产的要求权，帮助财务报表使用者全面了解企业的财务状况，分析企业的偿债能力等情况，从而为其作出经济决策提供依据。

(二)资产负债表的内容与格式

1. 资产负债表的内容

资产负债表的内容包括资产(assets)、负债(liabilities)、所有者权益(owner's equity)三个部分，以"资产＝负债＋所有者权益"为编制基础。

资产负债表一般有表首、正表两部分。表首概括地说明报表名称、编制单位、编制日期、报表编号、货币名称、计量单位等。正表是资产负债表的主体，列示了用以说明企业财务状况的各个项目。

(1)资产。资产应当按照流动资产和非流动资产两大类别在资产负债表中列示。在流动资产和非流动资产类别下进一步按性质分项列示。

①资产负债表中列示的流动资产项目，通常包括货币资金、交易性金融资产、应收票据、应收账款、预付款项、应收利息、应收股利、其他应收款、存货和一年内到期的非流动资产等。

②资产负债表中列示的非流动资产项目，通常包括长期股权投资、固定资产、在建工程、工程物资、固定资产清理、无形资产、开发支出、长期待摊费用及其他非流动资产等。

(2)负债。负债应当按照流动负债和非流动负债两大类别在资产负债表中列示。在流动负债和非流动负债类别下进一步按性质分项列示。

①资产负债表中列示的流动负债项目，通常包括短期借款、应付票据、应付账款、预收款项、应付职工薪酬、应交税费、应付利息、应付股利、其他应付款、流动负债等。

②资产负债表中列示的非流动负债项目，通常包括长期借款、应付债券、长期应付

款、递延收益及其他非流动负债等。

（3）所有者权益。所有者权益一般按照实收资本（或股本）、其他权益工具、资本公积、其他综合收益、盈余公积和未分配利润分项列示。

2. 资产负债表的格式

资产负债表的格式有账户式和报告式两种。我国企业的资产负债表采用账户式结构，即资产负债表分为左方和右方，左方列示企业的各项资产，右方列示企业的各项负债和所有者权益，报表左方的资产总计与报表右方的负债和所有者权益总计应相等。

（三）资产负债表的编制方法

1. "年初余额"的填列方法

资产负债表中的"年初余额"栏内各项数字，应根据上年末资产负债表中的"期末余额"栏内所列数字填列。如果上年度资产负债表规定的各个项目的名称和内容与本年度不一致，应对上年年末资产负债表各项目的名称和数字按照本年度的规定进行调整，填入"年初余额"栏内。

2. "期末余额"的填列方法

我国企业资产负债表各项目数据的来源，主要通过以下几种方式取得。

（1）根据总账科目余额填列。例如，"短期借款""资本公积"等项目，根据"短期借款""资本公积"各总账科目的余额直接填列。有些项目则需要根据几个总账科目的余额计算填列，如"货币资金"项目，需要根据"库存现金""银行存款""其他货币资金"三个总账科目的余额合计填列。

（2）根据明细账科目余额计算填列。例如，"应付账款"项目，需要根据"应付账款"和"预付账款"两个科目所属的相关明细科目的期末贷方余额计算填列；"预付款项"项目，需要根据"应付账款"科目和"预付账款"科目所属的相关明细科目的期末借方余额减去与"预付账款"有关的坏账准备的贷方余额计算填列；"预收款项"项目，需要根据"应收账款"科目和"预收账款"科目所属相关明细科目的期末贷方余额合计填列；"开发支出"项目，需要根据"研发支出"科目所属的"资本化支出"明细科目的期末余额计算填列；"应付职工薪酬"项目，需要根据"应付职工薪酬"明细科目的期末余额计算填列；"一年内到期的非流动资产""一年内到期的非流动负债"项目，需要根据相关非流动资产和非流动负债项目的明细科目的余额计算填列。

（3）根据总账科目和明细科目余额分析计算填列。资产负债表中的部分项目，需要依据总账科目和明细科目两者的余额分析填列。例如，"长期借款"项目，应根据"长期借款"总账科目的余额扣除"长期借款"科目所属的明细科目中将在资产负债表日起一年内到期且企业不能自主地将清偿义务展期的长期借款后的金额填列。

（4）根据有关科目余额减去其备抵科目余额后的净额填列。例如，资产负债表中的"应收账款""长期股权投资"等项目，应根据"应收账款""长期股权投资"等科目的期末余额减去"坏账准备""长期股权投资减值准备"等科目余额后的净额填列；"固定资产"项目，应根据"固定资产"科目期末余额减去"累计折旧""固定资产减值准备"科目余额后的净额填列；"无形资产"项目，应根据"无形资产"科目期末余额减去"累计摊销""无形资产减值准备"科目余额后的净额填列。

（5）综合运用上述填列方法分析填列。例如，资产负债表中的"存货"项目，需要根据

"原材料""库存商品""委托加工物资""周转材料""材料采购""在途物资""发出商品""材料成本差异"等总账科目期末余额的分析汇总数，再减去"存货跌价准备"备抵科目余额后的金额填列。

3. 主要项目填列说明

(1)"货币资金"项目。根据"库存现金""银行存款""其他货币资金"账户期末余额的合计数填列。

【工作实例 7-1】　2023 年 12 月 31 日，海虹服装进出口公司"库存现金"科目余额为 0.15 万元，"银行存款"科目余额为 110.9 万元，"其他货币资金"科目余额为 95 万元。2023 年 12 月 31 日，海虹服装进出口公司资产负债表中"货币资金"项目"期末余额"栏的列报金额＝0.15＋110.9＋95＝206.05（万元）。

(2)"交易性金融资产"项目。根据"交易性金融资产"科目的相关明细科目期末余额分析填列。

【工作实例 7-2】　2023 年 12 月 31 日，海虹服装进出口公司"交易性金融资产"科目余额为 110 万元。该交易性金融资产未超过一年到期，直接填列"交易性金融资产"项目的期末余额。

(3)"应收票据"项目。根据"应收票据"科目的期末余额，减去"坏账准备"科目中相关坏账准备期末余额后的金额分析填列。

【工作实例 7-3】　2023 年 12 月 31 日，海虹服装进出口公司"应收票据"科目余额为 500 万元，"坏账准备"科目贷方余额中有关应收票据计提的坏账准备余额为 11 万元。2023 年 12 月 31 日，海虹服装进出口公司资产负债表中"应收票据"项目"期末余额"栏的列报金额＝500－11＝489（万元）。

(4)"应收账款"项目。根据"应收账款"科目的期末余额，减去"坏账准备"科目中相关坏账准备的期末余额，再加上"应收外汇账款"科目期末余额后的金额填列。

【工作实例 7-4】　2023 年 12 月 31 日，海虹服装进出口公司"应收账款"科目借方余额为 2 000 万元，"应收外汇账款"科目借方余额为 1 500 万元，"坏账准备"科目贷方余额中有关应收账款计提的坏账准备余额为 54 万元。2023 年 12 月 31 日，海虹服装进出口公司资产负债表中"应收账款"项目"期末余额"栏的列报金额＝2 000＋1 500－54＝3 446（万元）。

(5)"预付款项"项目。根据"预付账款"和"应付账款"科目所属各明细科目的期末借方余额合计数，减去"坏账准备"科目中有关预付账款计提的坏账准备期末余额后的净额填列。如果"预付账款"科目所属明细科目期末为贷方余额，应在资产负债表的"应付账款"项目内填列。

【工作实例 7-5】　2023 年 12 月 31 日，海虹服装进出口公司"预付账款"科目所属各明细的借方余额为 300 万元，"坏账准备"科目的贷方余额中有关预付账款计提的坏账准备余额为 0 万元。2023 年 12 月 31 日，海虹服装进出口公司资产负债表中"预付款项"项目"期末余额"栏的列报金额为 300 万元。

(6)"其他应收款"项目。根据"应收利息""应收股利""其他应收款"科目的期末余额合计数，减去"坏账准备"科目中相关坏账准备期末余额后的金额填列。

【工作实例 7-6】　2023 年 12 月 31 日，海虹服装进出口公司"其他应收款"科目的期末余额为 15 万元。2023 年 12 月 31 日，海虹服装进出口公司资产负债表中"其他应收款"项目"期末余额"栏的列报金额为 15 万元。

(7)"存货项目"。根据"材料采购""原材料""发出商品""库存商品""周转材料""委托加工物资""受托代销商品"等账户的期末余额合计，减去"受托代销商品款""存货跌价准备"账户期末余额后的金额填列。材料采用计划成本核算及库存商品采用计划成本核算或售价核算的企业，还应按加或减材料成本差异、商品进销差价后的净额填列。

【工作实例 7-7】 2023 年 12 月 31 日，海虹服装进出口公司有关科目余额如下："库存商品"科目借方余额 1 175 万元，"委托加工物资"科目借方余额 200 万元，"存货跌价准备"科目贷方余额 100 万元。2023 年 12 月 31 日，海虹服装进出口公司资产负债表中"存货"项目"期末余额"栏的列报金额＝1 175＋200－100＝1 275（万元）。

(8)"一年内到期的非流动资产"项目。根据有关科目的期末余额分析填列。

(9)"债权投资"项目。根据"债权投资"科目的相关明细科目期末余额，减去"债权投资减值准备"科目中相关减值准备的期末余额后的金额分析填列。

(10)"其他债权投资"项目。根据"其他债权投资"科目的相关明细科目期末余额分析填列。

(11)"长期应收款"项目。根据"长期应收款"科目的期末余额，减去相应的"未实现融资收益"科目和"坏账准备"科目所属相关明细科目期末余额后的金额填列。

(12)"长期股权投资"项目。根据"长期股权投资"科目的期末余额，减去"长期股权投资减值准备"科目期末余额后的净额填列。

【工作实例 7-8】 2023 年 12 月 31 日，海虹服装进出口公司"长期股权投资"科目的期末余额为 1 200 万元，对应的"长期股权投资减值准备"科目期末余额为 200 万元。2023 年 12 月 31 日，海虹服装进出口公司资产负债表中"长期股权投资"项目"期末余额"栏的列报金额为 1 000 万元。

(13)"其他权益工具投资"项目。根据"其他权益工具投资"科目的期末余额填列。

(14)"固定资产"项目。根据"固定资产"科目的期末余额，减去"累计折旧"和"固定资产减值准备"科目的期末余额后的金额填列。

【工作实例 7-9】 2023 年 12 月 31 日，海虹服装进出口公司"固定资产"科目借方余额为 8 400 万元，"累计折旧"科目贷方余额为 870 万元，"固定资产减值准备"科目贷方余额为 148 万元。2023 年 12 月 31 日，海虹服装进出口公司资产负债表中"固定资产"项目"期末余额"栏的列报金额＝8 400－870－148＝7 382（万元）。

(15)"在建工程"项目。根据"在建工程"科目的期末余额，减去"在建工程减值准备"科目的期末余额后的金额，以及"工程物资"科目的期末余额，减去"工程物资减值准备"科目的期末余额后的金额填列。

【工作实例 7-10】 2023 年 12 月 31 日，海虹服装进出口公司"在建工程"科目借方余额为 218 万元，未计提减值准备。2023 年 12 月 31 日，海虹服装进出口公司资产负债表中"在建工程"项目"期末余额"栏的列报金额为 218 万元。

(16)"使用权资产"项目。根据"使用权资产"科目的期末余额，减去"使用权资产累计折旧"和"使用权资产减值准备"科目的期末余额后的净额填列。

(17)"无形资产"项目。根据"无形资产"账户的期末余额，减去"累计摊销"和"无形资产减值准备"科目期末余额后的净额填列。

【工作实例 7-11】　2023 年 12 月 31 日，海虹服装进出口公司"无形资产"科目借方余额为 700 万元，"累计摊销"科目贷方余额为 200 万元，"无形资产减值准备"科目贷方余额为 50 万元。2023 年 12 月 31 日，海虹服装进出口公司资产负债表中"无形资产"项目"期末余额"栏的列报金额＝700－200－50＝450（万元）。

(18)"开发支出"项目。根据"研发支出"账户中所属的"资本化支出"明细账户期末余额填列。

【工作实例 7-12】　2023 年 12 月 31 日，海虹服装进出口公司"研发支出——资本化支出"科目的借方余额为 100 万元。2023 年 12 月 31 日，海虹服装进出口公司资产负债表中"开发支出"项目"期末余额"栏的列报金额为 100 万元。

(19)"长期待摊费用"项目。根据"长期待摊费用"账户的期末余额扣除将于一年内（含一年）摊销的数额后的金额填列。

(20)"其他非流动资产"项目。反映企业除上述非流动资产以外的其他非流动资产，应根据有关科目的期末余额填列。

(21)"短期借款"项目。根据"短期借款"账户的期末余额，加上"短期外汇借款"账户的期末余额后的金额填列。

【工作实例 7-13】　2023 年 12 月 31 日，海虹服装进出口公司"短期借款"科目的余额如下：人民币借款 310 万元，外汇借款 40 万元。2023 年 12 月 31 日，海虹服装进出口公司资产负债表中"短期借款"项目"期末余额"栏的列报金额＝310＋40＝350（万元）。

(22)"交易性金融负债"项目。根据"交易性金融负债"科目的相关明细科目期末余额填列。

(23)"应付票据"项目。根据"应付票据"账户的期末余额填列。

【工作实例 7-14】　2023 年 12 月 31 日，海虹服装进出口公司"应付票据"科目的贷方余额如下：85 万元的银行承兑汇票，50 万元的商业承兑汇票。2023 年 12 月 31 日，海虹服装进出口公司资产负债表中"应付票据"项目"期末余额"栏的列报金额＝85＋50＝135（万元）。

(24)"应付款项"项目。根据"应付账款"和"预付账款"科目所属各明细账户的期末贷方余额合计数，加上"应付外汇账款"账户的期末贷方余额后的金额填列。

【工作实例 7-15】　2023 年 12 月 31 日，海虹服装进出口公司"应付账款"科目贷方余额为 941.85 万元，"应付外汇账款"科目贷方余额为 500 万元。2023 年 12 月 31 日，海虹服装进出口公司资产负债表中"应付账款"项目"期末余额"栏的列报金额为 941.85＋500＝1 441.85（万元）。

(25)"预收款项"项目。根据"预收账款"和"应收账款"科目所属各明细科目的期末贷方余额合计数，加上"预收外汇账款"账户的期末贷方余额后的金额填列。

【工作实例 7-16】　2023 年 12 月 31 日，海虹服装进出口公司"预收账款"科目贷方余额为 230 万元，"预收外汇账款"科目贷方余额 130 万元。2023 年 12 月 31 日，海虹服装进出口公司资产负债表中"预收款项"项目"期末余额"栏的列报金额为 230＋130＝360（万元）。

(26)"应付职工薪酬"项目。根据"应付职工薪酬"科目所属各明细科目的期末贷方余额分析填列。

【工作实例 7-17】　2023 年 12 月 31 日，海虹服装进出口公司"应付职工薪酬"科目明细项目如下：工资 170 万元，社会保险费（含医疗保险、工伤保险）14.1 万元，设定提存计划（含基本养老保险费）12.5 万元，住房公积金 12 万元，工会经费 11.4 万元。2023 年 12 月 31 日，海虹服装进出口公司资产负债表中"应付职工薪酬"项目"期末余额"栏的列报金额＝170＋14.1＋12.5＋12＋11.4＝220（万元）。

（27）"应交税费"项目。根据"应交税费"科目的期末贷方余额填列。需要说明的是，"应交税费"科目下的"应交增值税""未交增值税""待抵扣进项税额""待认证进项税额""增值税留抵税额"等明细科目的期末借方余额应根据情况，在资产负债表中的"其他流动资产"或"其他非流动资产"项目列示；"应交税费——待转销项税额"等科目的期末贷方余额应根据情况，在资产负债表中的"其他流动负债"或"其他非流动负债"项目列示；"应交税费"科目下的"未交增值税""简易计税""转让金融商品应交增值税""代扣代交增值税"等科目的期末贷方余额应在资产负债表中的"应交税费"项目列示。

（28）"其他应付款"项目。根据"应付利息""应付股利""其他应付款"科目的期末余额合计数填列。

【工作实例 7-18】　2023 年 12 月 31 日，海虹服装进出口公司"应付利息"科目贷方期末余额为 5 万元，"应付股利"科目贷方期末余额为 250 万元，"其他应付款"科目贷方期末余额为 55 万元。2023 年 12 月 31 日，海虹服装进出口公司资产负债表中"其他应付款"项目"期末余额"栏的列报金额＝5＋250＋55＝310（万元）。

（29）"一年内到期的非流动负债"项目。根据有关科目的期末余额分析填列。

（30）"长期借款"项目。根据"长期借款"账户的期末余额，加上"长期外汇借款"账户的期末余额后的金额填列。

（31）"应付债券"项目。根据"应付债券"账户的期末余额填列。

（32）"长期应付款"项目。根据"长期应付款"科目的期末余额，减去相关的"未确认融资费用"科目的期末余额后的金额，以及"专项应付款"科目的期末余额填列。

（33）"预计负债"项目。根据"预计负债"科目的期末余额填列。

（34）"递延收益"项目。根据"递延收益"科目的期末余额填列。

（35）"其他非流动负债"项目。根据有关科目期末余额，减去将于一年内（含一年）到期偿还数后的余额分析填列。

（36）"实收资本（或股本）"项目。根据"实收资本（或股本）"账户的期末余额填列。

【工作实例 7-19】　海虹服装进出口公司是由甲公司于 2020 年 3 月 1 日注册成立的有限责任公司，注册资本为 2 000 万元。甲公司以货币资金 2 000 万元出资，持有海虹服装进出口公司 100% 的权益。上述实收资本已于 2020 年 3 月 1 日经相关会计师事务所出具的验资报告验证。2023 年 12 月 10 日，海虹服装进出口公司重新办理了公司注册手续，注册资本由 2 000 万元变更为 5 000 万元。

（37）"资本公积"项目。根据"资本公积"账户的期末余额填列。

【工作实例 7-20】　2023 年 12 月 31 日，海虹服装进出口公司"资本公积"科目的期末余额为 3 600 万元。2023 年 12 月 31 日海虹服装进出口公司资产负债表中"资本公积"项目"期末余额"栏的，列报金额为 3 600 万元。

（38）"盈余公积"项目。根据"盈余公积"账户的期末余额填列。

【工作实例 7-21】　2021 年 12 月 31 日，海虹服装进出口公司"盈余公积"科目的期末余额为 213 万元。2023 年 12 月 31 日海虹服装进出口公司资产负债表中"盈余公积"项目"期末余额"栏的列报金额为 213 万元。

（39）"未分配利润"项目。在编制中期会计报表时，应根据"本年利润"科目和"利润分配"科目的余额计算填列；在编制年度会计报表时，应根据"利润分配——未分配利润"科目的余额直接填列，也可以利用表间的勾稽关系，从所有者权益变动表（或股东权益变动表）中得到。若为累计未弥补的亏损，在本项目内以"－"号填列。

【工作实例 7-22】 2023 年 12 月 31 日，海虹服装进出口公司"利润分配——未分配利润"科目的期末贷方余额为 829 万元。2023 年 12 月 31 日，海虹服装进出口公司资产负债表中"未分配利润"项目"期末余额"栏的列报金额为 829 万元。

（四）资产负债表编制举例

【工作实例 7-23】 根据【工作实例 7-1】至【工作实例 7-22】中的内容，海虹服装进出口公司 2023 年 12 月 31 日的资产负债表（简表），见表 7-1。假定海虹服装进出口公司为一般纳税人，适用的增值税税率为 13%，所得税税率为 25%。

表 7-1 资产负债表（简表）

编制单位：海虹服装进出口公司　　　　　　2023 年 12 月 31 日　　　　　　金额单位：元

资　　产	期末余额	上年年末余额	负债和所有者权益（或股东权益）	期末余额	上年年末余额
流动资产：		（略）	流动负债：		（略）
货币资金	2 060 500		短期借款	3 500 000	
交易性金融资产	1 100 000		交易性金融负债		
衍生金融资产			衍生金融负债		
应收票据	4 890 000		应付票据	1 350 000	
应收账款	34 460 000		应付账款	14 418 500	
应收款项融资			预收款项	3 600 000	
预付款项	3 000 000		合同负债		
其他应收款	150 000		应付职工薪酬	2 200 000	
存货	12 750 000		应交税费	3 500 000	
合同资产			其他应付款	3 100 000	
持有待售资产			持有待售负债		
一年内到期的非流动资产			一年内到期的非流动负债		
其他流动资产			其他流动负债		
流动资产合计	58 410 500		流动负债合计	31 668 500	
非流动资产：		（略）	非流动负债：		（略）
债权投资			长期借款	14 000 000	
其他债权投资			应付债券	5 000 000	

续表

资 产	期末余额	上年年末余额	负债和所有者权益（或股东权益）	期末余额	上年年末余额
长期应收款			其中：优先股		
长期股权投资	10 000 000		永续债		
其他权益工具投资			租赁负债		
其他非流动金融资产			长期应付款	2 822 000	
投资性房地产			预计负债		
固定资产	73 820 000		递延收益		
在建工程	2 180 000		递延所得税负债		
生产性生物资产			其他非流动负债		
油气资产			非流动负债合计	21 822 000	
使用权资产			负债合计	53 490 500	
无形资产	4 500 000		所有者权益（或股东权益）：		（略）
开发支出	1 000 000		实收资本（或股本）	50 000 000	
商誉			其他权益工具		
长期待摊费用			其中：优先股		
递延所得税资产			永续债		
其他非流动资产			资本公积	36 000 000	
非流动资产合计	91 500 000		减：库存股		
			其他综合收益		
			专项储备		
			盈余公积	2 130 000	
			未分配利润	8 290 000	
			所有者权益（或股东权益）合计	96 420 000	
资产总计	149 910 500		负债和所有者权益（或股东权益）总计	149 910 500	

单位负责人：夏志　　　　　　财务负责人：杜鹃　　　　　　制表人：王非

二、利润表的编制

（一）利润表的概念与作用

利润表（profit statement）是总括地反映企业在一定时期（月份、季度、年度）经营成果的报表。它是根据"收入－费用＝利润"这一等式，把企业一定会计期间的收入与其同一会计期间相关的费用进行配比，计算出企业一定时期的净利润（或净亏损）。需要说明的是，由于收入不包括处置固定资产净收益等，费用不包括处置固定资产净损失等，因此，收入和费用都需要经过调整。

通过提供利润表，可以从总体上反映企业在一定会计期间收入、费用、利润（或亏损）的数额及构成情况；同时，通过利润表提供的不同时期的比较数字（本期金额和上期金额），可以帮助财务报表使用者全面了解企业的经营成果，分析企业的获利能力及盈利趋势，了解投资者投入资本的保值或增值情况，从而为其作出经济决策提供依据。由于利润表既是企业经营业绩的综合体现，又是企业进行利润分配的主要依据，因此，利润表是会计报表中的主要报表之一。

（二）利润表的格式与内容

利润表通过一定的表格来反映企业的经营成果。目前，比较普遍使用的利润表格式有多步式利润表和单步式利润表两种。根据《企业会计准则第 30 号——财务报表列报》的相关解释规定，我国企业的利润表采用多步式格式。

（三）利润表的编制方法

1. 利润表的编制要求

利润表中一般应单独列报的项目主要有"营业利润""利润总额""净利润""其他综合收益"的税后净额、"综合收益"总额和"每股收益"等。其中：①"营业利润"单独列报的项目包括"营业收入""营业成本""税金及附加""销售费用""管理费用""研发费用""财务费用""信用减值损失""资产减值损失""其他收益""投资收益""公允价值变动收益""资产处置收益等"；②"利润总额"项目为"营业利润"加上"营业外收入"减去"营业外支出"；③"净利润"项目为"利润总额"减去"所得税费用"，包括"持续经营净利润"和"终止经营净利润"等项目；④"其他综合收益"的税后净额包括不能重分类进损益的"其他综合收益"和将重分类进损益的"其他综合收益"等项目；⑤"综合收益"总额为"净利润"加上"其他综合收益"的税后净额；⑥"每股收益"包括"基本每股收益"和"稀释后每股收益"两项项目。

利润表各项目需填列"本期金额"和"上期金额"两栏。其中，"本期金额"栏内各期数字，除"基本每股收益"和"稀释每股收益"项目外，应当按照相关科目的发生额分析填列；"上期金额"栏内各项数字，应当根据上年该期利润表的"本期金额"栏内所列数字填列。例如，"营业收入"项目，根据"主营业务收入""其他业务收入"科目的发生额分析计算填列；"营业成本"项目，根据"主营业务成本""其他业务成本"科目的发生额分析计算填列。

2. 利润表项目的填列方法

利润表中的"本期金额"栏的填列方法，一般应根据损益类科目和所有者权益类有关科目的发生额填列。

（1）"营业收入"项目。根据"主营业务收入——自营出口销售收入""主营业务收入——自营进口销售收入"和"其他业务收入"账户的净发生额分析填列。

【工作实例 7-24】　海虹服装进出口公司 2023 年度"主营业务收入"科目发生额合计 5 120 万元。海虹服装进出口公司 2023 年度利润表中"营业收入"项目"本期金额"栏的列报金额为 5 120 万元。

（2）"营业成本"项目。根据"主营业务成本——自营出口销售成本""主营业务成本——自营进口销售成本"和"其他业务成本"账户的净发生额分析填列。

【工作实例 7-25】　海虹服装进出口公司 2023 年度"主营业务成本"科目发生额合计

2 680万元。海虹服装进出口公司2023年度利润表中"营业成本"项目"本期金额"栏的列报金额为2 680万元。

（3）"税金及附加"项目。根据"税金及附加"科目的发生额分析填列。

【工作实例7-26】　海虹服装进出口公司2023年度"税金及附加"科目的发生额如下：城市维护建设税合计5万元，教育费附加合计3万元，房产税合计40万元，城镇土地使用税合计2万元。海虹服装进出口公司2023年度利润表中"税金及附加"项目"本期金额"栏的列报金额＝5＋3＋40＋2＝50（万元）。

（4）"销售费用"项目。根据"销售费用"科目的发生额分析填列。

【工作实例7-27】　海虹服装进出口公司2023年度"销售费用"科目的发生额合计数为120万元。海虹服装进出口公司2023年度利润表中"销售费用"项目"本期金额"栏的列报金额为120万元。

（5）"管理费用"项目。根据"管理费用"科目的发生额分析填列。

【工作实例7-28】　海虹服装进出口公司2023年度"管理费用"科目发生额合计数为780万元，其中"管理费用——研发费用"明细科目发生额为200万元。海虹服装进出口公司2023年度利润表中"管理费用"项目"本期金额"栏的列报金额＝780－200＝580（万元）。

（6）"研发费用"项目。根据"管理费用"科目下的"研发费用"明细科目发生额及"管理费用"科目下"无形资产摊销"明细科目发生额分析填列。

【工作实例7-29】　海虹服装进出口公司2023年度计入当期损益的研发费用合计数为200万元。海虹服装进出口公司2023年度利润表中"研发费用"项目"本期金额"栏的列报金额为200万元。

（7）"财务费用"项目。根据"财务费用"科目的相关明细科目发生额分析填列。

【工作实例7-30】　海虹服装进出口公司2023年度"财务费用"科目的发生额如下所示：银行借款利息费用合计17.5万元，银行存款利息收入合计25万元，银行手续费等支出合计82.5万元。海虹服装进出口公司2023年度利润表中"财务费用"项目"本期金额"栏的列报金额＝17.5＋82.5－25＝75（万元）。

（8）"其他收益"项目。根据"其他收益"科目的发生额分析填列。

（9）"投资收益"项目。根据"投资收益"科目的发生额分析填列，如为投资损失，以"－"号填列。

【工作实例7-31】　海虹服装进出口公司2023年度"投资收益"科目的发生额合计为120万元。海虹服装进出口公司2023年度利润表中"投资收益"项目"本期金额"栏的列报金额为120万元。

（10）"公允价值变动收益"项目。根据"公允价值变动损益"科目的发生额分析填列，如为净损失，以"－"号填列。

（11）"资产减值损失"项目。根据"资产减值损失"科目的发生额分析填列，以"－"填列。

【工作实例7-32】　海虹服装进出口公司2023年度"资产减值损失"科目的发生额为固定资产减值损失合计30万元。海虹服装进出口公司2023年度利润表中"资产减值损失"项目"本期金额"栏的列报金额为－30万元。

（12）"信用减值损失"项目。根据"信用减值损失"科目的发生额分析填列，以"－"填列。

【工作实例 7-33】　海虹服装进出口公司 2023 年度"信用减值损失"科目的发生额合计为 28 万元。海虹服装进出口公司 2023 年度利润表中"信用减值损失"项目"本期金额"栏的列报金额为－28 万元。

(13)"资产处置收益"项目。根据"资产处置损益"科目的发生额分析填列，如为处置损失，以"－"号填列。

(14)"营业利润"项目。反映企业实现的营业利润，如为亏损，以"－"号填列。

(15)"营业外收入"项目。反映企业发生的除营业利润以外的收益，根据"营业外收入"科目的发生额分析填列。

【工作实例 7-34】　海虹服装进出口公司 2023 年度"营业外收入"科目的发生额为固定资产报废清理净收益 53 万元。海虹服装进出口公司 2023 年度利润表中"营业外收入"项目"本期金额"栏的列报金额为 53 万元。

(16)"营业外支出"项目。反映企业发生的除营业利润以外的支出，根据"营业外支出"科目的发生额分析填列。

(17)"利润总额"项目。反映企业实现的利润，如为亏损，以"－"号填列。

(18)"所得税费用"项目。反映企业应从当期利润总额中扣除的所得税费用，应根据"所得税费用"科目的发生额分析填列。

(19)"净利润"项目。反映企业实现的净利润，如为亏损，以"－"号填列。

(20)"其他综合收益的税后净额"项目。反映企业根据企业会计准则规定未在损益中确认的各项利得和损失扣除所得税影响后的净额。

(21)"综合收益总额"项目。反映企业净利润与其他综合收益(税后净额)的合计金额。

(22)"每股收益"项目。该项目包括基本每股收益和稀释每股收益两项指标，反映普通股或潜在普通股已公开交易的企业，以及正处在公开发行普通股或潜在普通股过程中的企业的每股收益信息。

(四)利润表编制举例

根据以上资料，编制的海虹服装进出口公司 2023 年度利润表，见表 7-2。

表 7-2　利润表

编制单位：海虹服装进出口公司　　　　　　2023 年 12 月　　　　　　　　　　单位：元

项　　目	本期金额	上期金额(略)
一、营业收入	51 200 000	
减：营业成本	26 800 000	
税金及附加	500 000	
销售费用	1 200 000	
管理费用	5 800 000	
研发费用	2 000 000	
财务费用	750 000	
其中：利息费用	175 000	

续表

项　　目	本期金额	上期金额（略）
利息收入	250 000	
加：其他收益		
投资收益	1 200 000	
其中：对联营企业和合营企业的投资收益		
以摊余成本计缴的金融资产终止确认收益		
净敞口套期收益		
公允价值变动收益		
资产减值损失	−300 000	
信用减值损失	−280 000	
资产处置收益		
二、营业利润	14 770 000	
加：营业外收入	530 000	
减：营业外支出		
三、利润总额	15 300 000	
减：所得税费用	3 500 000	
四、净利润	11 800 000	
（一）持续经营净利润	11 800 000	
（二）终止经营净利润		
五、其他综合收益的税后净额		
（一）不能重分类进损益的其他综合收益		
1. 重新计量设定受益计划变动额		
2. 权益法下不能转损益的其他综合收益		
3. 其他权益工具投资公允价值变动		
4. 企业自身信用风险公允价值变动		
（二）将重分类进损益的其他综合收益		
1. 权益法下可转损益的其他综合收益		
2. 其他债权投资公允价值变动		
3. 金融资产重分类计入其他综合收益的金额		
4. 其他债权投资信用减值准备		
5. 现金流量套期储备		
6. 外币财务报表折算差额		
六、综合收益总额	11 800 000	
七、每股收益		
（一）基本每股收益		
（二）稀释每股收益		

三、流量现金表的编制

(一)现金流量表的概念与作用

现金流量表(cash flow statement)是反映企业在一定会计期间现金和现金等价物流入与流出的报表。现金流量表是以现金为基础编制的，这里的"现金"是广义的概念，包括现金及现金等价物。

现金是指企业库存现金及可以随时用于支付的存款，包括库存现金、银行存款和其他货币资金等。

现金等价物是指企业持有的期限短(自购买日起三个月内到期)、流动性强、易于转换为已知金额现金、价值变动风险很小的投资。现金等价物通常包括三个月内到期的债券投资等。权益性投资变现的金额通常不确定，因而不属于现金等价物。企业应当根据具体情况，确定现金等价物的范围，一经确定，不得随意变更。

现金流量表可以对资产负债表和利润表中未反映的内容进行补充。资产负债表反映企业某一时点的财务状况，但不能反映财务状况的变动情况及变动的原因。现金流量表不仅能够列报企业已经发生的现金流入和现金流出项目，反映一定时期内现金的变化，而且能够说明现金变化的原因，可以帮助决策者预测企业未来现金流量，使决策者进一步对企业的偿债能力、支付能力和对外筹资能力作出准确评价。

(二)现金流量表的内容与结构

1. 现金流量表的内容

现金流量表反映的是企业现金和现金等价物流入、流出及净额情况，也就是反映企业的现金流量。企业在一定期间现金和现金等价物的流入和流出是由各种因素产生的，净额是流入减流出的余额。现金流量表首先应对企业现金流量的来源和用途进行合理的分类。《企业会计准则第31号——现金流量表》将现金流量分为三类，即经营活动产生的现金流量、投资活动产生的现金流量、筹资活动产生的现金流量。

(1)经营活动产生的现金流量。经营活动是指企业投资活动和筹资活动以外的所有交易和事项。经营活动产生的现金流量主要包括销售商品或提供劳务、购买商品、接受劳务、支付工资和缴纳税费等流入、流出的现金和现金等价物。

(2)投资活动产生的现金流量。投资活动是指企业长期资产的购建和不包括在现金等价物范围内的投资及其处置活动。投资活动产生的现金流量主要包括购建固定资产、处置子公司及其他营业单位等流入、流出的现金和现金等价物。

(3)筹资活动产生的现金流量。筹资活动是指导致企业资本及债务规模和构成发生变化的活动。筹资活动产生的现金流量主要包括吸收投资、发行股票、分配利润、发行债券、偿还债务等流入、流出的现金和现金等价物。偿付应付账款、应付票据等商业应付款等属于经营活动，不属于筹资活动。

2. 现金流量表的结构

我国企业的现金流量表包括正表和补充资料两部分。现金流量表正表是现金流量表的主体，企业一定会计期间现金流量的信息主要由正表提供。正表采用报告式结构，分类反映企业经营活动产生的现金流量、投资活动产生的现金流量和筹资活动产生的现金流量，最后汇总反映企业某一期间现金及现金等价物的净增加额。现金流量表补充资料包括三部分内容：一是将净利润调节为经营活动的现金流量，二是不涉及现金收支的投资和筹资活动，三是现金及现金等价物净增加情况。

📅 相关链接

利润表和现金流量表的区别与联系

净利润是评价一个企业经营成果的重要指标，客观地反映了企业经营效益。净利润指标的计算是以权责发生制为基础。权责发生制又称应收应付制，是指以应收应付作为确定本期收入和费用的标准，而无论货币资金是否在本期收到或付出。也就是说，一切要素的时间确认，特别是收入和费用的时间确认，均以权利已经形成或义务(责任)已经发生为标准。

比较而言，现金流量表是以收付实现制为基础，排除了人们主观认定的干扰。因此，净现金流量比净利润更能客观地反映企业或技术资产的净收益。在实际工作中，分析一个企业的经营状况，仅仅通过对净利润的分析是不全面的。只有通过对现金流量表、利润表、资产负债表进行全面的分析，才可以更清晰地了解企业本期的经营活动情况，更全面地评价企业本期的经营活动的质量，有助于报表使用人作出相关决策。所以，仅仅编制资产负债表、利润表，不足以对企业的经营活动进行全面的分析。现金流量表的编制，可以对企业的获利能力进行更加全面的分析，这也是现金流量表编制的意义所在。

▶ 任务二 对内报表的编制

跨境电商企业除了需要编制前述资产负债表、利润表、现金流量表之外，还需要编制一些与其经营特点相关的会计报表，仅提供给企业内部使用。这种不对外公开的会计报表称为对内报表。跨境电商企业的对内报表主要有进口主要商品销售成本及盈亏表、出口主要商品销售成本及盈亏表和跨境电商企业财务指标月报表。

一、了解进口主要商品销售成本及盈亏表

跨境电商企业进口主要商品销售成本及盈亏表也称进口商品销售利润(亏损)表，是反映跨境电商企业本年度内自营进口商品销售收入、销售成本、盈亏总额、进口每美元盈亏额等情况的会计报表，是跨境电商企业的主要内部报表之一。

(一)进口主要商品销售成本及盈亏表的格式

进口主要商品销售成本及盈亏表的基本格式，见表7-3。

表 7-3　进口主要商品销售成本及盈亏表　　　　　　　　　单位：元

商品名称	计量单位	销售数量	销售收入		销售总成本							盈亏额			
						商品进价						本年		上年同期	
							国外进价			进口关税及消费税	流通费用	销售税金及附加				
			单位	金额	总值	合计	美元单价	美元金额	人民币金额				单位盈亏	总额	单位盈亏	总额
1	2	3	4	6	7	8	9	10	11	12	13	14	17	18	19	20
合计																

财务负责人：　　　　　　　复核人：　　　　　　　制表人：

(二)进口主要商品销售成本及盈亏表的填列方法

1.“商品名称”和“计量单位”栏：应按照国家海关统一编制的海关商品码执行。

2.“销售收入”栏：反映企业商品销售收入减去销售折扣与折让后的净额，应按照各有关进口销售收入账户及其明细账户的发生额分析填列。

3.“销售总成本”相关栏目内容说明如下。

(1)“国外进价”栏：反映跨境电商企业进口商品的到岸价格。如果对外合同是以离岸价格成交的，商品离开对方口岸后，应由我方负担的运杂费、保险费、佣金等费用，记入商品的进价。本栏应按美元和人民币分别填列。

(2)“进口关税及消费税”栏：反映跨境电商企业进口商品应缴纳的进口关税和进口商品消费税。进口销售免税商品应缴纳的进口增值税，也包含在本栏目内。

(3)“流通费用”栏：反映企业进口商品应负担的销售费用、管理费用和财务费用。

(4)“销售税金及附加”栏：反映企业销售进口商品应负担的城市维护建设税和教育费附加。

跨境电商企业进口商品应负担的“进口关税及消费税”“流通费用”和“销售税金及附加”，凡能直接认定到商品的，应直接认定；不能直接认定的，应按一定的分摊方法分摊后填列，具体分摊方法由跨境电商企业自行确定。

该表的项目应区分自营进口销售、国家调拨进口销售和易货贸易进口销售三部分，前两部分按照主要商品分别填列。

二、了解出口主要商品销售成本及盈亏表

跨境电商企业出口主要商品成本及盈亏表是反映跨境电商企业年度内自营出口商品销售收入、销售成本、盈亏总额、出口关税、消费税退税和出口每美元经营成本等情况的会计报表。

(一)出口主要商品销售成本及盈亏表的格式

出口主要商品销售成本及盈亏表的基本格式，见表 7-4。

表 7-4　主要出口商品成本及盈亏表

商品名称	计量单位	销售数量	销售收入			出口总成本								盈亏总额	出口每美元成本/元			
			折美元		人民币金额	总值	出口经营成本						出口间接费用		本年		上年同期	
			单价	金额			商品进价		出口直接费用	消费税退税	出口关税	合计			经营成本	总成本	经营成本	总成本
							单位	金额 其中：增值税未金额										
1	2	3	4	5	6	7	8	9	10	11	12	13	14	15	16	17	18	19	20
合计																			

（二）出口主要商品销售成本及盈亏表的填列方法

1. "商品名称"和"计量单位"栏：按照国家海关统一编制的海关商品码执行。

2. "销售收入"栏：反映跨境电商企业商品销售收入减去销售折扣与折让后的净额。其中，"人民币金额"栏按"主营业务收入——自营出口销售收入"账户及有关明细账户发生额分析填列。"折美元"下的"金额"栏按照栏目中"人民币金额"除以年末国家美元外汇牌价或国家规定的美元折算价计算填列。"折美元"下的"金额"除以销售数量即可得出"折美元"下"单价"金额。

3. "出口总成本"栏：由"出口经营成本"加上"出口间接费用"构成。按"主营业务成本——自营出口销售成本"账户及有关明细账户发生额分析填列。

4. "出口经营成本"中的"合计"栏按"商品进价"加上"出口直接费用""出口关税"，再减"消费税退税"填列。

（1）"商品进价"栏：按照"自营出口销售成本"明细分类账户发生额和"应交税费"中"应交增值税——进项税额转出"金额分析填列。"自营出口销售成本"明细账借方发生额一般包括出口商品不含税进价、出口商品含消费税进价和增值税未退税部分。不同跨境电商企业由于出口商品的品种不同或退税率不同，有的实行全额退税，有的实行部分退税，因此"商品进价"栏的构成内容也有所不同。

（2）"出口直接费用"栏：根据跨境电商企业出口商品销售费用和管理费用、财务费用有关明细科目分析填列。

（3）"消费税退税"栏：反映跨境电商企业出口商品所应退还的消费税。

（4）"出口关税"栏：反映跨境电商企业出口商品的关税。

5. "盈亏总额"栏：按照"销售收入"减去"出口总成本"后的金额填列。

6. "出口每美元经营成本"栏：按照"出口经营成本"项下的"合计"除以"销售收入"项下的"折美元"金额填列。"出口每美元总成本"按照"出口总成本"除以"销售收入"项下的"折美元"金额填列。

三 、了解跨境电商企业财务指标月报表

跨境电商企业财务指标月报表是反映跨境电商企业经营规模、财务状况等主要指标的报表，也为政府有关部门根据跨境电商企业运行状况、完善有关政策提供重要参考资料。

跨境电商企业财务指标月报表，见表7-5。

表 7-5　跨境电商企业财务指标月报表

编制单位：　　　　　　　　　　年　　月　　日　　　　　　　　　　单位：

项　　目	行次	本月数	本年累计	上年同期
商品销售收入净额	1			
其中：出口销售收入净额	2			
商品销售成本	3			
销售费用	4			
税金及附加	5			
代购代销收入	6			
管理费用	7			
财务费用	8			
汇兑损益	9			
投资收益	10			
其他各项收支	11			
利润总额	12			
所得税	13			
净利润	14			
实际已上缴所得税	15			
自营出口额	16			
自营出口总成本	17			
出口每美元成本	18			
出口收汇净额	19	×		
应收出口退税（上年年末余额＋本年借方发生额）	20	×		
已收出口退税（应收出口退税本年贷方发生额）	21	×		
应收出口退税余额	22＝20－21	×		
企业资产总额	23	×		
其中：流动资产合计	24	×		
存货	25	×		
其中：库存出口商品	26	×		
应收账款总额	27	×		
其中：应收外汇账款	28	×		

续表

项　目	行次	本月数	本年累计	上年同期
企业负债总额	29	×		
其中：流动负债合计	30	×		
其中：短期借款	31	×		
独立核算企业户数（个）	32	×		
其中：亏损企业户数（个）	33	×		
亏损企业亏损额	34	×		
企业亏损面（%）	35	×		
外贸企业下岗职工人数（人）	36	×		
出口商品贴息额	37	×		

财务负责人：　　　　　　　　制表人：　　　　　　联系电话：

跨境电商企业财务指标月报表共由四部分组成：第一部分（1～14行），反映企业的经营成果及所得税情况；第二部分（15～22行），反映企业自营进出口业务的财务指标及出口退税情况；第三部分（23～31行），反映企业资产、负债的有关情况；第四部分（31～37行），反映独立核算企业的一些基本情况。

该报表每个项目设"本月数""本年累计"和"上年同期"三栏，分别反映各项目的当年实际完成情况与上年同期情况。

项目小结

亲爱的同学，你已经完成了项目七的学习，相信你已经掌握了编制跨境电商企业报表的基本知识。跨境电商企业的会计报表分为对外报表和对内报表：对外报表主要包括资产负债表、利润表、现金流量表等，对内报表有出口主要商品成本及盈亏表、进口主要商品销售成本及盈亏表等。

下面请进入"项目训练"，一方面巩固项目七所学内容，另一方面也为今后从事跨境电商企业财务核算打下坚实的基础。

项目训练

一、单项选择题

1. 2023年7月1日，跨境电商A企业开始研究开发一项技术，当月共发生研发支出800万元，其中费用化的金额为450万元，符合资本化条件的金额为350万元。8月末，研发活动尚未完成。该企业2023年7月31日应计入资产负债表"开发支出"项目的金额为（　）万元。

A. 0　　　　　　　B. 350　　　　　　　C. 450　　　　　　　D. 800

2. 跨境电商B企业"应付账款"科目月末贷方金额为40 000元。其中，"应付甲公司账款"明细科目贷方金额为35 000元，"应付乙公司账款"明细科目贷方金额为5 000元。"预付账款"科目月末贷方金额为30 000元。其中，"预付丙工厂账款"明细科目贷方金额为

50 000 元,"预付丁工厂账款"明细科目借方金额为 20 000 元。B 企业月末资产负债表中"应付账款"项目的金额为(　　)元。

　　A. 90 000　　　　　　B. 30 000　　　　　　C. 40 000　　　　　　D. 70 000

　　3. 跨境电商 C 企业在填列资产负债表时,根据总账科目余额进行填列的是(　　)。

　　A."应收账款"　　　　B."资本公积"　　　　C."应付账款"　　　　D."固定资产"

　　4. D 企业 2019 年 4 月 1 日从银行借入期限为 5 年的长期借款 500 万元。该企业在编制 2023 年 12 月 31 日资产负债表时,此项借款应填入的报表项目是(　　)。

　　A."短期借款"　　　　　　　　　　　　B."长期借款"

　　C."其他长期负债"　　　　　　　　　　D."一年内到期的长期负债"

　　5. E 企业 2023 年 12 月 31 日结账后"应收账款"科目所属各明细科目的期末借方余额合计为 450 000 元,贷方余额合计为 120 000 元,对"应收账款"计提的坏账准备为 40 000 元。假定"预收账款"科目所属明细科目无借方余额。该企业 2023 年 12 月 31 日资产负债表中的"应收账款"项目金额为(　　)元。

　　A. 410 000　　　　B. 450 000　　　　C. 230 000　　　　D. 180 000

二、多项选择题

　　1. 下列项目中,应列入利润表中"营业外收入"项目的是(　　)。

　　A. 出口退税　　　　　　　　　　　B. 先征后返还收到的增值税

　　C. 无法支付的应付账款　　　　　　D. 接受现金捐赠

　　2. 跨境电商企业的内部报表主要有(　　)。

　　A. 跨境电商企业财务指标月报表　　B. 进口主要商品销售成本及盈亏表

　　C. 出口主要商品销售成本及盈亏表　D. 所有者权益变动表

　　3. 下列项目中,可以通过资产负债表反映的有(　　)。

　　A. 某一时点的财务状况　　　　　　B. 某一时点的偿债能力

　　C. 某一期间的经营成果　　　　　　D. 某一期间的获利能力

　　4. 下列项目中,属于企业利润表中列报的项目有(　　)。

　　A."每股收益"　　B."综合收益总额"　　C."其他收益"　　　D."信用减值损失"

三、判断题

　　1. 在进口主要商品销售成本及盈亏表中,进口销售免税商品应缴纳的进口增值税,包括在"销售税金及附加"栏。　　　　　　　　　　　　　　　　　　　　　　　　(　　)

　　2. 企业必须对外提供资产负债表、利润表和现金流量表,会计报表附注不属于必须对外提供的资料。　　　　　　　　　　　　　　　　　　　　　　　　　　　　　　　(　　)

　　3. 资产负债表是反映企业一定期间财务状况的报表。　　　　　　　　　　　(　　)

　　4. 在资产负债表中,"长期借款"项目应根据"长期借款"的总账余额直接填列。

　　　　　　　　　　　　　　　　　　　　　　　　　　　　　　　　　　　　　(　　)

　　5. 增值税应在利润表的"税金及附加"项目中反映。　　　　　　　　　　　(　　)

　　6. 跨境电商企业出口商品应负担的出口退税、流通费用、销售税金及附加,凡能直接认定到商品的,应直接认定;不能直接认定的,应按一定的分摊方法分摊后填列,具体分摊方法由跨境电商企业自行确定。　　　　　　　　　　　　　　　　　　　　　　　(　　)

四、业务核算题

1. 甲股份有限公司的记账本位币为人民币，对外币交易采用交易日的即期汇率折算。该公司根据其与美国 JP 公司签订的投资合同，JP 公司将分两次投入外币资本，投资合同约定的汇率是 1 美元＝6.80 元人民币。7 月 1 日，甲公司第一次收到 JP 公司投入资本 30 万美元，当日汇率为 1 美元＝6.68 元人民币；下一年 2 月 3 日，甲公司第二次收到 JP 公司投入资本 30 万美元，当日汇率为 1 美元＝6.66 元人民币。

要求：

(1)计算甲公司两次一共收到的美元股本与人民币股本。

(2)根据以上经济业务，编制会计分录。

2. 跨境电商乙公司为增值税一般纳税人。2023 年度，甲公司主营业务收入为 1 500 万元，增值税销项税额为 255 万元；应收账款期初余额为 100 万元，期末余额为 150 万元；预收账款期初余额为 50 万元，期末余额为 10 万元。

要求：假定不考虑其他因素，计算甲公司 2023 年度现金流量表中"销售商品、提供劳务收到的现金"项目的金额。

五、案例分析题

随着跨境电商运营日趋精细化，行业支撑体系朝着多样化、数字化、智能化方向发展。跨境电商物流、跨境支付、SaaS 服务、数字营销等支持服务商以大数据、云计算、人工智能、区块链等数字技术为基础，加速推动供应链重塑，助力跨境电商全流程优化提升，极大提高行业运行效率和利润空间，迎来跨越式发展。

一方面，资本不断加码，支持服务商市场持续升温。根据网经社数据，2021 年至 2022 年一季度，中国跨境电商领域共发生 92 起投资事件。其中，支持服务商占比为 67.4%，是跨境电商领域最热门投资方向，发展态势迅猛。以细分赛道跨境电商物流为例，根据中金公司数据，预计 2024 年跨境电商物流收入规模将突破 9 000 亿元，实现 5 年 4 倍高速增长。

另一方面，独立站模式兴起，支持服务商需求不断增加。根据《2021 跨境电商发展报告》调研结果，海外营销、跨境支付和独立运营是独立站平台面临的三大难题。基于此，与专业支持服务商合作、推动精细化运营成为独立站破局关键。根据浙江省电商促进会预测数据，中国独立站在 B2C 跨境电商中的占比将从 2020 年的 25% 上升至 2025 年的 41%，随着独立站强劲势头延续跨境支付、SaaS 服务、数字营销等支持服务细分领域需求将进一步提升。

分析：跨境电商企业的未来竞争重心是什么？

本书配套微课视频

序号	资源名称	扫码获取资源	序号	资源名称	扫码获取资源
1	课程介绍		2	跨境电商 B2B 的相关知识	
3	跨境电商出口企业监管部门		4	跨境电商贸易术语	
5	FOB 价的确定		6	报关单	
7	海洋运输		8	班轮运费的计算	
9	邮政小包运费的计算		10	佣金的计算	
11	海运提单		12	汇率的标价方法	
13	外币汇兑损益		14	出口业务开具增值税普通发票	
15	货物出口海外仓的账务处理		16	样品出口报关与非报关的账务处理	
17	保税区和综合保税区异同		18	进料加工业务核销指南	

续表

序号	资源名称	扫码获取资源	序号	资源名称	扫码获取资源
19	外币业务核算		20	外汇及外汇管理	
21	撤销出口退税申报数据		22	跨境电商 B2B 自营出口销售业务核算	
23	跨境电商 B2B 自营出口其他业务核算		24	跨境电商 B2C 出口业务核算	
25	跨境电商 B2B 自营进口购进业务核算		26	跨境电商 B2B 自营进口销售业务核算	
27	跨境电商进口业务介绍		28	跨境电商 B2C 进口业务	
29	跨境电商 B2B 代理进口业务核算		30	跨境电商企业对内报表	
31	信用证		32	电汇	